JN005946

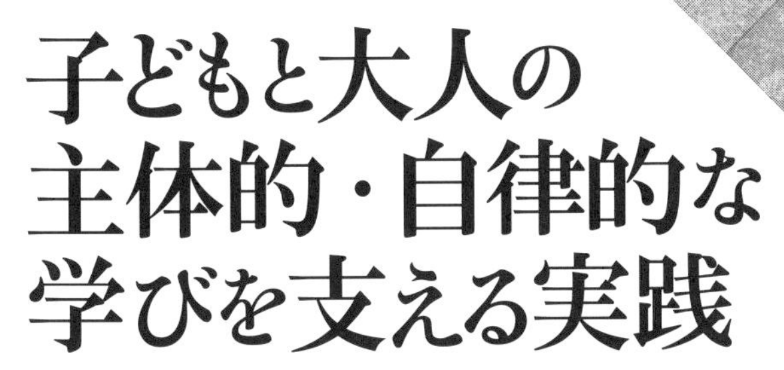

子どもと大人の主体的・自律的な学びを支える実践

教師・指導者のための自己調整学習

中谷素之・岡田　涼・犬塚美輪　編著

福村出版

目 次

はじめに

自律的・主体的に学ぶ力：自己調整学習へのいざない

中谷素之（名古屋大学）

1. 現代社会の激変と主体的に学ぶ力

21世紀を迎えて20年あまり，われわれの暮らす社会，世界は，以前よりよいものになったのでしょうか。便利になった，あるいは以前はできなかったことができるようになった面がある一方で，社会の分断とよばれるような格差や，持続する社会・地政学的な不安，そして今般のパンデミックに代表されるグローバルな公衆衛生の危機など，簡単に肯定的な回答をすることはできないでしょう。

未来をつくる子どもたちの教育，学び続ける青年，成人への教育においても，これまで当たり前であった教育内容や学校教育などのシステムは，時代の風に当たり変化の時期を迎えています。社会・産業のあらゆる領域でのICT（情報通信技術）化や技術革新，そしてグローバル化や多文化化などの激変する社会背景のもと，教育において学ぶべき内容は複雑化・多様化し続けています。新たな情報や知識，スキルが早いスピードで生み出され，情報が時差，地域差なく共有され，拡散することで参照するべき課題そのものも異なったものになっています。そして問題解決に向き合うツール自体もデジタル化や共有化されることで以前とは異なったものとなりました。何を頼りにして課題を同定すればよいか，またどのような方法によって指導や学習がよりよいものになるのか，教育にかかわる方であれば誰でも不安を感じているのではないでしょうか。

このような複雑化・多様化した教育環境を取り巻く状況では，刻々と変化する情報に左右されるのではなく，いかに必要な情報を調べ，取捨選択するとともに結びつけ，自ら課題解決するか，という主体的な学びが中核的な重要性をもちます。それには学習者自身が，学びのエージェントであり，学ぶことは自分でコントロールし，自律することが可能なのだ，という信念をもつことと，それに基づく支援が欠かせません。

2. 自己調整学習研究の動向と本書のねらい

自己調整学習（Self-Regulated Learning）の枠組みは，このような主体的な学びのあり方を描き，理解するうえで中心的となる教育心理学理論です。自己調整学習とは，学習者がメタ認知，動機づけ，行動において，自分自身の学習過程に能動的に関与する学習を意味します（Zimmerman, 1989; 伊藤, 2009など）*。自己調整学習研究は，その端緒から今日に至るまでの30年あまりの間，多くの著作や論文を通じて成果をあげてきました。

近年の自己調整学習に関する包括的なハンドブック（Schunk & Greene, 2018a）においても，その研究対象は，読み書きなどのリテラシーや国語，理科・科学，数学，社会といった教科学習はもちろんのこと，スポーツや音楽などの技能学習，ICTを活用したオンラインあるいはブレンデッド・ラーニングなどの領域，あるいは発達障害など特別なニーズをもつ子どもの学習，あるいは文化的な議論など，人の学びのかかわる基礎的・応用的な広範な分野に広がっています。

また，関連する近年の海外の文献として，自己調整学習にかかわる教科教育や認知・メタ認知の側面に主に焦点を当てているものや（Dunlosky & Rawson, 2019），成人学習や自己主導型学習の文脈から（Giuseffi, 2019）あるいは職場における学習の文脈から（Ellingson & Noe, 2017），自己調整学習に焦点を当てているものがみられます。また自己調整学習に基づく青年期の行動上・適応上の課題に対する実践研究（Cleary, 2015）や，主に小学校における児童の自己調整学習を支援するための実践的ガイド（Cleary, 2018），そして自己調整学習の多領域での実践的展開について論じたもの（Bembenutty ら, 2013; 中谷監訳, 2019）などが公刊されており，その研究知見の豊富さと裾野の広さが示されているといえるでしょう。

一方で，わが国における自己調整学習の研究動向と知見として，自己調整学習研究会編による『自己調整学習　理論と実践の新たな展開へ』が2012年に刊行されています。同書では，自己調整学習研究会が発足したおおむね2006年以降の，わが国における自己調整学習の学術的・理論的な研究動向と提案，そして実践的応用について論じられています。おかげさまで同書は，教育心理学研究者はもちろん，教育学や教育工学などの研究者や，教師をはじめとする学校現場の教育関係者，そして子どもや成人の学びに関心をもつ一般読者に広く関心をもっていただいています。そこから9年が経過し，自己調整学習の研究のさらなる進展と，教育を取り巻く環境や状況，社会情勢の大きな変化もありました。

このような背景のもと，本書では，近年の自己調整学習研究の新たな展開を発信していきます。理論を踏まえつつ，特に実践的な応用に焦点を当て，自己調整学習研究の応用可能性を議論し提案します。自己調整学習研究が応用されているさまざまなフィールドについて，最新の研究をもとに論じられます。各章では，わが国において自己調整学習の各領域で活躍されている第一人者，気鋭の若手研究者たちが，自己調整学習研究の実践的意義，魅力へと読者をいざなっていくことでしょう。

3. 自己調整学習実践の諸領域：本書の構成

本書は，発達の段階によって，主に児童期・青年期を念頭に置いた第Ⅰ部「子どもの自己調整学習を育てる」と，主に青年期後期と成人期を対象とした第Ⅱ部「大学生・成人の自己調整学習の支援」の2部からなっています。

第Ⅰ部「子どもの自己調整学習を育てる」には，6つの章があります。

第1章「基礎的な学習習慣の形成」において，基本的な学習態度の形成上欠かせない「学習習慣」に焦点を当てています。自己調整学習の循環モデルに基づき，学習習慣の質を高めるためには適切な方略が重要であること，そして家庭での学習習慣形成にかかわる宿題や，予習・復習という自主学習の効果に関する実践的な知見が提案されます。

第2章「科学的思考の支援」では，理科教育の中心的課題である「科学的思考」を促すための指導・支援ついて，メタ認知の視点から議論します。メタ認知を促す，学習の振り返りの指導において，振り返りの目的を意識し，視点を明確にすることで，深い理解や自己効力感を高めるといった自己調整的な学びに結びつくことを示します。
第3章「仲間関係の中での学びと自己調整学習」では，学校でかかわるクラスメイトや仲間との間で，学ぶ様子を手本にしたり，相互に学ぶ資源としたりするなどの「ピア・モデリング」の効果と実践について論じます。学習において仲間に疑問や質問をするなどの「学業的援助要請」も，仲間関係での学びをよりよいものにするうえで重要な方略であり，それには教室環境や教師の指導が重要な役割をもつことが提起されます。
第4章「物語を読むことをスタートとした読解教材づくり」では，文章読解教材を中心に，テキストの内容を理解し深く考える「テキスト探偵」の単元が紹介され，自己調整的な読解方略獲得のための指導法が議論されます。動機づけの自己調整，方略知識，そして認知の自己調整の各側面で，「テキスト探偵」というユニークな視点から，文章読解における教材づくりや指導のあり方が詳説，展開されます。
第5章「特別なニーズのある子どもへの支援」では，発達障害のある子どもの自己調整学習支援について考えます。自己調整的な読み方略の支援，そして作文のための支援について，具体的な学習支援の研究例を踏まえ，ツールやシートなどを用いた支援の「しかけづくり」が提案されています。
第6章「ICTを自己調整に役立てる」では，ノートパソコンやタブレット端末などの情報通信機器を用いた自己調整学習の支援・促進の方法について論じられます。
第Ⅱ部「大学生・成人の自己調整学習の支援」は5章から構成されます。
第7章「大学生に必要な自己調整学習スキルの育成」では，大学生が自ら学ぶためのスキルとその支援に焦点を当てます。大学のコースをとおした自己調整学習支援の実践や，教室における評価に自己調整学習のサイクルを位置づけるCA:SRLモデル，そして個人内だけでなく共調整や社会的に共有された調整のモデルをとおして，大学生における協働的な学びを介した自己調整学習スキルの支援が議論されます。
第8章「第二言語の自己調整学習」では，グローバルなコミュニケーションが求められる今日，第二言語習得における自己調整学習の役割について論じられます。学習者の適性や動機づけ，また学習における仲間からの支援，モニタリング，発表などを通じて，習得に至る自己調整の過程と実践が案内されています。

第9章「自己調整学習をスポーツへ応用する」では，スポーツ領域における自己調整学習の貢献が論じられます。目標設定や動機づけ，イメージ法などによるパフォーマンスの向上，スポーツの持続を支えることによる健康増進への寄与，そして自己調整を促す指導や環境のあり方について，スポーツ領域の数々の実証研究に基づいて紹介され，議論されています。

第10章「大人が学び続けるためのシステムづくり」では，成人以降の学習における自己調整学習の貢献という観点から，インストラクショナル・デザインの理論およびeラーニング（electronic learning）における仕組みづくりについて議論されます。通信教育やオンライン大学などの生涯学習の場において，先延ばしやドロップアウトを防ぎ，能動的に学びに取り組むための自己調整学習スキル（目標設定や経験や実生活との関連づけ，そして方略の振り返りなど）が強調されます。そこでは学習システムやICTはもちろん，教員・メンターや友人の役割が重要であることが示されます。

第11章「プロフェッショナルの学び：医療領域からの提案」では，医学教育に焦点を当てた自己調整学習の理論と実践を紹介します。日々進化する医療の知識や技術の習得・活用には，主体的・能動的な学びが欠かせません。旧来の記憶中心・情報志向型のカリキュラムに対して，学生主導型選択学習のカリキュラムを導入することにより，未知の疾患の自己学習における動機づけ，省察，学習方略の点で，より自己調整的に学習を遂行していることが示されています。

これらの2部構成，全11章からなる多様な領域とその実践は，現在の自己調整学習研究の実践的応用を捉えるうえで，重要な柱となるものといえます。

2020年そして2021年と，未知のウイルスが世界を襲っているパンデミックは，われわれがこれまで自明のものとしてきた社会経済活動や経済発展のあり方が，必ずしも最適解ではなかったことを示す警笛だったのかもしれません。これからも未知の課題に向き合い続けるであろうわれわれ，そして子どもたちが，持続可能で豊かな社会を形づくるためには，人が自分自身に対して客観的に，謙虚に振り返ること，そして自ら自身の学びを止めない，自律的な学びの姿勢や行動が必要となるでしょう。自己調整学習の理論と実践は，そのような予測の困難な時代におけるよりよい学びを理解するうえで欠かせないものでしょう。

* 近年の自己調整学習にかかわる包括的な議論の中では，自己調整（self-regulation）は「学習者が自らの目標達成のために認知，動機づけ，行動，感情をシステマティックに活性化し維持すること」（Schunk & Greene, 2018b）といった定義も示されている。

引用文献

Bembenutty, H., Cleary, T., & Kitsantas, A. (Eds) (2013). *Applications of self-regulated learning across diverse disciplines: A tribute to Barry J. Zimmerman*. Information Age Publishing.

Cleary, T. (2018). *The Self-regulated learning guide: Teaching students to think in the language of strategies*. Routledge.

Cleary, T. (Ed.) (2015). *Self-regulated learning interventions with at-risk youth: Enhancing adaptability, performance, and well-being* (School Psychology Book Series). Routledge.

Dunlosky, J., & Rawson, K. A. (Eds.) (2019). *The Cambridge handbook of cognition and education*. Cambridge University Press.

Ellingson, J. E., & Noe, R. A. (Eds.) (2017). *Autonomous learning in the workplace. SIOP organizational frontiers series*. Routledge.

Giuseffi, F. G. (Ed.) (2019). *Self-directed learning strategies in adult educational contexts. Advances in higher education and professional development (AHEPD) book series*. Information Science Reference/ IGI Global.

伊藤崇達（2009）．自己調整学習の成立過程：学習方略と動機づけの役割　北大路書房．

自己調整学習研究会（編）（2012）．自己調整学習：理論と実践の新たな展開へ　北大路書房．

Schunk, D. H., & Greene, J. A. (2018a). *Handbook of self-regulation of learning and performance* (2nd ed.). Routledge.

Schunk, D. H., & Greene, J. A. (Eds) (2018b). Historical, contemporary, and future perspectives on self-regulated learning and performance. In D. H. Schunk & J. A. Greene, *Handbook of self-regulation of learning and performance* (2nd ed., pp. 1-15). Routledge.

Zimmerman, B. J. (1989). A social cognitive view of self-regulated academic learning. *Journal of Educational Psychology*, 81, 329-339.

第 I 部

子どもの自己調整学習を育てる

第1章 基礎的な学習習慣の形成

犬塚美輪（東京学芸大学）

学習指導要領では「小学校の早い段階で学習習慣を確立する」ことが重要だとされており，**学習習慣**の形成が重要であることには疑問の余地がないように思われます。しかし，「学習習慣」とは何でしょう。何となくわかっているつもりになってしまいますが，具体的にどのような行動が「学習習慣が身についた」ということになるのでしょうか。「学習習慣」ということばが明確に定義されず，何ができるようになれば「学習習慣が確立した」といえるのか曖昧なまま議論されていることも多いようです。本章では，まず「学習習慣」を，授業外に児童・生徒が日常的に学習に取り組むことに限定して考えたいと思います。そのうえで，時間と学習の質の2つの観点から学習習慣を捉え，それぞれの観点から子どもたちが「学習習慣」を身につけるとはどういうことか，どのようなかかわりによって学習習慣の確立を促すことができるか，考えてみましょう。

1. 時間の観点から考える

学習習慣を表す第一の観点としては，学習にかかわる時間があげられます。小学校で「学年×10分」という目安が提示されることや，文部科学省の調査などで，「一日にどのくらい家で勉強するか」という問いに対する答えが「学習習慣を表すもの」として扱われることからも，一般に「毎日ある程度の時間学習すること」という時間の観点から学習習慣が捉えられていることがわかります。また，ベネッセ教育総合研究所（2014）によると，小学生・中学生の半分以上が「長い時間勉強することが大切」という項目に「まあそう思う」，「そう思う」と回答しており，児童・生徒が「たくさん勉強すること」が重要であると認識していることがわかります。「学習はかけた時間が重要である」という学習観を背後に，時間を基準として学習習慣の確立が捉えられているといえるでしょう。

一方で，心理学の研究からは，単に学習時間だけが学力の向上に寄与するとはいえないということがわかっています。Toppingら（2007）は，4万人以上の小・中学生を対象に，本を読んで内容についての質問に答える，という練習に取り組んでもらい，その量と質が，読解力の向上に影響するか検討しています。この研究では，練習量は「読んだ本の単語数」を主な要素とし，質は「読んだ内容についての質問に正しく答えられるか」を用いて測定されました。その結果，たしかに全体としては練習量が多くなるほど，読解成績が向上することが示されましたが，たくさん練習すればよいというわけではなく，質が重要な役割を果たしていることが示されました。読んだあとに質問に答えられない場合は，たくさん読んでもあまり読解力が向上しなかったのです。つまり，練習の質が低い場合は，練習量の効果が少なく（場合によってはマイナスになり），質の高い練習であれば，たくさんやるほどよい効果が得られるということになります。

さらに，彼らの研究では，クラスによって練習量や質が異なることも示されました。取り組み量や質を高めるような働きかけをする教師がいるかどうかによって，子どもたちの練習量や質が違っていたと考えられます。したがって，大人の働きかけによって子どもの練習量や質が変化し，そのことが読解力の向上に結びついたと考えることができます。量と質を高めるための指導者の役割の大きさがわかります。

この研究結果から考えると，学習習慣を単に時間の観点だけからみても，あまりよい効果は期待できないとことがわかります。学習の質が高いかどうかを考える必要があるということになるでしょう。素朴に考えてみても，たとえば，集中せずに単調な作業をしていたり，机の前でぼんやりしながら取り組んでいても，学習としての効果は上がりにくいだろうと考えられます。質の観点からも学習習慣を考えることが必要なのは明らかだといえそうです。

2. 質の観点から考える

では，学習習慣としての「質」とはどのようなものでしょうか。自己調整学習では，学習を予見・遂行・自己省察の3つの段階を捉え，各段階でよい取り組みをすることを重視します。この3つの段階に沿って，学習習慣の質を高めるためのポイントを考えていきましょう（図1－1）。

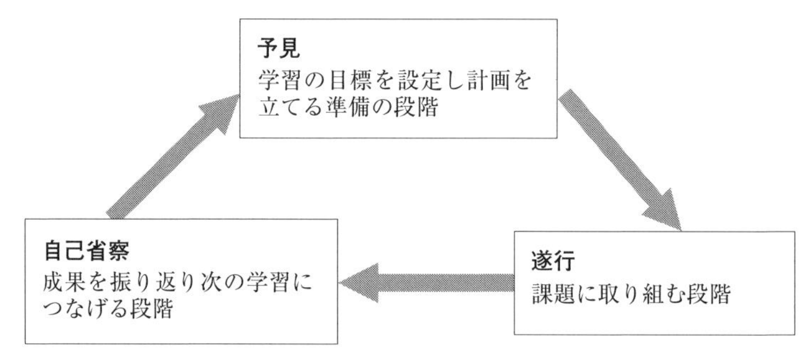

図1－1　自己調整学習の3段階

(1) 予見段階

はじめに**予見**段階における質の高い学習習慣を考えてみましょう。予見段階は学習に取り組み始める前の準備段階として位置づけられます。ここでは，よりよい取り組みになるよう，学習の目標を設定し**計画**を立てることが重要です。計画の重要性はいくつかの観点から示すことができますが，一例として，分散学習の実行という点から考えてみましょう。Hattie（2009）は，集中学習と分散学習の学習効果を検討した研究のメタ分析を行い，分散学習がパフォーマンスを向上させる明確な効果をもっていることを示しています。つまり，学習時間が同じであっても，一気に集中して学習するより，何回かに分けて学習するほうがよい成績をあげられるということです。家庭学習において分散学習を行うには，課題達成のためにどの程度の時間が必要か，いつ取り組むことができるかを考え計画しなければなりません。

さて，計画を立てたあと問題になるのは，その計画をきちんと実行できるかということですね。目標ややるべきことを考えて計画しても，それを先延ばししてしまっては台無しです。分散学習するはずが，結局，集中学習になってしまう，ということもあるでしょう。

計画があっても，「明日やればいいかな」，「あとで全部まとめてやろう」とついつい先延ばしにしてしまうことがありますが，こうした先延ばしは成績を低下させることもわかっています。Wäschle ら（2014）は，大学生を対象とした研究で，課題を先延ばしにすることの悪循環を実証的に示しました。彼らの研究から，先延ばしにしがちな学生ほど自分の成績がよくないだろうと予測し，実際に成績がよくない傾向にあることがわかりました。また，実際に悪い成績をとることで，先延ばし傾向がさらに強まることにもつながっていました。

先延ばしは，課題の進行を自分で決定する裁量の大きい大学生において顕著な問題として現れると考えられますが，大学生にとって難しいことは小・中学生にとっても難しいということは想像に難くありません。小学生や中学生にとって，先延ばししないで計画どおり実行することが大きな問題になるのは，夏休みなど長期休暇の**宿題**です。多くの学校では，夏休みの前に，いつどのくらい宿題に取り組むか計画を立てる指導が実施されていますが，その計画を活かして先延ばしせずに取り組むことは簡単ではないようです。岡崎ら（2018）によると，小学生の多くは夏休み中コツコツと，あるいは前半に集中して宿題を終わらせようと計画するものの，2割程度の児童が予定に反して後半に集中して宿題をやったり，結局計画に関係なくやりたいと思ったときに取り組んでしまったということがわかりました（図1－2）。また，コツコツ継続して取り組むと計画を立てた児童の2割と，前半集中で取り組む計画を立てた児童の7割が「計画どおりにできなかった」ことが示されました。前半に集中して取り組む計画を立てた児童に計画どおりにできなかった割合が高いのは，計画に無理があったり，先延ばしにしたために結局長くかかった，ということが示唆されます。岡崎ら（2018）の研究結果からは，多くの子どもが適切な計画を立て，それを活かして取り組んでいるものの，計画がうまく立てられなかったり，先延ばしにしてしまう子どもも少なくないといえそうです。

分散学習する計画を立て，先延ばしせずに実行するためには，予見段階で適

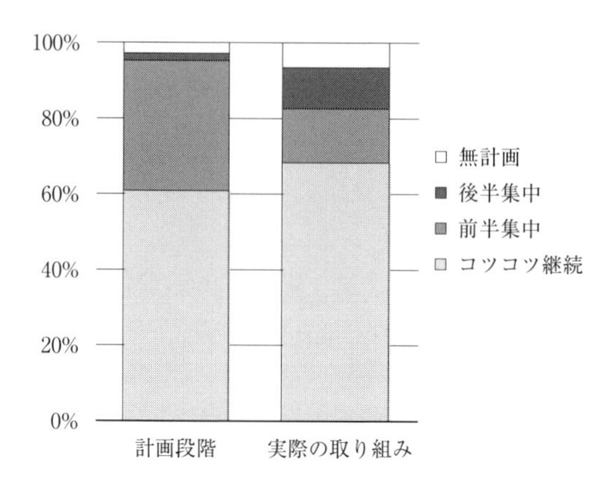

図1－2　小学生の夏休みの宿題の計画と実際の取り組み
（岡崎ら，2018をもとに作成）

切に**自己調整方略**を適用する必要があります。大学生を対象にした研究では，先延ばししてしまいがちな傾向にある人は**時間管理**の方略をあまり使わない（Lay, 1992; Lay & Schouwenburg, 1993）ことや，期限内に課題を遂行しようとする学生ほど時間管理をすること（Bembenutty, 2009）がわかっています。大学生と同じレベルで時間管理をすることは小学生には困難だと考えられますが，時間管理の方略を用いる練習を，発達段階に合わせて取り入れていくことで，より質の高い学習習慣の形成につながると考えられます。

あわせて取り上げたいのが，環境調整の方略（表1－1）です。自分が集中して取り組める環境をつくることが，この次の**遂行**段階における取り組みの質を向上させると考えられるからです。子どもの周りには勉強するより魅力的な活動（ゲームやおもちゃ）があったり，家庭によっては，勉強する場所がなかったり，常にきょうだいが騒いでいてうるさかったりすることもあります。こうした取り組みを妨害する要因を遠ざけ，学習するための環境を整える工夫が**環境整備**の方略です。

ただし，環境については，子どもが自分でできることとできないことを踏まえた指導も必要だと考えられます。たとえば，学校や図書館，地域の自習スペースなど，家庭の外にしか集中して取り組める環境がない場合も少なくありませんが，そのような場所の存在を子ども自身が知らなかったり，その活用を

表1－1　計画と継続を支える自己調整方略の例

時間管理	やるべきことをメモして忘れないようにする 課題の期限やテストの日程に合わせて学習の計画を立てる 学習する時間帯を決める 課題に優先順位をつける 現実に即した目標を設定する
環境整備	いつも集中できるところで勉強する 勉強する場所を決める 気が散るようなものをなくすようにする

（Lay & Schouwenburg, 1993; Pintrich & De Groot, 1990; Zimmerman ら, 1996を参考に作成）

自発的に思いつかないこともあるでしょう。どのような選択肢があるのか，どのように活用できるのかといった情報提供を含めて，子どもたちが環境整備の方略についての知識を豊富にもつことが重要だと考えられます。

(2) 遂行段階

次に，実際に学習に取り組む遂行段階に目を向けてみましょう。この段階で質の高い学習習慣を考える際には，学習への取り組み方が重要になります。同じ課題に同じ時間，同じ計画で取り組んでいても，取り組み方の違いによって効果は大きく異なります。一般に学習をより効果的に実行することを意図した行動や思考を「**学習方略**」とよんでいます。課題の特徴に応じて適切な方略を用いることが，学習効果を高めます。したがって，遂行段階において質の高い学習習慣を形成するということは，よい学習方略を用いて取り組むことだといいかえることができます。

小学校の低学年など，年少の子どもたちにとっては，学習方略は大きな問題ではないように思われるかもしれません。年少の子どもたちへの課題は多くの場合かなり明確で，何をするべきかが指示されている場合が多いからです。たとえば，小学校低学年の子どもの宿題を見てみると，「教科書の○ページから○ページまでを音読する」，「ドリルの○番をやる」というように指示されることが多くなっており，自分で考えて取り組む内容は少なくなっています。

しかし，このような一見明確にみえる課題の取り組みにおいても，さまざまな方略が用いられています。たとえば，漢字の書き取りという比較的単純に思われるような課題でも，小学生の取り組みを観察すると，表1－2に示すよう

表1－2　小学生にみられる漢字練習の方略

① はじめから順に決まった回数を繰り返して書いていく
② 部首ごとにバラバラにして同じパーツごとに繰り返して書いていく
③ 読みがなだけ先に書いて漢字で書けるか試してみる……………………検索練習
④ 覚えにくい漢字は部首や成り立ちを調べてみる…………………………精緻化
⑤ 似ている漢字や意味などでグループをつくる……………………………体制化

なさまざまな方略がみられます。

最も一般的なのは①の「決まった回数を繰り返して書く」というやり方でしょう。しかし，すでによく覚えている漢字を何度も書くのは苦痛ですし，「覚えるために練習する」という学習本来の意味がわかりにくくなるという問題点もあります。学習本来の意味を見失った児童がよく用いるのは②の方略です。②のやり方では，漢字という意味のある記号がバラバラにされて，とにかく同じ模様を繰り返し書く作業になってしまっています。このやり方がよいパフォーマンスにつながるとは思えませんね。

一方，③以降はよりよいパフォーマンスにつながると考えられる適切な方略です。③は，検索練習という記憶方略の利用につながると考えられます。検索練習は，「覚えているかどうか思い出してみる」というやり方です。思い出すとかテストするというのは「覚えるため」の活動とは捉えにくいのですが，数々の実験の結果から，同じ時間を繰り返し覚えることに使うより，検索練習に使うほうが記憶成績が高いことがわかっています（Roediger & Butler, 2011）。漢字の練習のような覚えることが目的の課題では，③や自己テストのような検索練習になる方略が効果的です。

また，④や⑤は記憶のネットワークの中に情報を位置づけやすくする方略だといえます。④はそのままでは覚えにくい対象に情報を加えることでより覚えやすいものにするという精緻化方略の例です。精緻化方略では，無機質な記号のように思われるものに意味を与えることで，ネットワークの中に位置づけやすくするのです。人間の記憶は関係ある情報が結びついたネットワークとして構成されていると考えられます。どの情報とどの情報が関係あるかということは，その情報の意味によって決まってきます。そのため，意味のわからないものはネットワークの中に位置づけにくく，覚えにくい，ということになります。この「意味」は語呂合わせでも成り立ちますし，もちろん正確な説明も有効です。⑤は体制化とよばれる記憶方略として捉えられます。リストをバラバラに覚えるのではなく，整理してグループ化しておくことで，グループが記憶のネットワークの中にでき，混乱せずに思い出すことにつながるのです。

こうした方略は，大人からすると当たり前にみえるかもしれません。しかし，②のバラバラに分解してパーツごとに繰り返すという方略を用いている子どもに「そのやり方よりこっちのほうがいいよ」と言うと，「でも私にはこのやり方が合ってるから」,「このほうが早く終わる」と取り合ってくれないことも少なくありません。また，子どものノートを見ても，どのような方略で取り組んだのかがわからない場合もあります。②のような場合は，「きちんと何回も書いて練習している」というふうにみえるでしょう。指導する側が，子どもがどのように取り組んでいるか方略使用を意識すること，当たり前に思えるような方略であっても明示的に「よいやり方」を指導することが必要だと考えられます。

(3) 自己省察の段階

最後に，自己調整学習の第三段階の**自己省察**の段階に注目してみましょう。「計画していたとおり，きちんとドリルをやったからこれでおしまい！」と言いたくなりますが，自己調整学習の考え方では，取り組みがひととおり終わったところで取り組んだ成果を振り返り，次の学習につなげることが重要だと考えられています。図1－1では，自己省察から予見への矢印が示されていますが，これは，現在の課題への取り組みの自己省察を次の学習の予見につなげるということを表しています。

Ericssonたちの研究では，さまざまな領域のエキスパートの研究をとおして，よく考えた練習（deliberate practice）が重要であることが示されています（Ericsson, 2002; Ericsson & Lehmann, 1996）。「よく考えた練習」というのは，ひたすら練習を繰り返すのではなく，自分の現在の出来について積極的にモニタリングし，次にどのような練習が必要か考えることをさします。これを学習に当てはめてみると，課題に取り組んだあとで，どのくらいできたか，苦手なところやまだ難しいのはどこか，わからないところはないか，ということをよく考え，次の学習の予見段階でそのポイントを踏まえた計画を立てる，ということになるでしょう。子どもが一生懸命がんばっている様子を見ると，それだけで「よく勉強している」と思ってしまいますが，適切な練習になっているか，という観点から振り返ることが必要だといえます。

しかし，子どもがはじめから自分で適切に現在のパフォーマンスを把握し，適切な課題を選ぶことができるわけではありません。年少者には，まずは指導者にサポートされながら適切な自己省察を実行することが必要になるでしょう。van Gog ら（2005）は，適切な難度に設定された課題が与えられ，そこで間違えたり，その間違いを修正する余裕があり，有益なフィードバックが提供されることで学習者のパフォーマンスが向上すると指摘しています。

また，学習者が自分で成果を振り返る方法を指導することも有効だと考えられます。ここでも，具体的な方略を指導することが重要です。たとえば，「ドリルに取り組んだあとはまる（○）つけをしましょう」と指示するとき，指導者と学習者の意識には表1－3に示すような齟齬がある可能性があります。「まるつけをする」という指示で，指導者は理解不足な点を確認することや異なるプロセスへの気づき，次の課題の発見などを意図しますが，学習者は「答えとの一致・不一致を見つける作業」として「まるつけ」を捉えてしまいがちです。こうした齟齬を家庭や保護者が補っている場合も少なくありません。「ここはどうしてばつ（×）なのかわかる？」,「『答え』の式とは違うけど大丈夫だよ」といった声かけがあることで，徐々に「まるつけをする」ことが何をすることなのか把握していくことが期待できます。

一方で，こうした家庭や保護者の助けが得られない家庭で，「まるつけをする」という指示のみを受けている場合には，子どもはいつまでも有効な自己省察ができないままになってしまいます。西牧（2019）は，家庭環境の不利が小学校入学前の格差を生みやすく，入学後もその格差が小さくならないことについて，家庭環境の不利を考慮した指導が行われていないことを指摘しています。家庭に宿題のまるつけが任せられることは，そうした格差を温存する指導の一つとしてあげられています。遂行段階での学習方略同様，指導者にとって当然であることが，学習者にとっては当然ではないため，指導の意図が十分に発揮されない場合があることを考慮した指導が必要でしょう。

表1－3　「まるつけをする」という指示で意識することの違い

指導者	学習者
間違いを見つける なぜ間違えたか考える 次はどうすれば間違えないか考える どのくらい理解できたか判断する 質問したいことを見つける 違う解き方があることに気づく よりよい解き方を考える	「答え」と同じかどうかを見て，同じなら○，違う場合は×をつける ×のところは「答え」を写す

(4) 学習習慣の質への寄与が少ない要因

ここまで，学習習慣の質を高める要因を，自己調整学習の3段階に沿って検討してきました。これらの要因をすべて考慮することは難しいのではないかと思われた読者もいるかもしれません。指導のために利用できる時間的・物理的資源は限られていますから，よさそうなことすべてを指導できるとは限りません。その子どもにとって「今何が最も必要か」という観点から，優先順位をつけることが必要になる場面もあると考えられます。

このように考えると，学習習慣の質にあまり寄与しない要因について，限られた資源を振り分けないで済むようにすることも重要だと考えられます。この観点からは，学習の自己管理と学習スタイルを取り上げてみましょう。

本章では，学習の自己管理を「学習の進め方（どんな課題に取り組むか，どの順番で進めるか，どの解説を見るかといった学習に本質的な行動）を学習者自身に決めさせること」と定義しておきたいと思います。Niesmecら（1996）の研究では，コンピュータを用いた学習プログラムに取り組むときに，学習を自己管理させた場合とインストラクターの指示や教材の指示を与えた場合の学習効果を比較しています。彼らの研究からは，学習の自己管理に学習を高める効果がみられず，どちらかというとマイナス効果がみられるということを示しています。学習者が自分で自分の学習を管理するというのは，直感的にはよいことのように思われます。しかし，自分の学習成果や適切な学習方略の知識に乏しい学習者が自分の学習を管理することが，学習の質を高める要因になるとはいえないようです。指導者が適切な課題を選んだり，課題の進め方をアドバイスするほうが，より質の高い学習に結びつくと考えられます。したがって，学習者が自分で課題を決めることに時間をかけたり，不適切な課題選択に気づかせることに時間を使うより，適切な課題や進め方を示したうえで取り組ませるほうがよいといえるでしょう。

次に，学習スタイルについて取り上げてみましょう。学習スタイルは，やや曖昧な用語でいくつかの意味で用いられていますが，基本的には「学習者それぞれに合った取り組み方」ということを示す語として用いられます。よいやり方は個々の学習者にとって異なるため，その個人に合うやり方を見つけることが重要，という考え方です。たとえば，Dunn ら（1995）は，環境，感情，社会性，生理，心理の5つの次元が学習スタイルを決めるとしています。こうした学習スタイルを考慮すると，より学習が効果的になると主張していますが，Hattie（2009）は学習スタイルに関する研究知見をレビューして，学習スタイルを考慮した指導の有効性を支持する十分な証拠が得られたとはいえないと批判しています。たとえば，Kavale と Forness（1987）は，学習スタイルとして情報提示の方法（聴覚的・視覚的・運動感覚的）を取り上げ，学習者の好みと一致させた場合にも，学習促進効果は得られなかったことを示しています。学習者にはさまざまな好みがありますが，それを調べて指導方法や学習方法を合わせることの効果は少ないと考えられます。学習者が，取り組み方に納得することや，楽しく取り組むこと，できるようになるに違いないという期待をもつことは重要ですが，それは学習スタイルのような個別化によって達成されるというより，効果的な学習方略をきちんと指導することで得られると考えられます。したがって，個別の学習者の好みを把握し，それに合わせることに時間や労力をかけるよりも，よりよい取り組み方を明示的に指導することに資源を使うほうがよいようです。

3. 具体的な取り組み

ここまでの議論から，目標とする学習習慣は，自己調整学習の3つの段階それぞれにおいて適切な方略を用いることが重要であることがわかりました。予見段階では時間管理・計画の方略と，環境整備の方略が特に重要でした。遂行段階では，課題の特徴によって具体的には異なる学習方略が必要ですが，その課題の目標を効果的に達成することにつながる学習方略が必要だと考えられました。最後の自己省察段階では，成果を振り返るための方略が必要でした。これらの方略は，最終的には子どもたち一人ひとりが身につけるスキルです。また，自己調整学習ということばからは，自分でできる，一人でできるという印象を受けるかもしれません。しかし，自分一人で方略を学ぶことは難しいと考えられます。特に，小学校段階では，学校や家庭が方略の獲得を指導・支援することが必要です。本節では，指導の原則と，実際にどのような指導が可能か検討します。

(1) 方略指導の原則

方略を指導するうえでまず重要なのが，なんとなく方略を使ってみせるのではなく，**明示的指導**を行うということです（表1－4；Brown, Campione & Day, 1981; 犬塚, 2013)。しばしば大人は，「なにげなくやってみたこと」を子どもが学び，自発的に用いることを期待しますが，教室で提示された方略を「自分が用いる方略」として身につけるわけではないのです。

たとえば，漢字練習であれば，授業の中で先生が漢字の成り立ちを，「この漢字にはこういう意味があるんだね」と説明するのは方略の明示的指導とはいえません。意味を考えることが学習効果を高める方略であることや，実際に方略を使って練習するということが明言されていないと，子どもたちにとっては「学校で先生の指示でやってみた活動」の一つとしてしか認識されず，自分が学習するときに用いる方略なのだとは思われません。先生が「やってみよう」と言えばやってみますが，自分で学習するときに使うことにはつながりにくいといえます。「これから漢字練習のやり方を勉強するよ」とやり方であることを明示したり，「こうすると，漢字一つひとつに意味があることがわかるね。意味がわかると覚えやすくなりますよ」とその効果を明示する必要があります。また，説明するだけでなく，「実際に成り立ちがわかると覚えられるか，試してみましょう」と練習する機会を設け，「○○さんは成り立ちと結びつけて覚えられたね」と成果ではなく方略を用いたことを評価することによって，方略を学びやすくなります。

表1－4　明示的指導と暗黙的指導の違い

	明示的指導	暗黙的指導
方略であることの明示	する	しない
使い方・効果の説明	する	しない
実際に使う練習	明示的にする	練習であることを明示しない
フィードバック	方略使用に注目	課題の出来・成果に注目

(2) 宿題と学習習慣

家庭での学習習慣に直接的にかかわる課題の代表的なものとして宿題があります。宿題は，授業で学んだことを定着させるという理解や記憶促進の目的だけでなく，学習習慣を形成するための練習として位置づけられているといえるでしょう。全国一斉学力・学習状況調査の児童の回答を見ると，9割以上の児童が宿題をやっていると答えていますから，宿題をとおして家庭での学習習慣の形成を図ることは合理的であるといえそうです。

しかし，宿題に関する学校の指導は，時間の観点によるものが多く，質的な観点から学習習慣の形成に働きかける取り組みは少ないようです。渡邉（2011）は小学校教員151名を対象とした調査を実施していますが，小学校教員の約8割が「課題を明確にした宿題をよく課す」と回答する一方で，半数以上が「復習や予習の仕方はほとんど指導していない」と回答したことを示しています。一方，2018（平成30）年度の「全国学力・学習状況調査」の結果を見ると，小学生の9割，中学生の7割が「家で学校の宿題をする」と答えていますが，**予習**・復習の実行率は低いことがわかりました（小学生28%，中学生35%）。これらのデータからは，第一に，児童が宿題で出された課題をどのように実行しているかという学習習慣についての知見が少なく，十分に指導がなされていない可能性があること，第二に，小学校・中学校をとおして，教師から指示された内容を遂行することができる児童・生徒は多いものの，予習・復習は難しいことがわかります。

まず，決められた課題を実行する学習については，Zimmermanら（1996）の介入プログラムを紹介しましょう。Zimmermanたちは，はじめに，児童・生徒が家庭で学習を進めるうえで重要な要素をチェックリストにしました。チェックリストには，どのくらいの時間をかけて取り組んだかという時間の側面だけでなく，いつ始めたか，気を散らすものがなかったか，といった準備段階の質にかかわる項目もあります。チェックリストを使って自分の宿題のやり方を振り返ることで，自分の時間の使い方を自覚したところで，どうすれば取り組みの質を向上できるか，目標や計画の立て方について教師が指導しました。ここで指導されたのは表1－1に示したような自己調整方略のほか，「できたら自分にご褒美をあげる」といった自己調整方略も含まれていました。好きなお菓子を食べる，ゲームをする，といったご褒美を自分でコントロールすることで，先延ばしを防ぎ，意欲を喚起する効果があります。児童・生徒は，教えてもらった方略の中から，自分にとって重要だと思うものを選び，それを新たなチェックリストとして，自分の宿題への取り組みを自己評価しました。その結果，この介入に参加した児童・生徒の学習習慣の質が改善し，学習成績が向上したことが示されました。

このようなチェックリストを利用した宿題の取り組み改善の試みはほかにもなされており（Belfiore & Hornyak, 2007など），児童・生徒の学習習慣の質向上の効果が認められます。ポイントになるのは，「学習方略指導の原則」で示したような明示的指導が実践されていることであり，児童・生徒が自分の学習習慣の問題点を自覚したうえで主体的にかかわっている点だといえるでしょう。「よくわからないが言われたからやる」という取り組みでは，その指示がなされなくなった途端に方略を利用しなくなってしまうおそれがあります。方略の意味や使い方をよく理解させたうえで，自分が実際に宿題をやりながら改善を試みることが重要だといえます。

次に，予習・復習をはじめとした自主学習については，高校生を中心に意味理解に注目した学習方法を指導することの有効性が示されています。一般に，復習のほうが重視される傾向にありますが，市川（2008）は，小学生の学習においても予習を取り入れることが重要であると指摘しています。小学生でも取り組めそうな予習活動として，市川（2008）は，教科書を読んでわからないところに付箋を貼る，という方法を提案しています。予習の効果を支持する知見として，篠ケ谷（2008）は中学生を対象とした介入授業研究において，予習が復習以上に成績向上に効果を発揮することを示しています。キーワードを覚えているかを測定するテストでの成績には，予習をした生徒と復習をした生徒には差がみられませんでしたが，因果を問うテスト（「なぜイギリスはインドを支配したのか」など）では予習を行った群のほうがよい成績だったのです。また，篠ケ谷（2013）では，予習の際に「なぜ」という因果に注目した質問を作成するように介入し，授業でその質問への回答を作成する活動を取り入れたところ，授業内容をよりよく理解できるようになったことが示されました。一連の研究からは，「予習」として教科書を読むように指示するだけでも理解を促進する効果が得られることが示されたと同時に，予習の質を高めるような積極的な介入（因果関係に注目するよう指導する）や授業時に予習が活かされる状況がつくられること（予習でつくった質問に答える）が有効であることがわかります。

予習をさせたら興味が薄れてしまうのではないかと心配する声もあるようですが，疑問をもって授業に参加することが興味をむしろ高めるとも考えられます。篠ケ谷（2008）では予習を行った生徒のほうが授業中にメモをたくさん取るようになることも示されており，予習が授業への積極的姿勢を低下させるとは考えにくいようです。

このように，学習習慣を質的観点から捉えると，課題に取り組むための自己調整を具体的な方略指導によって支援することや，効果的な学習方略を指導することが重要であるといえるでしょう。また，学習習慣の形成に指導者が積極的に取り組むことで，さまざまな背景をもつ学習者を支援し，より積極的な授業への取り組みへとつなげることができると考えられます。

キーワード

学習習慣，自己調整方略，予見，遂行，自己省察，計画，時間管理，環境整備，学習方略，明示的指導，宿題，予習

本章のポイント

- 学習習慣は，取り組んだ時間という量の観点からだけでなく，学習の質という観点から捉える必要がある。
- 自己調整学習の3段階において，適切な方略を用いることが質の高い学習習慣につながる。

- 質の高い学習習慣に必要な方略を指導するためには，暗黙的指導では十分ではなく，学習者に方略の意味を知らせ練習の機会を設ける明示的指導が必要である。
- 宿題や予習は学習習慣を形成する機会を提供するが，質的な観点からの指導が十分になされているとはいえない。

ブックガイド

- **『自己調整学習の指導：学習スキルと自己効力感を高める』ジマーマン，B. J.・ロバート コーバック，R.・ボナー，S.（著），塚野州一・牧野美知子（訳）（北大路書房，2008）.**
  ――本章で取り上げた計画や環境整備の方略や，特定の教科の学習方略の具体的指導方法が紹介されている。宿題に取り組むための具体的な指導について，もっと詳しく知りたいという人にお勧め。
- **「授業外の学習の指導」篠ケ谷圭太（自己調整学習研究会（監修），岡田涼・中谷素之・伊藤崇達・塚野州一（編著）『自ら学び考え続ける子どもを育てる教育の方法と技術』北大路書房，2016，pp. 140-156）.**
  ――本章でも紹介した予習の効果についてより詳しく，復習についても取り上げて説明されている。

引用文献

Belfiore, P. J., & Hornyak, R. S. (2007). Operant theory and pplication to monitoring. In D. H. Schunk & B. J. Zimmerman (Eds.), *Self-regulated learning: From teaching to self-reflective practice* (pp. 184-203). Guilford Press.

Bembenutty, H. (2009). Academic delay of gratification, self-regulation of learning, gender differences, and expectancy-value. *Personality and Individual Differences*, 46, 347-352.

ベネッセ教育総合研究所（2014）．小中学生の学びに関する実態調査．https://berd.benesse.jp/up_images/research/Survey-on-learning_ALL.pdf（2020年8月25日閲覧）

Brown, A. L., Campione, J. C., & Day, J. D. (1981). Learning to learn: On training students to learn from texts. *Educational Researcher*, 10, 14-21.

Dunn, R., Griggs, S. A., Olson, J., Beasley, M., & Gorman, B. S. (1995). A meta-analytic validation of the Dunn and Dunn model of learning-style preferences. *Journal of Educational Research*, 88, 353-362.

Ericsson, K. A. (2002). Attaining excellence through deliberate practice: Insights from the study of expert performance. In M. Ferrari (Ed.), *The pursuit of excellence through education* (pp. 21-55). Erlbaum.

Ericsson, K. A., & Lehmann, A. C. (1996). Expert and exceptional performance: Evidence for maximal adaptation to task constraints. *Annual Review of Psychology*, 47, 273-305.

Hattie, J. (2009). *Visible learning: A synthesis of over 800meta-analysis relating to achievement.* Routledge.

市川伸一 (2008).「教えて考えさせる授業」を創る：基礎基本の定着・深化・活用を促す「習得型」授業設計　図書文化社.

犬塚美輪 (2013). 読解方略の指導　教育心理学年報, 52, 162-172.

Kavale, K. A., & Forness, S. R. (1987). Substance over style: Assessing the efficacy of modality testing and teaching. *Exceptional Children*, 54, 228-239.

Lay, C. (1992). Trait procrastination and the perception of person-task characteristics. *Journal of Social Behavior and Personality*, 7, 483-494.

Lay, C., & Schouwenburg, H. (1993). Trait procrastination, time management, and academic behavior. *Journal of Social Behavior and Personality*, 8, 647-662.

Niemiec, R. P., Sikorsky, C., & Wallberg, H. J. (1996). Learnercontrol effects: A review of reviews and a meta-analysis. *Journal of Educational Computing Research*, 1, 435-440.

西牧たかね (2019).「勉強」に心を閉ざす子どもたち：学習支援以前の課題を考える　基礎教育保障学研究, 3, 36-43.

岡崎善弘・井邑智哉・高村真広・徳永智子 (2018). 夏休みの宿題に取り組む計画・実際の一致と取り組み方がストレスに与える影響　時間学研究, 9, 1-7.

Pintrich, P. R., & De Groot E. V. (1990). Motivational and self-regulated components of classroom academic performance, *Journal of Educational Psychology*, 82, 33-40.

Roediger III, H. L., & Butler, A. C. (2011). The critical role of retrieval practice in long-term retention. *Trends in Cognitive Sciences*, 15, 20-27.

篠ケ谷圭太 (2008). 予習が授業理解に与える影響とそのプロセスの検討：学習観の個人差に注目して　教育心理学研究, 56, 256-267.

篠ケ谷圭太 (2013). 予習時の質問生成への介入および解答作成が授業理解に与える影響とそのプロセスの検討　教育心理学研究, 61, 351-361.

Topping, K. J., Samuels, J., & Paul, T. (2007). Does practice make perfect? Independent reading quantity, quality and student achievement. *Learning & Instruction*, 17, 253-264.

van Gog, T., Ericsson, K. A., Rikers, R., & Paas, F. (2005). Instructional design for advanced learners:

Establishing connections between the theoretical frameworks of cognitive load and deliberate practice. *Educational Technology, Research and Development*, 53, 73-81.

Wäschle, K., Allgaier, A., Lachner, A., Fink, S., & Nückles, M. (2014). Procrastination and self-efficacy: Tracing vicious and virtuous circles in self-regulated learning. *Learning and Instruction*, 29, 103-114.

渡邉誠一（2011）．家庭学習の習慣形成についての指導に関するアンケート調査報告（Ⅱ）山形大学教職・教育実践研究，6，81-87.

Zimmerman, B. J., Bonner, S., & Kovach, R. (1996). *Developing self-regulated learners: Beyond achievement to self-efficacy*. American Psychological Association.

第2章 科学的思考の支援

久坂哲也（岩手大学）

理科教育の大きな目標は，子どもたちの科学的な思考力を育てることです。自然の事物・現象を科学的に捉え，理解したり説明したりすることができる力を育成していく必要があります。科学的思考を働かせるためには，自分の疑問や問題などに目を向けて予想を立て，それを解決するための方法を計画し，観察や実験などを遂行して得られた結果や結論の妥当性を検討するなどといったプロセスを踏むことになります。このプロセスは，予見，遂行，自己省察といった自己調整学習のサイクルととてもよく似ています。また，それぞれのプロセスにおいてモニタリングやコントロールといったメタ認知の働きが大切になる点も共通しています。そこで本章では，子どもの科学的思考を支援する指導のあり方について，自己調整学習の3要素の一つであるメタ認知の視点から考えていきましょう。

1. 科学的思考と自己調整学習

(1) 科学的思考とは

科学的思考（scientific thinking）は，広義には「知識の追求（knowledge-seeking）」と定義され（Kuhn, 2002），私たちが科学的に理解したり説明したりするために知識を構築していく活動のことをさします。小学校や中学校の理科の授業では，観察や実験などを中軸とした問題解決活動や探究活動を行う中で，子どもたちは科学的思考を働かせていくことになります。たとえば，「太陽は一日の中でどのように動くのだろうか」という疑問や問題に対して，まずは一日の太陽の動きを観察し，「東から出て，南の空を通り，西に沈む」という結果を得ます。次に，調べ学習や教師からの説明を受けて，「地球が太陽の周りを回っていること（公転）」や「地球は地軸を中心に回っていること（自転）」などの知識を習得することで，観察の結果について理解したり説明したりすることが可能になります。

このように科学的思考は，観察や実験によって得た結果（証拠）と，すでにわかっている知識（理論）を比較したり関係づけたりしながら，問題を解決したり新たな知識を構築したりしていく営みといえます。

(2) 科学的思考のプロセス

自然の事物や現象に対して科学的思考を働かせながら問題解決していくためには，いくつかのプロセスを順に踏んでいく必要があります。アブダクション（abduction）という考え方を提唱した論理学者Peirceは，科学的思考について，その現象がなぜ起こったかについて説明可能な仮説を考え出す「アブダクション」，その仮説から経験的に検証可能な予測を導く「演繹」，仮説が経験的事実と一致するか確かめる「帰納」の3つのプロセスで説明しています（米盛, 2007）。

また，科学的な理論や法則の発見過程を仮説空間と実験空間の2つの空間の探索過程と定義してSDDS（Scientific Discovery as Dual Search）モデルを提唱したKlahrとDunbarは，具体的な仮説を立てる「仮説の形成」，証拠を導き出す実験をデザインする「実験の計画」，証拠が仮説を支持するか判断する「証拠の評価」の3つのプロセスで捉えています（Klahr & Dunbar, 1988）。さらに，国際的な学習到達度に関する調査であるPISAでは，科学的能力を「現象を科学的に説明する」，「科学的探究を評価して計画する」，「データと証拠を科学的に解釈する」の3つで捉えています（国立教育政策研究所, 2019）。

このように，科学的思考のプロセスに関しては学問領域によっていくつかの考え方があり，名称なども異なりますが，それぞれの段階の意味を考えると，基本となるプロセスは「仮説の形成」，「観察・実験の計画と遂行」，「証拠の評価」の3つに分類できるといわれています（Klahr, Zimmerman, & Jirout, 2011; 小林, 2014）。

小学校や中学校などの理科の授業は，科学的思考のプロセスに沿って展開されるため，授業も大きくはこの3つのプロセスで構成されています。一般的に授業の導入部分では，子どもたちに自然事象を提示して疑問や問題意識をもたせ，課題設定をした後に予想や仮説を立てさせます（仮説の形成）。展開部分では，予想や仮説を確かめるための観察や実験を計画して実行します（観察・実験の計画と遂行）。終末部分では，観察や実験によって得られた結果について考察し，予想や仮説が正しかったか検討して結論を導出します（証拠の評価）。そして，新たに生まれた疑問や問題に対して，再び同様のプロセスを繰り返しながら学びを深めていくことになります。

(3) 科学的思考と自己調整学習のかかわり

科学的思考のプロセスと自己調整学習（Self-Regulated Learning）の循環的なプロセスはとてもよく似ています。「自己調整」とは，「学習者が，メタ認知，動機づけ，行動において，自分自身の学習過程に能動的に関与していること」と定義され（Zimmerman, 1989），学習者が自ら目標を立てたり，その目標を達成するために学習の方法を工夫しながら取り組んだりすることを意味します。

2017年に告示された学習指導要領では，「主体的な学び」の実現が掲げられ，「見通し」と「振り返り」の大切さが述べられていますが（文部科学省, 2017），これはまさに自己調整学習の姿といえます。Zimmerman（2000）は，自己調整学習を「予見」,「遂行」,「自己省察」という3つの循環的なプロセスで捉え

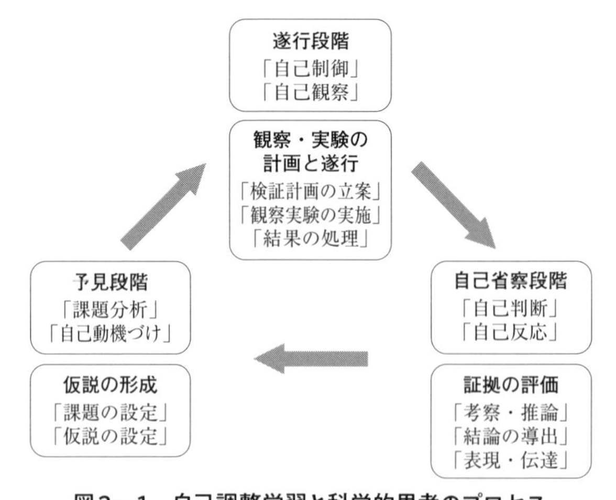

図2－1　自己調整学習と科学的思考のプロセス

（自己調整学習のプロセスはZimmerman, 2000をもとに作成）

ていますが，これは科学的思考の「仮説の形成」，「観察・実験の計画と遂行」，「証拠の評価」の各段階の機能と共通しています（図2－1）。

Kuhn（2002）は，科学的思考の中心的な特徴は，理論と証拠の関係づけを意識的に行うこととしています。科学的思考は，学習者が予想や仮説を立て，検証計画を立案して実行し，観察や実験の結果をもとに予想や仮説が支持されたか評価する活動を意識的・能動的に行う活動ですから，自己調整学習そのものといえるでしょう。逆に，もしその活動が無意識で行われているものであり，学習者が能動的に自己調整していなければ，それは科学的思考とはいえないということになります。

(4) 中学生は理科の学習で何を学んだと考えているか

理科の学習において科学的思考の育成は以前から重視され，以前は学校教育における評価の観点の一つにもなっていました。理科の学習は，自然の事物や現象への知識や理解を深めるだけでなく，物事を科学的に思考できるようになることも目標としています。しかし，久坂・三宮（2015）が中学生を対象に行った調査では，「理科の学習を通して学んだことは何ですか」と質問して得られた記述142件を分析した結果，自然事象についての知識・理解に関する記述は64件（45％）で，科学的な思考に関する記述は1件のみでした。中学生は理科の学習を通して，物事を科学的に思考するための方法については学んでいると実感できていないようです。

前述したように，科学的思考は意識的・意図的な営みです。科学的思考を働かせるためには，「この問題を解決するためには，こういう条件で実験しないといけないな」とか「科学的な事実にするためには，複数回実験をして同じ結果を得なければいけないな」など，科学的に思考するための知識をもっている必要があり，それを状況に応じて想起したり，活用したりできなければいけません。このとき，鍵を握るのがメタ認知の働きです。そこで，次節では科学的思考を支えるメタ認知の働きについて詳しくみていきましょう。

2. 科学的思考を支えるメタ認知

(1) メタ認知とは何か

メタ認知（metacognition）の「メタ（meta-）」とは，「高次な」や「一段上の」という意味をもつ接頭辞で，「認知（cognition）」は，見たり，聞いたり，考えたりなどといった知的営みや活動をさすことばです。つまり，メタ認知とは自らの認知活動を高次な（一段上の）レベルから認知することを意味することばになります。私たち人間が何か間違いに気づいて行動を修正したり，問題解決のためのよりよい方法を計画して活動したりできるのはメタ認知の働きのおかげです。図2－2にメタ認知の概念モデルを示します。

メタ認知は，活動的要素である**メタ認知的活動**（metacognitive activity）と知識的要素である**メタ認知的知識**（metacognitive knowledge）に分類されます。メタ認知的活動はさらにメタ認知的モニタリング（metacognitive monitoring）とメタ認知的コントロール（metacognitive control）に分類されます。メタ認知的モニタリングとは，自分の認知について点検したり評価したりして振り返ること，メタ認知的コントロールとは，モニタリングの結果を踏まえて次の自分の認知活動を調整することをいいます。

また，メタ認知的知識とは，人間の認知特性についての知識（例：予習をす

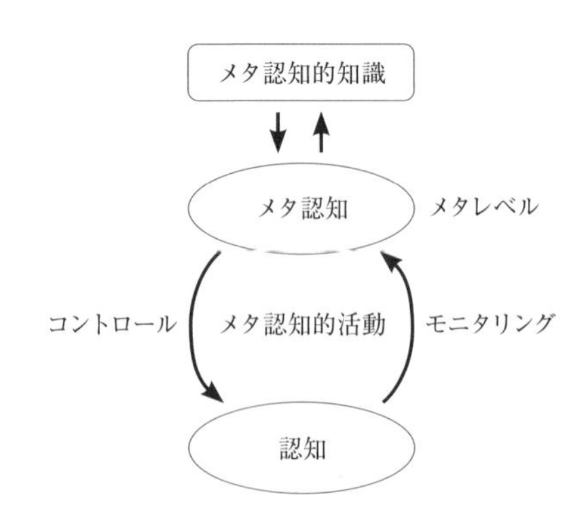

図2－2　メタ認知の概念モデル
（Nelson & Narens, 1990をもとに一部追加して作成）

ると授業が理解しやすくなる），課題についての知識（例：分数は計算ミスしやすくなる），方略についての知識（例：単語を暗記するときはたくさん書いて覚えるとよい）の3つに分類されます（Flavell, 1987）。

(2) 科学的思考のメタ認知的支援

理科の学習は，観察や実験のほかにテキストの読解や推論，問題解決，調べ学習などさまざまな活動を要することから，メタ認知を十分に働かせながら必要な活動を選択したり，実行したりすることが重要だといわれています（Veenman, 2012）。理科の学習場面を思い浮かべながら，科学的思考におけるメタ認知の役割や働きについて具体例で考えてみましょう。

たとえば，「振り子が一往復する時間は何によって決まるのだろうか」という問題について，振り子の長さ，おもりの重さ，振れ幅を変えながら実験をとおして考えるとしましょう。実験をしているときに，「自分は正しい方法で実験できているかな」と考えることがあると思います。これがメタ認知的モニタリングの働きです。このとき，「あ，2個のおもりを上下につなげて振り子の長さも同時に変えてしまった」と気づき，「実験をするときは変える条件を一つだけにする」といった科学的思考に関するメタ認知的知識が想起されると，「2個のおもりを同じところにつるす」と実験の仕方が修正されるでしょう。これがメタ認知的コントロールの働きです。

このように，科学的思考を行う際には，自分の行動や考え方に対して客観的にモニタリングを行うことで間違いに気づき，自分がもっている知識に基づいてその行動や考え方がよりよい方向へと修正されます。メタ認知は科学的思考を支えてくれる重要な役割を果たすのです。

3. 科学的思考の育成を促す授業づくり

(1) 科学的思考を支えるメタ認知的知識

PISA調査（OECD生徒の学習到達度調査）では，科学的知識（scientific knowledge）を科学の知識（knowledge of science）と科学についての知識（knowledge about science）に分類しています（国立教育政策研究所, 2010）。科学の知識とは，生命や宇宙，テクノロジーなど自然の仕組みやシステムに関する知識のことです。一方，科学についての知識とは，データの取り方や使い方など科学的に探究するために必要な知識のことです。そして，この科学についての知識は，科学的思考を支えるメタ認知的知識として働きます。

メタ認知が，メタ認知的活動とメタ認知的知識で構成されていることは，前節で述べました。メタ認知は，何らかのメタ認知的知識に基づいてメタ認知的活動が行われています。メタ認知的知識は個人の経験や信念に基づいて形成されるため，子どもたちが理科の学習に対してもっているメタ認知的知識は，常に正しいとは限りません。また，教師が思っているほど豊富でもありません。間違ったメタ認知的知識をもっていたり，必要なメタ認知的知識をもっていなかったりすると，不適切なメタ認知的活動が行われる可能性があります。したがって，科学的思考を働かせるためには，どのようなメタ認知的知識が必要かを認識し，それを授業の中で意図的に指導していくことが求められます。

(2) 実験を計画する力を支援する授業実践

実験を計画することは，**科学的探究**活動における中心的な能力とされています（Chen & Klahr, 1999）。しかし，全国学力・学習状況調査の結果では，中学生は条件を制御した実験を計画することに課題があることが指摘されています（国立教育政策研究所, 2018）。そこで，久坂ら（2019）は中学生を対象に理科の実験を計画するために必要なメタ認知的知識を「実験計画のセブンルール」と命名して7つのルールに整理し（図2－3），授業実践を行いました。このルールについて具体例とともに学ぶ学習テキストを作成し，ルールについて学習する群（教示有り群）と学習しない群（教示無し群）に分け，事前と事後で実験計画書を作成するパフォーマンステストを実施しました。その結果を図2－4に示します。

授業実践前に行った事前テストでは，両群において得点に差がみられませんでしたが，事後テストでは差がみられ，実験群の得点が有意に上昇したことがわかりました。普段の理科授業において何度も実験を経験しているにもかかわらず，子どもたちの実験を計画する力に課題があるのは，実験のもつ意味が抽象化・ルール化されておらず，子どもたちにとって意識的に利用可能なものに

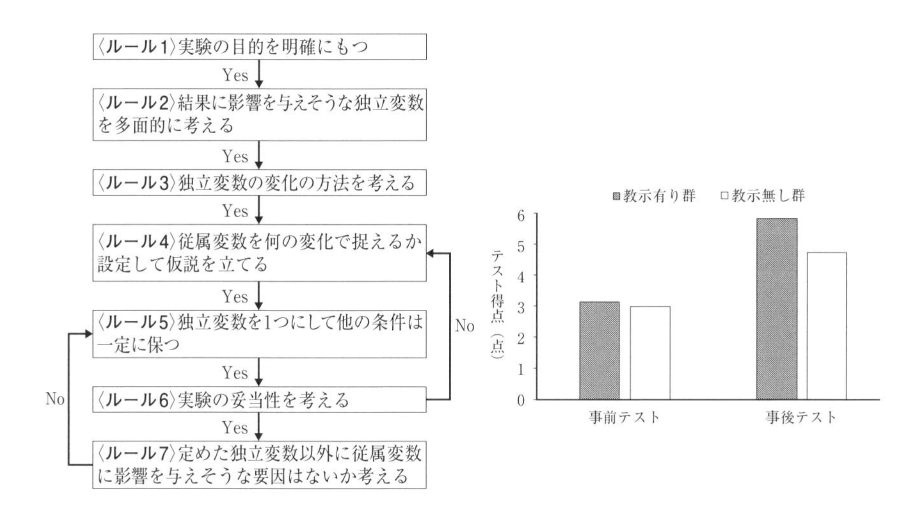

図２－３　実験計画のセブンルール（久坂ら, 2019をもとに作成）

図２－４　実験計画に関するメタ認知的知識の教示効果（久坂ら, 2019をもとに作成）

なっていないことが考えられます。教師が子どもたちに実験の計画に関するメタ認知的知識を言語化し，それを明示的に指導することには大きな効果があるといえるでしょう。

(3)　仮説を評価する力を支援する授業実践

科学的探究活動では，自ら形成した仮説と観察や実験によって得られた結果を比較しながら仮説の真偽について検討することが求められます。小林（2009）は，中学2年生を対象に観察や実験による科学的な法則や理論の発見過程において「仮説評価スキーマ」を指導する実践を行いました。仮説評価スキーマとは，仮説評価活動を行ううえで必要な一連の手続きに関する知識です。具体的には，形成した仮説を検証する目的で実験を計画する際に必要な「証拠収集の計画」･「予測」と，結果から仮説の妥当性を検討する際に必要な「結果の観察」･「結果の解釈」で構成されています。これは科学的思考のプロセスである「証拠の評価」に関するメタ認知的知識といえます。

授業実践の効果を詳細に検討するため，表2－1に示すように学習者を4つ

表2－1　各群の指導方法

	指導法の内容
協同群	学習者の自力発見に頼って，教師は特別な働きかけをしない指導法
協同・模範過程教示群	教師が模範的な発見過程を示す，教師の制御性の強い指導法
協同・予測教示群	学習者が観察・実験結果を予想する活動を教示して行うよう促す指導法を用いる
協同・スキーマ教示群	仮説評価スキーマを教示して行うよう促したうえで協同させる指導法を用いる

（小林, 2009をもとに作成）

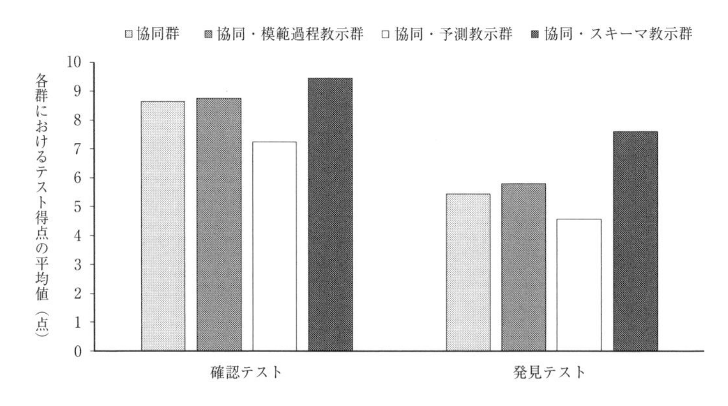

図2－5　仮説評価スキーマの教示効果（小林, 2009をもとに作成）

の群に分け，中学校理科第一分野の「運動の規則性」を題材として授業実践を行いました。授業で学習した運動の規則性を理解しているか確かめる確認テストと，観察・実験のスキルが向上したか確かめる発見テストを実施して分析した結果を図2－5に示します。仮説評価スキーマを教えて行うよう促したうえで協同させる指導法を行った協同・スキーマ教示群は，その他の指導法に比べて科学的な法則や理論をよりよく理解していることが明らかになりました。

このように，メタ認知的知識を教えるだけでなく，それを行うように促したうえで協同させることは，科学的思考の場面において仮説と実験結果を対応づけて説明したり，説明の誤りを修正したりすることが促進されます。また，他者という存在が，活動の適切性をメタ認知するうえでそれを助ける役割を果たすといえるでしょう。

4. 科学的思考の支援における振り返りの役割

(1) 振り返りの意味とは

校種や教科に関係なく，授業において振り返り活動はよく行われています。振り返りはメタ認知的モニタリングを促すうえで，とても大切な活動になります。2017年告示の学習指導要領においても「主体的な学び」の実現には，「見通し」と「振り返り」が重要であると示されています（文部科学省, 2017）。では，そもそも振り返りは何のために行うのでしょうか。田村（2018）は，振り返りには学習内容を確認する振り返り，学習内容を現在や過去の学習内容と関係づけたり一般化したりする振り返り，学習内容を自らとつなげ自己変容を自覚する振り返り，の3つの意味があると述べています。

科学的思考を支援するうえでも，この3つの振り返りは大きな役割を果たします。それぞれの振り返りの役割について自己調整やメタ認知の視点から考えていきましょう。

(2) 学習内容を確認する振り返り

学習内容の確認には，「今日学んだことは何か」ということのほかに，自分は今日の学習の目標やめあてにどれくらい近づくことができたかや，到達することができたかなど，自分自身の理解状況を振り返ることも含まれます。自己調整的に科学的思考を働かせるためには，まずは自分の思考の過程や結果を適切にメタ認知することが求められます。しかし，自分の理解状況を適切に振り返ること，すなわち，正確にメタ認知的モニタリングすることは，私たちの想像以上に難しく，メタ認知の正確さに関する先行研究では私たちはしばしば過大評価や過小評価をする傾向があることが報告されています（Boekaerts & Rozendaal, 2010）。もし，理解できていないのに理解できたと過大評価をすると，本来必要な学習行動が生起されません。逆に，理解できているのに理解できなかったと過小評価をすると，本来必要のない学習行動が無意味に繰り返されることにつながります。

一般的に，メタ認知の正確さは小学生よりも中学生のほうが高いとされています。また，低学力の学習者よりも高学力の学習者のほうが高いことも知られています。これは，メタ認知の能力が年齢とともに発達することや，学力とメタ認知能力には相関関係があることが原因です。ただ，メタ認知を正確に働かせられるようにするためには，判断に利用可能な手がかりとフィードバックを与えることが効果的です。したがって，学習後に教師が学習内容について質問したり，小テストなどを実施したりして自分の理解状況を確認できるような手がかりを与えたり，学習者の学習状況に対して教師がコメントを返してあげたりすることが大切です。

(3) 関係づけや一般化をする振り返り

学習内容を現在や過去の学習内容と関係づけたり一般化したりすることを，精緻化（elaboration）や体制化（organization）などとよびます。精緻化とは，学習した内容を既有知識や経験，日常生活などと関係づけることをさします。学習した内容に関連する情報を付加することによって，理解が深まったり思い出しやすくなったりします。体制化とは，上位概念や下位概念などに整理したり分類したりすることをさします。たとえば，植物の種類を覚えるときにそれぞれの種類をバラバラに覚えるよりも，種子植物の中に裸子植物と被子植物があり，さらに被子植物の中に単子葉類と双子葉類があるなどと整理したほうが覚えやすいでしょう。このように，学習の効果を高めることをめざして意図的に行う心的操作あるいは活動を学習方略といい（辰野, 1997），精緻化や体制化などといった活動は，学習方略の中でも認知的方略といわれています。

一方，振り返りのように自らの学習状況に目を向けることも学習方略の一つであり，メタ認知的方略といわれています。関係づけや一般化を目的とした振り返りは，認知的方略とメタ認知的方略を同時に働かせることになります。「今日学んだことと前回学んだことを比べると，どんなことが言えそうかな？」など，関係づけや一般化の対象となる科学的知識や自然事象などに目を向けさせ，意識的に取り組ませることが認知的方略やメタ認知的方略を効果的に活用することになり，ひいては科学的知識の構築や科学的思考の育成へとつながっていきます。

(4) 自己変容を自覚する振り返り

学習内容の理解や学びの深まりに対して自分の成長を自覚し，ポジティブな感情を抱くことはとても大切です。その代表として自己効力感（self-efficacy）があげられます。自己効力感とは，自分には過去の経験に基づいてある行動ができるとする信念であり，自己効力感が高い人は，難しい課題にも粘り強く積極的に取り組むことが明らかになっています（Bandura, 1995）。

2017年告示の学習指導要領では，新しい時代に必要となる資質・能力が3つの柱で整理されたことに伴い，観点別学習状況評価も「知識・技能」，「思考・判断・表現」，「主体的に学習に取り組む態度」の3観点で整理されました。3つ目の「主体的に学習に取り組む態度」は，粘り強い取り組みを行おうとする側面と，自らの学習を調整しようとする側面の2つの側面を評価することが求められており（文部科学省, 2019），振り返りによって自己効力感を高めていくことが重要であると考えられます。では，振り返りの場面において，自己効力感を高めるためにはどのようにすればよいのでしょうか。

まずは，自分と友だちの様子を比較させ，友だちのよい部分を見つけさせることです。これは観察学習（observational learning）ともいいます。うまくできた友だちの様子を観察させることで，「なるほど，そうすればできるのか！自分も同じようにすればできるはずだ」という感覚をもたせるのです。また，授業前と授業後の自分を比較させることも大切です。そのためには，学習前のわからない自分と学習後のわかった自分をそれぞれメタ認知させ，そのギャップに意識を向けさせなければいけません。こうして「わかった自分」に気づかせるのです。

5. 結びにかえて

科学的思考の支援には，自己調整学習の3要素の一つであるメタ認知の働きが大切であることを述べてきました。本章の最後に，メタ認知の効果的な指導に関する3つの原則（Veenman, 2011）を紹介します。

1つ目は，“メタ認知を学習課題と一緒に指導すること”です。メタ認知を学習課題から切り離して指導することは望ましくありません。なぜなら，習得させたいメタ認知的知識や実行させたいメタ認知的活動を学習課題の文脈に埋め込んで指導することで，子どもたちはどのような場面でどのようなメタ認知を働かせるべきかを理解できるからです。メタ認知的知識は，**プロダクション・ルール**（production rule）で説明される場合もあります。プロダクション・ルールは,「if（もし～ならば)」といった条件的知識（conditional knowledge）と「then（～する)」といった手続き的知識（procedural knowledge）で構成されます。メタ認知を学習課題と一緒に指導することによって，条件的知識と手続き的知識の結びつきが形成され，新たな課題解決を行う際に必要なメタ認知的知識が想起されて，適切なメタ認知的活動が遂行できるようになります。

2つ目は，“メタ認知を働かせることのよさを教えること”です。メタ認知を働かせることは，子どもたちにとって認知的に負荷がかかります。私たち大人でさえも未熟で慣れないことを実行するためには，そこに注意をたくさん向けなければならずとても大変です。したがって，メタ認知を働かせることのよさ（メリット）を教えなければ，メタ認知は自発的に利用されなくなります。メタ認知を働かせて科学的問題解決に成功できた体験などを積み重ね，メタ認知の有用性を強調して指導していきたいところです。

3つ目は，“メタ認知を長期的に指導すること”です。時間をかけて指導やトレーニングをすることで，先ほどのプロダクション・ルールが蓄積され，メタ認知を円滑に運用できるようになります。2017年告示の学習指導要領ではカリキュラム・マネジメントがキーワードの一つなっていますが，各教科の年間指導計画の中に，どの単元でどのようなメタ認知を育成したいかを明確にしてカリキュラム・マネジメントを行うことが効果的です。教科や単元の内容によって指導すべきメタ認知的知識，あるいは指導しやすいメタ認知的知識が異なります。たとえば，小学校第5学年理科では条件を制御しながら解決の方法を発想する力の育成が求められていますが，そのためには,「実験の計画を立てるときは変える条件と変えない条件について整理する」や「調べる条件を一つずつ変えて実験計画を立てないと，結果の考察ができなくなる」などといったメタ認知的知識が必要になります。このような知識は，エネルギー領域であれば変える条件（独立変数）や測定の対象（従属変数）を設定しやすいため指導しやすいのですが，地球領域では時間的・空間的な要因を自ら制御できないため指導が難しいという性質があります。したがって，各学年の教科や単元の特徴に応じてメタ認知的知識をいつ，どのように指導するかといった長期的・継続的な指導計画を立て，明示的に指導していくことが大切です。まさに“メタ認知は一日にして成らず”といえるでしょう。

キーワード

科学的思考，科学的探究，メタ認知，メタ認知的知識，メタ認知的活動

本章のポイント

- 科学的思考は，結果（証拠）と知識（理論）を比較したり関係づけたりしながら，問題を解決したり新たな知識を構築したりしていく営みである。
- 科学的思考のプロセスと自己調整学習のプロセスは共通しており，それぞれのプロセスにおいてメタ認知を働かせることが大切である。
- 科学的思考を支援するためには，科学的思考に関するメタ認知的知識を明らかにしたうえで，それを明示的に指導することが効果的である。
- 振り返りの目的に応じて振り返りの対象や視点を明確にし，適切に振り返りを行うことが，科学的思考をよりよい方向へと自己調整することにつながる。
- メタ認知を効果的に指導するためには，学習課題と一緒に教えることやメリットを教えること，長期的に指導することが有効である。

ブックガイド

- **『理科大好き！の子どもを育てる：心理学・脳科学者からの提言』無藤　隆（編著）（北大路書房，2008）.**
  ――理科好きな子どもを育てる原則や授業のデザイン，教育実践について，実証的な研究に照らして紹介している。

- **『「科学的思考」のレッスン：学校では教えてくれないサイエンス』戸田山和久（NHK出版，2011）.**
  ——科学的思考のあり方について，科学哲学の視点から基礎編と応用・実践編に分けて練習問題も取り入れながら解説している。
- **『メタ認知：学習力を支える高次認知機能』三宮真智子（北大路書房，2008）.**
  ——科学的思考におけるメタ認知の役割を含め，学習にかかわるメタ認知研究について，さまざまな視点から紹介している。

引用文献

Bandura, A. (Ed.) (1995). *Self-efficacy in changing societies*. Cambridge University Press.（バンデューラ，A.（編），本明　寛・野口京子（監訳）(1997)．激動社会の中の自己効力　金子書房）

Boekaerts, M., & Rozendaal, J. S. (2010). Using multiple calibration indices in order to capture the complex picture of what affects students' accuracy of feeling of confidence. *Learning and Instruction*, 20, 372-382.

Chen, Z., & Klahr, D. (1999). All other things being equal: Acquisition and transfer of the control of variables strategy. *Child Development*, 70, 1098-1120.

Flavell, J. H. (1987). Speculations about the nature and development of metacognition. In F. E. Weinert & R. Kluwe (Eds.), *Metacognition, motivation, and understanding* (pp. 21-29). Lawrence Erlbaum Associates.

久坂哲也・及川宏輝・會津響平・平澤　傑・佐々木聡也・菊地洋一・名越利幸（2019）．中学校理科・数学科におけるアクティブ・ラーニングの開発と評価（理科編）：メタ認知的支援を組み込んだ授業設計　岩手大学教育学部プロジェクト推進支援事業教育実践研究論文集，6，117-124.

久坂哲也・三宮真智子（2015）．中学生の科学的思考に対する認知に関する一考察　大阪大学大学院人間科学研究科紀要，41，137-151.

Klahr, D., & Dunbar, K. (1988). Dual space search during scientific reasoning. *Cognitive Science*, 12, 1-48.

Klahr, D., Zimmerman, C., & Jirout, J. (2011). Educational interventions to advance children's scientific thinking. *Science*, 333, 971-975.

小林寛子（2009）．「仮説評価スキーマ」教示と協同活動が科学的な法則や理論の理解と観察・実験スキルの向上に与える影響　教育心理学研究，57，131-142.

小林寛子（2014）．科学的思考力を育てる　市川伸一（編著），学力と学習支援の心理学（pp. 133-148）　放送大学教育振興会.

国立教育政策研究所（2010）．生きるための知識と技能4：OECD生徒の学習到達度調査（PISA）2009年調査国際結果報告書　明石書店.

国立教育政策研究所（2018）．平成30年度全国学力・学習状況調査報告書 中学校理科. https://www.nier.go.jp/18chousakekkahoukoku/report/data/18msci.pdf（2020年5月20日閲覧）

国立教育政策研究所（2019）．OECD生徒の学習到達度調査（PISA）：2018年調査国際結果の要約．https://www.nier.go.jp/kokusai/pisa/pdf/2018/03_result.pdf（2020年5月20日閲覧）

Kuhn, D. (2002). What is scientific thinking and how does it develop? In U. Goswami (Ed.), *Blackwell handbook of childhood cognitive development* (pp. 371-393). Blackwell Publishers.

文部科学省（2017）．小学校学習指導要領（平成29年告示）解説総則編　東洋館出版社.

文部科学省（2019）．児童生徒の学習評価の在り方について（報告）．http://www.mext.go.jp/b_menu/houdou/31/01/__icsFiles/afieldfile/2019/01//21/1412838_1_1.pdf（2020年4月12日閲覧）

Nelson, T. O., & Narens, L. (1990). Metamemory: A theoretical framework and new findings. *Psychology of Learning and Motivation*, 26, 125-173.

田村　学（2018）．深い学び　東洋館出版社.

辰野千壽（1997）．学習方略の心理学：賢い学習者の育て方　図書文化社.

Veenman, M. V. J. (2011). Learning to self-monitor and self-regulate. In R. Mayer & P. Alexander (Eds.), *Handbook of research on learning and instruction* (pp. 197-218). Routledge.

Veenman, M. V. J. (2012). Metacognition in science education: Definitions, constituents, and their intricate relation with cognition. In A. Zohar & Y. J. Dori (Eds.), *Metacognition in science education: Trends in current research* (pp. 21-36). Springer.

米盛裕二（2007）．アブダクション：仮説と発見の論理　勁草書房.

Zimmerman, B. J. (1989). A social cognitive view of self-regulated academic learning. *Journal of Educational Psychology*, 81, 329-339.

Zimmerman, B. J. (2000). Attaining self-regulation: A social cognitive perspective. In M. Boekaerts, P. R. Pintrich, & M. Zeidner (Eds.), *Handbook of self-regulation* (pp. 13-39). Academic Press.

第3章 仲間関係の中での学びと自己調整学習

岡田　涼（香川大学）

授業では，子どもがグループやペアになって活動する場面がたくさんあります。その中で，「ここってなんでこうなるの？」と友だちに尋ねる子がいるでしょう。あるいは，直接話をしなくても，友だちの様子を観察しながら，「なるほど，あんなふうにすればいいのか」と理解している子もいるはずです。学習を進めていく中では，さまざまなかたちで仲間とのかかわりが生じます。自己調整学習というと，人に頼らずに自分で学習を進めていくものという印象があるかもしれません。そうすると，このような仲間とのかかわりは人に頼っている面があるため，自己調整学習とはいえないのでしょうか。自律的に学ぶうえでは，仲間とかかわることは望ましくないのでしょうか。本章では，仲間関係の中での学びがもつ役割について，自己調整学習との関係から考えていきましょう。

1. 仲間を見て学ぶ

(1) モデリングとは

小学校の授業で，ある子が，「ちょっと，○○さんがどう考えたか説明してみて」と指名され，みんなの前で自分の考えを説明することがあります。うまく説明できれば，その子は自信をもつことができるでしょう。一方で，発表している様子を自分の座席から見ている子どもにも何かしらの影響があります。「ああやって，自分の考えだけじゃなくて，理由をつけて言ったほうがわかりやすいな」と感じたり，「説明の仕方がわかったから，次にあてられても大丈夫だ」と自信をもつ子もいるかもしれません。

他の人の様子を見て，自分の学習に対する考え方や学習の仕方が影響を受けることをモデリング（modeling）といいます。Schunk（2001）によると，モデリングは，「他者をモデルとして観察することによって生じる認知面，感情面，行動面の変化」をさします。自分にはなかった考え方をしている人の話を聞いて自分の考えを振り返ったり，一生懸命勉強に取り組んでいる友だちを見て自分もやる気になったりすることは，日常的によくあるでしょう。このように，他の人の学習の様子にふれることによって，自分の学習のさまざまな側面が影響を受けるのがモデリングです。

(2) 自己調整の発達とモデリング

自己調整的に学習を進めていくためには，さまざまな学習方略が必要になります。学習方略（learning strategy）というのは，勉強の仕方の工夫のことです。ただ，低年齢の子どもは，自己調整を行うための学習方略を十分にもっていません。たとえば，小学校低学年では，「わからなくなったら図に描いてみる」ということや，「わかったことを自分で確認しながら問題を読み進める」といったことを，自分なりに工夫してできる子は少ないでしょう。それが，学年や学校段階が上がっていくと，さまざまな学習方略を使って自分なりに学習を進めていくことができる子が増えてきます。自己調整の力が発達していくのです。

自己調整の発達にとっては，モデリングが重要な役割を果たしています。自己調整をする力は，観察レベル，模倣レベル，自己制御レベル，自己調整レベルという順で発達していきます（表3－1）。最初は，他の人の行動を観察することによって学習方略を知るところから始まり（観察レベル），少しずつ自分な

表3－1　自己調整の発達に関する社会的認知モデル

発達のレベル	社会からの影響	自己からの影響
観察レベル	モデル 言葉による説明	
模倣レベル	社会的ガイダンス フィードバック	
自己制御レベル		内的基準 自己強化
自己調整レベル		自己調整プロセス 自己効力信念

（Schunk, 2001をもとに作成）

りに工夫しながら真似することができるようになっていきます（模倣レベル）。その後，他の人を観察しながらでなくても自分でその学習方略を使えたり（自己制御レベル），課題や状況に応じて柔軟にアレンジして使えるようになります（自己調整レベル）。たとえば，ペアで交流した相手が図を描きながら説明してくれたのがわかりやすかったため，自分でも図を描いて考えるようになることがあります。そのうちに，他の単元や教科でも同じようにやってみたり，自分なりに簡略化した図を描くようになったりします。モデリングをとおして，「図を描く」という学習方略を用いることができるようになったのです。

授業場面でモデリングの対象となるのは，教師であることが多いかもしれません。一方，上であげたような全体交流に加えて，ペアやグループでの活動など，仲間の学習の仕方を観察する機会は豊富にあります。同年代の仲間に対するモデリングを特に**ピアモデリング**（peer modeling）とよびます（Schunk, 1998)。ピアモデリングをとおして，少しずつ自己調整をする力が発達していきます。

(3) ピアモデリングのタイプ

仲間を観察するピアモデリングは，自己調整学習にとって重要な働きをします。では，どういった仲間の様子を観察するのがよいのでしょうか。学習方略を観察して身につけるということを考えると，間違えずに正確に問題を解けるような優秀なモデルを観察するのがよさそうな気がします。実際の授業場面でも，授業の流れに沿った発言や解答をしてくれそうな子が指名されることが多いかもしれません。

このことを考えるうえで興味深い実験があります。Schunkら（1987）は，算数を苦手とする小学生を対象に，ピアモデリングの効果を調べる実験を行いました。実験に参加した児童は，分数の加減算のトレーニングに取り組みました。最初に，自分と同じ年齢の子どもが，分数の加減算の問題を解く様子をビデオで見ます。そのビデオは，まず教師が登場して問題の解き方を説明し，続いてモデルとなる子どもが練習問題を解くという流れになっています。このビデオの中に登場するモデルには2種類ありました。一つは，「この問題はできるよ」といったような自信を示す発言をしながら，間違えずに問題を解いてい

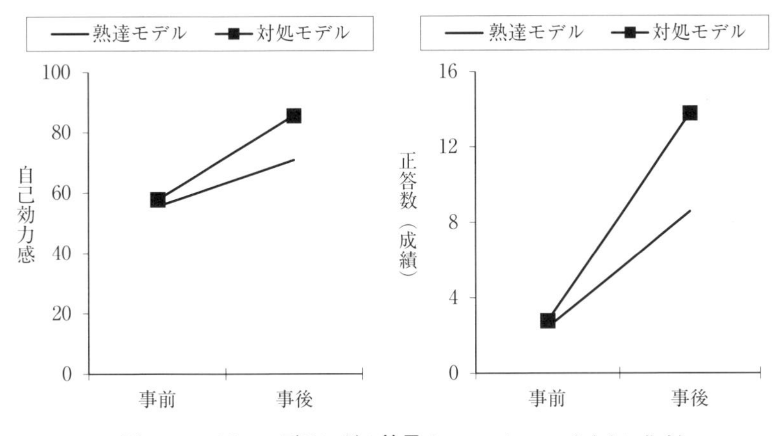

図3－1　ピアモデリングの効果（Schunkら, 1987をもとに作成）

くモデルです。これを熟達モデル（mastery model）とよびます。もう一つは,「この問題は苦手だな」といったような自信のなさを示す発言をしながら最初は間違うものの, 次第に問題が解けるようになっていくモデルです。これを対処モデル（coping model）とよびます。実験に参加した児童は, いずれかのモデルを観察した後, 6日間にわたって自分で分数の問題に取り組みました。これが実験の流れです。

実験に参加した児童には, トレーニングの前後で分数のテストを受けてもらいました。また, それと同時に自己効力感も尋ねました。自己効力感（self-efficacy）とは,「分数の問題を正しく解ける」というような自信をさします。実験の結果は図3－1のようになりました。どちらのモデルを見た児童も自己効力感と成績が伸びていました。ただし, その伸びは, 熟達モデルを見た場合よりも対処モデルを見た場合のほうが大きかったのです。

なぜ, 熟達モデルを見た子どもたちよりも対処モデルを見た子どもたちのほうが, 自己効力感や成績が高くなったのでしょうか。モデリングの効果を決めるのは, モデルとそのモデルを観察する子どもの類似性です（Braaksmaら, 2002）。同じ観察をするのでも, 自分と似ていたり, 共通点をもつ人を観察した場合にピアモデリングが有効に働きます。実験に参加した算数を苦手とする子どもたちの気持ちになって考えてみましょう。おそらく, 自信がなさそうな様子のモデルを見て，「自分と似ているな」と感じたでしょう。その自分と似ているモデルが次第に問題を解けるようになっていく様子を観察すれば，「自分にもできそうだ」という自己効力感が高まります。そして，前向きに課題に取り組むことで内容の理解も進んだのです。この結果からすると，必ずしも間違わない優秀な子をモデルにするのがよいとは限らないということです。学習に苦手意識をもつ子どもにとっても，「自分も同じようにできるかもしれない」と感じさせることが大事だといえます。

(4) ピアモデリングを活用した実践

ピアモデリングを学校で活用した教育実践もあります。Richardsら（2010）は，アメリカのチャータースクールで，ピアモデリングを用いて課題に対する取り組みを促す実践を行いました。実践の内容は次のようなものです。授業前の朝の時間に，別の学校での授業の様子を写したビデオをみんなで視聴します。そのビデオに登場する児童は，授業の課題にきちんと取り組んでおり，教師からその姿勢を褒められます。学級全体でそのビデオを視聴しながら，教師役の女性は「みんなもこの子と同じように静かにできるよね」や「他の子に話しかけられたとき，この子がどうしていたかわかった？」というように児童に語りかけます。ビデオを視聴した後で，課題に取り組むためのスキルについて学級全体で話し合います。そのスキルとは，「課題に集中するためにはどうすればよいか」や「邪魔が入ったときにどうすればよいか」などです。こうした介入を週に2回，学級によって3週間から4週間にわたって行いました。

こうした実践を行う前（ベースライン期），行っている期間（介入期），行ってから1カ月ほど経った後（フォローアップ期）のそれぞれで，授業中にどの程度児童が課題に取り組んでいるかを計測しました。課題への取り組みの指標とされたのは，教師に注目している頻度や課題の答えを書いている頻度などでした。学級ごとの取り組みの変化が図3－2に示されています。いずれの学級においても，実践を行っている期間には課題に取り組む児童の割合が増え，その効果がおおむね持続していることがわかります。ピアモデリングをとおして，児童は課題に取り組んでいるときの具体的なイメージや，課題に集中し続けるための方略を獲得することができ，自己調整的に課題に取り組むことができる

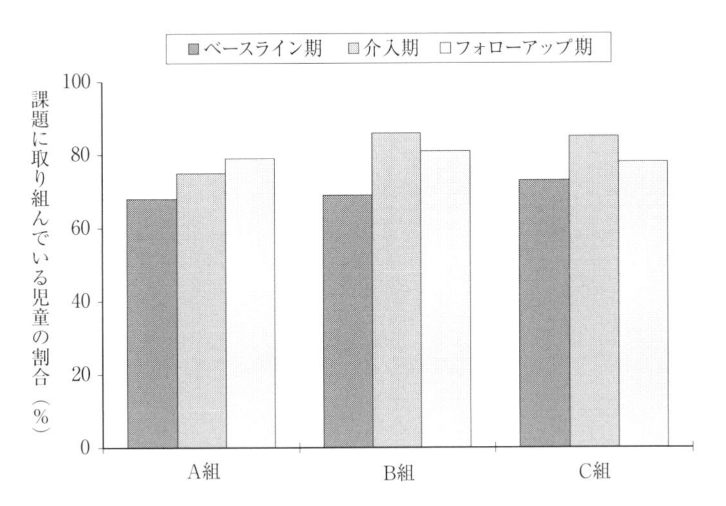

図3－2　課題に取り組んでいる児童の割合の変化（Richards ら, 2010）

ようになっていったのです。

ピアモデリングを用いることで，自己調整に必要な学習方略やスキルを身につけさせることができます。場合によっては，教師や周りの大人が説明するよりも，自分と似ている仲間が学ぶ様子を見ることのほうが，「なるほど，あんなふうにすればいいのか」と腑に落ちるともあるでしょう。周りの仲間の様子をよく観察するように伝え，その意味や効果を一緒に考えることが自己調整学習につながるのです。

2. 仲間からのサポートを得て学ぶ

(1) 学業的援助要請とは

一生懸命に考えてもどうしてもわからない問題があったとき，子どもはどうするでしょうか。たとえば，宿題で出された算数の問題がどうしても解けないということはあるでしょう。あるいは，理科の実験について，なぜそういう結果になったかの理由がどうしても思いつかないこともあるかもしれません。

一人でがんばって考えてもどうしてもわからないとき，他の人に解き方や考え方を尋ねることがあります。自分で解決できない問題に出合ったときに，

表3－2　自己調整学習方略のリスト

学習方略	内容
自己評価	学習の質と進み具合を自分で評価すること
体制化と変換	うまく学習を進めるために，課題や問題を構成し直すこと
目標設定と計画	目標や下位目標を自分で設定し，活動に取り組む順番やタイミングを計画すること
情報収集	課題に取り組むときに利用できるか情報がないかを探すこと
記録とモニタリング	課題に取り組んでいるときに起こったことやその結果を記録していくこと
環境調整	学習に取り組みやすくなるように物理的環境を整えること
結果の自己調整	成功もしくは失敗に対する報酬や罰を自分で用意したり，想像したりすること
リハーサルと記憶	さまざまな手段を用いて学習内容を覚えようとすること
社会的支援の要請	仲間や教師，その他の大人に援助を求めること
記録の見直し	次の授業やテストに向けて，過去のテストやノート，教科書などを読み直すこと

（Zimmerman & Martinez-Pons, 1986 をもとに作成）

他者に助けを求めることを**学業的援助要請**（academic help-seeking）といいます（Karabenick & Newman, 2006）。宿題でわからない問題があったとき，授業の前に「この問題の解き方を教えてほしいんだけど」と友だちに頼んだり，理科でグループでの話し合いに入ったときに，「どうしてこんな結果になったのかな？」と他のメンバーに尋ねたりするのが学業的援助要請です。もちろん，休み時間に先生に授業でわからなかったところを尋ねるのも学業的援助要請です。

自己調整学習の考え方の中核にあるのは，他の人に依存せずに自分で学習を進めていくような自律的な学びです。そのため，他の人に尋ねるという学業的援助要請は，自己調整学習に反するような印象をもつかもしれません。しかし，適切に援助要請をすることは，自己調整学習の重要な側面の一つです。Zimmerman と Martinez-Pons（1986）は自己調整学習方略のリストとして，自己評価や目標設定などに加えて社会的支援の要請を含めています（表3－2）。この社会的支援の要請は学業的援助要請と同じものです。どうしても解決できない問題に出合ったとき，それをそのままにしておいたり，解決につながらない努力を続けるのは望ましくありません。自分で必要性を判断して，他者に助けを求めながら解決に向けて取り組むのが自己調整的な学習のあり方です。

(2) 自律的な援助要請

学業的援助要請が自己調整学習の一側面だと述べました。しかし，もしかしたら学業的援助要請に対してよいイメージをもっていない人もいるかもしれません。他者に助けを求めるということを聞いて，「たしかに，いつも宿題をやってこないで写させてほしいと言ってくる子がいたな」とか「自分で考えずにすぐに答えを聞こうとする子がいるな」ということに思い至った方にとっては，学業的援助要請が大事だといわれてもピンとこないのは当然のことです。

子どもが行う学業的援助要請にも種類があります。特に，自律的援助要請と依存的援助要請の区別は重要です（表3－3）。**自律的援助要請**（autonomous help-seeking）は，自分でやってみた後に本当に助けが必要かどうかを判断したうえで，ヒントや詳しい説明をしてもらいながら，最終的には自分で問題を解決しようとするような援助要請です。一方の**依存的援助要請**（dependent help-seeking）は，自分であまり努力をすることもなく，よく考えずに答えそのものを教えてもらおうとするような援助要請をさします。先にあげたような，宿題の答えを丸写しさせてもらおうとするのは依存的援助要請です。自己調整学習で大事にしているのは，もちろん自律的援助要請です。適切なかたちで他者に頼りながら，最終的には自分で問題を解決するのが自己調整学習です。

依存的援助要請は，その特徴からして望ましい学習のあり方ではないと感じられるでしょう。学習内容の理解や知識の習得には結びつかなさそうです。実はそれだけでなく，依存的援助要請は仲間関係自体にも悪影響を及ぼす可能性があります。Nelson-Le Gall & Glor-Scheib（1986）は，小学3年生と5年生を対象に，授業中に行っている援助要請を観察し，学級内の仲間関係について尋

表3－3　自律的援助要請と依存的援助要請

	自律的援助要請	依存的援助要請
問題解決の主体	援助要請者	援助者
必要性の吟味	十分	不十分
要請内容	ヒント，解き方の説明	答え

（瀬尾，2007をもとに作成）

ねました。すると，存的援助要請を多く行っている児童ほど，同じ学級の仲間から好ましく思われていませんでした。自分で努力をせずに安易に仲間に助けを求めてしまうと，仲間からの印象を悪くしてしまう可能性があるのです。

(3)「教えて」と言わない（言えない）ことの背景

自律的援助要請と依存的援助要請は，どのように仲間に援助を求めるかという違いを示すものでした。いずれも仲間に助けを求めるという点では同じです。一方で，授業や宿題でわからないところがあったとしても，なかなか「教えて」と言わない子もいます。学習の途上でわからないところがあるのは当然です。しかし，それをそのままにしておくと，大きなつまずきとなって後から取り戻すことが難しくなってしまいます。

必要なときに「教えて」と言わない，あるいは言えないことをさして，**援助要請の回避**（avoidance of help-seeking）といいます。一般的に，子どもは悩みがあってもあまり他の人に相談しない傾向があることが知られています。たとえば，佐藤・渡邉（2013）が小学生を対象に行った調査では，勉強がわからなかったり，成績が悪くて悩んだりしたときでも，約3割の児童が誰にも相談していませんでした。また，友だちに対して援助要請をしようと思ったものの，結局しなかった児童が12％いました。友だちに「教えて」と頼んだり，相談したりすることをためらわせるものがあるようです。

なぜ子どもは援助要請を避けるのでしょうか。野﨑（2003）は，中学生を対象とした調査で，学業的援助要請の背景にある5つの態度を明らかにしました（表3－4）。それらはいずれも学業的援助要請をためらわせるものです。一般的には，恥ずかしさから「教えて」と言えない生徒の姿を思い浮かべやすいかもしれません。たしかに，他者からの評価や内気な性格であることによって援助要請をしにくい生徒はいるようです。しかし，それだけでなく「自分のことで迷惑をかけるのは悪い」や「どうせ質問してもわかるようにならない」，あるいは「どうしても自分で解きたい」など，援助要請をしない背景にある心情は実に多様です。「教えて」と言わない子どもがいたときに，その子がなぜ助けを求めないのかをさまざまな視点から考えてみる必要があります。

表3－4　学業的援助要請への態度

態度	質問項目の例
能力感への脅威	・周りの友だちに頭が悪いと思われると思います ・周りの友だちは私のことを馬鹿にするのではないかと思います
シャイネス	・質問することはとても緊張することです ・目立つのが恥ずかしいです
遠慮	・申し訳ないといった気持ちになります ・質問すると邪魔をすることになります
無効感	・勉強するよい助けになります（逆転項目） ・授業がおもしろくなります（逆転項目）
自律性	・質問するより，自分の力だけで問題を解きたいです ・質問して問題を解いても，解いたことにならないと思います

（野﨑, 2003をもとに作成）

(4) 学業的援助要請を促す学級

子どもが「教えて」と言えるかどうかは，学級の雰囲気に左右される部分があります。子ども同士の関係がよく，学習に関する話をすることに慣れている学級では，必要に応じて助けを求めることができるでしょう。その一方で，どことなく成績や学力を比べてしまうような雰囲気があったり，お互いの目を気にしてしまうような雰囲気がある学級では，困っていたとしても友だちに助けを求めにくいかもしれません。

学級の雰囲気を捉える考え方に**学級の目標構造**（classroom goal structure）があります（Ames, 1992）。学級の目標構造は，それぞれの学級で大事にされている目標のことをさします。目標といっても，必ずしも学級目標のように明示されているものに限りません。目標構造は，漠然と子どもたちに共有されている学級での雰囲気を表すものです。学習面での目標について考えると，学ぶことの楽しさや一人ひとりの成長が大事にされるような学級もあれば，よい成績をとったり，間違えないことを大事にするような雰囲気の学級もあるでしょう。前者のような学級の特徴を課題焦点の目標構造（task-focused goal structure），後者のような学級の特徴を能力比較の目標構造（relative-ability goal structure）とよびます（Maehr & Midgley, 1991）。「がんばって少しでもわかるようになることが大事だ」と多くの子どもが感じているような学級は課題焦点の目標構造をもつ学級です。一方で，「他の人に負けないようにいい点をとらないといけない」と多くの子どもが感じている学級は，能力比較の目標構造をもつ学級だといえます。

学級の目標構造は，子どもの学業的援助要請に影響します。Ryanら（1998）は，ミドルスクールの6年生を対象に調査を行いました。自分の所属している学級について，どのような目標構造だと思うかを尋ねました。また，学習面で困ったときに援助要請をしているかどうかについても尋ねました。すると，自分が所属する学級が課題焦点の目標構造をもつと感じている生徒は，困ったときには友だちに尋ねて解決しようとする傾向がありました。一方で，自分の学級が能力比較の目標構造だと感じている生徒は，援助要請を回避し，困っていても助けを求めない傾向がみられました。学年が上がってくると，どうしても他の友だちと自分を比べる意識が強くなってきます。その中で，他の人との比較や成績が意識されがちな学級では，自分がわからないということを素直に表現しにくくなり，友だちに「教えて」と言わなくなっていくのです。

自分一人の力ではどうしても解決できない問題に出会ったときには，適切に援助要請を行うことが必要です。自分で必要性を判断し，適切なかたちで援助要請をすることも自己調整学習の大事な一側面です。必要に応じて援助要請を行えるようになるためには，人に尋ねるのも一つの大事な学習方略であることを伝えたり，どうやって仲間に頼めばよいかというスキルを伝えることも大事でしょう。そうした実践の積み重ねによって，困ったときに「教えて」と言える学級の雰囲気がつくられていくのです。

3. 仲間とかかわりながら学ぶ

(1) 多様な仲間とのかかわり

前節でみたように，学習する場面では「ちょっとこの面積の求め方を教えて」と友だちに頼んで教えてもらうことがあります。しかし，教えてもらう子がいるということは，「この部分を高さにしたら，ちゃんと答えがでるよ」というように，教える役割を担っている子がいるはずです。あるいは，「授業で奈良の古墳の話があったけど，学校の近くにあるやつもそうだよね」といったように，興味をもったことについて友だちと話し合うこともあるかもしれませ

表3－5　友人との学習活動

学習活動	項目例
援助要請	・どうしてもわからないとき，教えてもらう ・解き方ややり方を，わかるまで教えてもらう
援助提供	・友人がどうしてもわからないとき，教えてあげる ・自分のわかっている問題のヒントを出してあげる
相互学習	・テスト前に問題を出し合う ・興味のある内容について話し合う
間接的支援	・勉強への不満を話し合う ・友人と一緒に先生に質問をしにいく
学習機会	・勉強会を開いたり，家で友人と一緒に勉強する ・休み時間中に友人と一緒に勉強する

（岡田, 2008をもとに作成）

ん。学業的援助要請に限らず，子どもはさまざまなかたちで仲間とのかかわりをもっています。

岡田（2008）は，中高生を対象とした調査から，友人との学習活動にどのようなものがあるかを調べました。すると，表3－5にあるようないくつかの学習活動がみられました。生徒は「どうしてもわからないときに教えてもらう」という援助要請も行っていますが，他にも「ヒントを出してあげる」といった援助提供や，「興味のある学習内容について話し合う」といった**相互学習**なども行っています。また，これらの中で，援助提供や相互学習を多く行っている生徒は，学習面での充実感が高い傾向がみられました。友だちとかかわることが多い生徒ほど，「勉強するのも悪くないな」と思えているようです。

(2) メタ認知を促す仲間とのかかわり

授業では，ペアやグループになって自分の考えをお互いに説明し合うことがあります。平行四辺形の面積の求め方であったり，地方で豪族が勢力をもつようになった背景であったりと，説明し合う内容は教科や単元によって異なりますが，自分なりの考えをもった後で，他の人と考えを伝え合う交流活動は広く行われているでしょう。

こうした活動の利点の一つは，自分の考え方の特徴に気づくということです。別の言い方をすると，メタ認知的な視点をもてることです。**メタ認知**

(metacognition) は,「自らの思考についての思考であり, 認知についての認知」で (Flavell, 1979),「自分がどのように考えているか」について考えることだといえます。「ここが底辺で, この部分が高さだから, 両方の長さをかけたら平行四辺形の面積が求められる」というのは, 通常の認知的活動ですが, それに対して「ぼくは辺の長さを高さと勘違いしたから間違えたんだ。たしか前にも同じ間違いをしたな。気をつけよう」というように, 自分の考え方の間違いや癖に気づいて, なんとかしようとしているのがメタ認知です。

このメタ認知は, 自己調整的に学習を進めていくうえで重要な役割を果たします。自己調整学習は, 予見, 遂行, 自己省察のサイクルを自分でまわしていくような学習の仕方です (Schunk, 2001)。自分なりに見通しを立て, 課題に取り組んでいる際に進捗状況を判断し, 結果を振り返って次に活かそうとするような学習を考えます。そうしたかたちで学習を進めるためには, 自分の考えや活動を一歩引いて見渡す力が必要になります。「私はここが苦手だから, 今日はこの部分を重点的にやろう」とか「前のページまでは理解できていたのに, わからなくなったから, 1ページ戻って読み直してみよう」といったように, メタ認知を働かせることで自己調整的な学習ができるようになります。

メタ認知の力は仲間とのかかわりの中で身についていく部分があります。岡田 (2020) は, 小学4年生から6年生を対象とした質問紙調査で, 仲間とのかかわりとメタ認知的方略との関連を調べました。メタ認知的方略 (metacognitive strategy) は,「最初に計画を立ててから勉強を始める」や「内容がわかっているかどうかを確かめる」など, メタ認知を用いた学習の仕方です。ここでは図3－3のような関係がみられました。5月時点で相互学習をたくさん行っている児童ほど, 11月時点でメタ認知的な学習方略を多く用いていたのです。仲間とかかわる機会をもつことによって, 自分の考えをメタ認知的にみる力を身につけていったのだと考えられます。もう一つ興味深いのは, メタ認知的方略から相互学習やピアモデリングに向いている矢印です。メタ認知的に考えることができる児童は, 仲間の様子を参考にしようとしたり, 仲間と話しながら考えようとしているということです。仲間とのかかわりをうまく活かしながら, 自己調整的に学ぼうとしている子どもの姿が思い浮かびます。

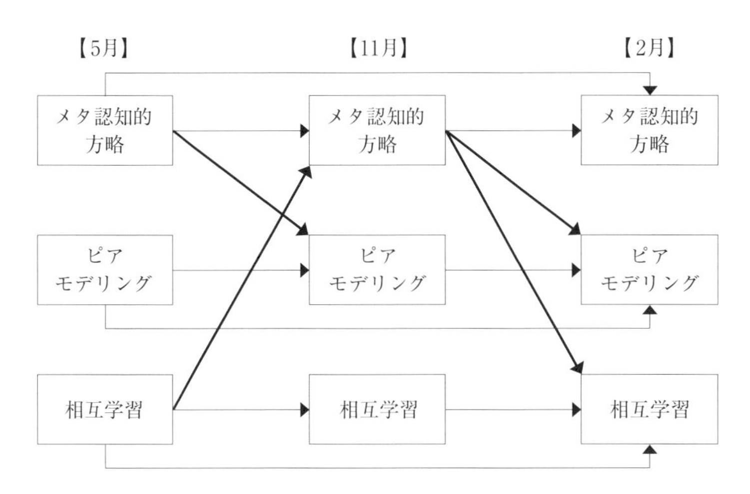

注：異なる概念間の関連を示す矢印を太くしている。

図３－３　仲間とのかかわりとメタ認知的方略との関連（岡田, 2020をもとに作成）

(3) 仲間とのかかわりにおける役割分担

仲間とのかかわりは，メタ認知が苦手な子どもが考えを深める助けになります。うまくメタ認知が働いているときには，頭の中で会話をしているような状態になることがあります。たとえば，教科書の文章を読んでいるとき，「この段落は要するにこういうことだな」とか「あれ，さっきは反対のことを書いてなかったっけ？」というように，文章の内容を理解するのと同時に，理解したことを自分なりにまとめたり，疑問を感じたりします。あたかも自分の頭の中で一人二役をやっているような状態です。

しかし，メタ認知が苦手な子は，文章の内容を追っていくのに精いっぱいで，同時進行で要約したり，疑問をもったりする余裕はとてもありません。そんなとき，仲間が代わりに「要するにこういうことだね」と横から言ってくれたり，「なんでそうなるの？」と質問をしてくれれば，メタ認知が苦手な子でも自分の考えを少し引いて見ることができます。頭の中でこなすべき役割を，仲間が分担してくれるのです。

このような仲間の役割を学習活動として位置づけたものとして，**相互教授法**（reciprocal teaching）があります（Palincsar & Brown, 1984）。相互教授法はグループ学習の方法の一つで，もともとは読解が苦手な子どものために考え出されました。この方法の特徴は，グループを組んだ児童や生徒が，「要約」，「質問」，「明確化」，「予測」などを交代で行うことです。一人で行うことが難しい要約や質問といった頭の中の作業を，メンバーが分担してお互いのやりとりの中で行います。そのことによって，仲間の発言から効率的な読み方を学んだり，自分の考えを振り返ったりすることができるようになります。

授業中をはじめとして，子どもはさまざまなかたちで仲間とかかわっています。その中で，自分の考えを話し合うことは，自己調整学習にとって必要な学習方略を獲得したり，メタ認知的な視点をもつことにつながります。特に，お互いのメタ認知を支えるような役割分担ができたとき，自己調整につながるようなかかわりが生じやすくなるでしょう。単にグループ学習の場面を設定するだけでなく，どのようにお互いの考えを分担させたり，共有させたりするかが大事になってきます。

4. 自己調整学習における仲間の役割

(1) 自己調整学習を支える資源としての仲間

一般的には，「人に頼らず，自分で学習を進めていくのが自律的な学び」というイメージをもつ人が多いかもしれません。そうすると，自己調整学習の中で仲間が果たす役割を想像するのは簡単ではないでしょう。

しかし，本章でみてきたように，実際には子どもが自己調整的に学ぶことができるようになっていくうえで，仲間の存在はとても重要です。「○○さんの発表の仕方はいいな」と仲間の様子から学んだり，「ぼくはこう思うんだけど，どうかな？」とお互いの考えを伝え合う中で，さまざまな学習方略やメタ認知的な視点を獲得していきます。また，学習の途上で困難に直面した際には，「この問題を考えてたんだけど，どこがおかしいかな？」と仲間に尋ねたり，場合によっては一緒に考えることをとおして問題を解決していくこともあるでしょう。

こうしてみると，自己調整の力が発達していくうえでも，毎日の学習を自律的に進めていくうえでも，仲間とうまくかかわることが効果的であることがわかります。自己調整を支える学びの資源として，仲間は重要な役割をもっているのです。

(2) 効果的な仲間とのかかわりを促すために

自己調整学習と仲間との学びは深くかかわっています。このことを考えると，仲間との学びに対する支援や指導を考える際にも，自己調整学習の視点からヒントを得ることができます。

自己調整の発達や自己調整的な学習の流れをイメージしたときに，その一部を仲間との学びによって補うという発想ができます。たとえば，自分で問題解決の方法を思いつくのが難しい子には，ピアモデリングを活用して仲間の様子から学習方略を身につけさせることができます。「○○さんの説明の仕方は，理由を付け加えているからわかりやすかったね」というように，身につけてほしいところをモデリングの視点として伝えてあげると効果的かもしれません。あるいは，学級全体を見ていて，授業中のモニタリングが苦手な子が多いと感じたとします。その場合には，授業前半でわかったことを説明し合うような活動を授業中に設定することで，「わかったこと」と「わかっていないこと」に目を向ける習慣をもつようになっていくことが期待できます。

当然のことながら，「どのような仲間とのかかわりがよいか」ということについて，絶対これが効果的だという方法はありません。それは教科や単元によって違いますし，子どもの特性やその時々の状態によっても違うでしょう。その時々で子どもの様子をよく見ながら考えることが必要です。一方で，「自己調整学習につなげるには，どのように仲間とかかわるのがよいか」と考えると，少し見えてくることがありそうです。ともに学ぶ仲間の存在が，お互いにとって自己調整学習の資源となるように，仲間とのかかわりを導いてあげることが教師の役割だといえるかもしれません。

キーワード

ピアモデリング，学業的援助要請，自律的援助要請，依存的援助要請，援助要請の回避，学級の目標構造，相互学習，メタ認知，相互教授法

本章のポイント

- 仲間の様子を観察するピアモデリングを活用することで，自己調整学習に必要な学習方略を身につけさせ，自己効力感を高めることができる。
- 必要性を判断して仲間に援助を求める自律的な援助要請を促すことによって，自己調整学習を支えることができる。
- お互いのメタ認知を支えるようなかたちで仲間とかかわれるように促すことで，自己調整に必要な学習方略を獲得できる。
- 自己調整を支える学びの資源として，仲間は重要な役割をもっている。
- 「自己調整学習につなげるには，どのように仲間とかかわるのがよいか」と考えながら，仲間とのかかわりを指導することが有効である。

ブックガイド

- **『ピア・ラーニング：学びあいの心理学』中谷素之・伊藤崇達（編著）（金子書房，2013）.**
  ——仲間との関係の中で生じる学習について，さまざまな加点から紹介している。
- **「仲間との協同による学習」瀬尾美紀子（自己調整学習研究会（監修），岡田　涼・中谷素之・伊藤崇達・塚野州一（編著）『自ら学び考え続ける子どもを育てる教育の方法と技術』北大路書房，2016，pp. 97-111）.**
  ——仲間との協同的な学習について，その原理や実践例，効果の仕組みを解説している。
- **『自己調整学習の実践』シャンク，D. H.・ジマーマン，B. J.（編著），塚野州一（監訳），伊藤崇達・中谷素之・秋場大輔（訳）（北大路書房，2007）.**
  ——自己調整学習をもとにした実践について紹介されており，第7章ではモデリングを用いた実践の例が豊富に紹介されている。

引用文献

Ames, C. (1992). Classrooms: Goals, structures, and student motivation. *Journal of Educational Psychology*, 84, 261-271.

Braaksma, M. A. H., Rijlaarsdam, G., & van den Bergh, H. (2002). Observational learning and the effects of model-observer similarity. *Journal of Educational Psychology*, 94, 405-415.

Flavell, J. H. (1979) Metacognition and cognitive monitoring: A new area of cognitive-developmental inquiry. *American Psychologist*, 34, 906-911.

Karabenick, S. A., & Newman, R. S. (Eds.) (2006). *Help seeking in academic settings: Goals, groups and contexts*. Lawrence Erlbaum Associates.

Maehr, M. L., & Midgley, C. (1991). *Enhancing student motivation: A schoolwide approach. Educational Psychologist*, 26, 399-427.

Nelson-Le Gall, S., & Glor-Scheib, S. (1986). Academic help-seeking and peer relations in school. *Contemporary Educational Psychology*, 11, 187-193.

野﨑秀正（2003）．生徒の達成目標志向性とコンピテンスの認知が学業的援助要請に及ぼす影響：抑制態度を媒介としたプロセスの検証　教育心理学研究，51，141-153.

岡田　涼（2008）．友人との学習活動における自律的な動機づけの役割に関する研究　教育心理学研究，56，14-22.

岡田　涼（2020）．児童における仲間との協同的な学習活動とメタ認知的方略　日本教育工学会論文誌，43，479-487.

Palincsar, A. S., & Brown, A. L. (1984). Reciprocal teaching of comprehension-fostering and comprehension-monitoring activities. *Cognition and Instruction*, 1, 117-175.

Richards, L. C., Heathfield, L. T., & Jenson, W. R. (2010). A classwide peer-modeling intervention package to increase on-task behavior. *Psychology in the Schools*, 47, 551-566.

Ryan, A. M., Gheen, M. H., & Midgley, C. (1998). Why do some students avoid asking for help? An examination of the role, and the classroom goal structure. *Journal of Educational Psychology*, 90, 528-535.

佐藤美和・渡邉正樹（2013）．小学生の悩みとそれに対する援助要請行動の実態　東京学芸大学紀要 芸術・スポーツ科学系，65，181-190.

Schunk, D. H. (1998). Teaching elementary students to self-regulate practice of mathematical skills with modeling. In D. H. Schunk & B. J. Zimmerman (Eds.), *Self-regulated learning: From teaching to self-reflective practice* (pp.137-159). Guilford.（シャンク，D. H.（著），伊藤崇達（訳）（2007）．小学生を対象にしたモデリングによる数学スキルについての自己調整の指導　D. H. シャンク・B. J. ジマーマン（編著），塚野州一（編訳），自己調整学習の実践（pp. 137-160）北大路書房）

Schunk, D. H. (2001). Social cognitive theory and self-regulated learning. In B. J. Zimmerman & D. H. Schunk (Eds.), *Self-regulated learning and academic achievement: Theoretical perspectives* (pp.125-151). Lawrence Erlbaum Associates.（シャンク，D. H.（著），伊藤崇達（訳）(2006)．社会的認知理論と自己調整学習　B. J. ジマーマン・D. H. シャンク（編著），塚野州一（編訳），自己調整学習の理論（pp. 120-147）北大路書房）

Schunk, D. H., Hanson, A. R., & Cox, P. D. (1987). Peer-model attributes and children's achievement behaviors. *Journal of Educational Psychology*, 79, 54-61.

瀬尾美紀子 (2007)．自律的・依存的援助要請における学習観とつまずき明確化方略の役割：多母集団同時分析による中学・高校生の発達差の検討　教育心理学研究，55，170-183.

Zimmerman, B. J., & Martinez-Pons, M. (1986). Development of a structured interview for assessing student use of self-regulated learning strategies. *American Educational Research Journal*, 23, 614-628.

第4章　物語を読むことをスタートとした読解教材づくり

細矢智寛（女子美術大学）

どの教科かにかかわらず，到達目標が明確な**教材**については，ドリル的練習がなされます。たとえば，文章の**読解**であれば，著者の主張は何かを捉えられるようになる，登場人物間の関係を理解できるようになる，段落相互の関係を捉えられるようになる，端的に話を要約できるようになるといった技能を習得するために，さまざまな読み物教材をもとに反復的に学習します。

そのような学習は，やみくもに練習を重ねるという方策がとられていて，学習者自身に動機や目標が認識されていない傾向があります。しかし，学習者が教材をその**学習方法**と一体のものと捉えるならば，これまでのように単にドリル練習ばかりを強いることでは済まされません。つまり，学習者が選択する学習の方法なり認識の方法によって，教材はそれぞれの学習者において心を動かす実り豊な出会いになるからです。

本章の目的は，このことを代表的な自己調整学習教材の分析を通じて，ドリル教材の学習方法に重要な示唆を得ようとすることです。その方法としては，第一に，既存の自己調整学習教材の構成要素を特定し，その要素をどのように教育内容として具体化しているのかを検討します。第二に，検討した自己調整学習教材論に基づいて，日本の文化や教科内容，発達段階を考慮して教材づくりを行うための視点を示します。

本章で検討された自己調整学習の考えを取り入れるならば，ドリル教材は練習教材を超えて，自ら学ぶ意欲を育てるものにできる可能性があるでしょう。その条件は何か，その課題は何か，これらを具体的事例によって明らかにしたいと思います。

1. 自己調整学習の教材論「私たちはテキスト探偵になる」

自己調整学習を実現する教材をつくったり考えたりためには，まず既存の自己調整学習教材がどのような原理に基づいて作成されているのかをまず理解する必要があります。自己調整学習の理論に基づいて作成された教材について，その仕組みを学んで，参考にするのです。

ここでは，Goldら（2006, 2010）の教材「私たちは**テキスト探偵**になる」を事例分析します。Goldは，ドイツのGoethe大学の教育心理学者です。2000年のPISAショックを契機に，同大学のSouvignierを中心に研究チームが結成され，読解指導の教育改善に携わるようになりました。そして，2004年から2006年にかけて改訂を重ねながら，小学5・6年生を対象にした「私たちはテキスト探偵になる（“Wir werden Textdetektive”）」とよばれる教材を開発しました。彼らはこの教材を基礎にして，英語科教材や復習教材などさまざまな教材を作成していきました。

「私たちはテキスト探偵になる」では，教材名が示すように，「テキスト探偵になる」という到達目標に向けた学習の調整過程として自己調整学習を捉えました（Gold, 2010）。テキスト探偵になるという意味は，テキストのわかりにくいところをある方法を使って明らかにしていく過程が「探偵のようだ」ということ，このような比喩を用いることで動機づけ，方略使用，自己調整が促されるという仮説に立って設計されています。

つまり，自己調整学習（予見と計画―遂行および意思的制御―自己省察）を，探偵が事件の真相を明らかにする探究過程とテキストの真相を読み解く探究過程を統合して読解指導の中に位置づけたのです。

予見と計画の段階で探偵は，事件の真相を暴くという目標に向けて聞き取り調査や現場検証の情報を収集する計画を立てます。遂行および意思的制御段階では，何か見落としがないように細心の注意払いながら調査を行います。自己省察段階では調査によって収集した情報を振り返り，わからない点や矛盾する点を検討します。探偵は事件の真相を暴くためにこのような自己調整過程を続けていきます。

テキストの読解も同様です。予見と計画段階はテキストを精読し始める前，遂行および意思的制御段階はテキストの精読中，自己省察段階はテキストの精読後にそれぞれ対応します。テキストの読解を一つの課題として捉え，読解前，読解中，読解後の3つの時期に分けることで自己調整過程を循環することができます。

(1) 教材の原理：教材を構成する3要素

この教材は，自己調整学習を構成する3つの要素に基づいています（細矢，2016）。

第一の要素は，動機づけの自己調整です。これは，「学んでみたい，理解したい，解いてみたい，調べてみたい」という探究活動へ自らを動機づけたり，学習目標に到達するまでその探究活動を継続させていくために不可欠となります。もっとも，学習者自身に動機や目標が認識されない場合は，そもそも何かを学ぼうとする探究活動自体が生じません。また，興味がある分野の学習であっても，その学習の過程において何度も失敗を重ねて理解に苦しめば，学習者はその探究活動をあきらめてしまうでしょう。それゆえ，学習者自身に学ぶ動機や目標の認識に加えて，目標の到達まで探究活動を継続させるために，学習の過程で生じる成功や失敗の結果をより柔軟に解釈し，自らの動機づけを調節することが重要となるのです。

第二の要素は，方略知識です。方略知識とは，ある学習目標に到達するための思考や行動に関係する知識を意味します。これは目標に到達するために役に立つ知識であったり方法であったりします。たとえば，目標を「あの難解な本を読み解くこと」とする場合，そのテキスト内容の理解と記憶に役立つ方法だったり，テキストの理解そのものに関係する知識がなければ，目標への到達は難しいと思われます。本や文章を理解するためには，「何のためにそれを読むのか」といった読む目標・目的に応じたさまざまな文章理解の知識や方法が必要なのです。

第三の要素は，認知の自己調整です。これは学習目標の到達に応じた方略知識の選択と調節に関係します。たとえば，テキスト内容を理解していく探究過程には，目標に接近するために読み方を取捨選択したり，理解の進行状況に応じて読み方を変えたりする必要が生じます。何度も同じ方法で読んでも必要な情報にたどり着かなければ，読み方を変えて再度必要な情報に接近したりするでしょう。学習目標を達成するためには，目的に応じて方略知識を選択的に適用し，その方略の使用を注意深くモニター，評価し，目標への接近の程度に応じてその方法を見直していくといった認知の自己調整が不可欠なのです。

これら3つの要素は，それぞれが独立したものではなく密接にかかわるものであることを強調しておきます。たとえば，方略知識をたくさんもっていても，それを自らの学習の目標や目的に合わせて選択的に適用する認知の自己調整の技能が機能しなければ役に立ちません。また，ある課題に対する方略知識とそれをうまく適用する認知の自己調整の技能があったとしても，その課題自体に自らを動機づけてその意欲を維持させていくための動機づけの自己調整の技能がなければ，その課題解決に向けた思考や行動は発揮されません。

このように，自己調整学習が成り立つためには，それぞれの要素が密接にかかわり合いながら相互に影響を与えるものとして捉えなければなりません。これは同時に，3つの要素が自己調整学習を教授する際の指針となることを意味します。

(2) 教材内容の概要

では，このような構成要素に基づいた教材内容を具体的にみていきましょう。「私たちはテキスト探偵になる」の学習内容を自己調整学習の構成要素の視点からみれば，次のようになります。まず，動機づけの自己調整に対応する内容は，「捜査：テキスト探偵は何をするか?」，「目標設定：輪投げ遊び」，「適切な評価：ことば遊び」になります。続く，方略知識の内容は，「探偵法1」から「探偵法7」です。最後の認知の自己調整の内容は，「方略の選択：私はどの探偵法を選択する?」と「読解プラン：読解のための計画を立てる」に該当します（表4－1）。

最初の動機づけの自己調整に対応する内容では，学習者自身に本や文章を読むことへの動機や学習目標を認識させ，そして，目標の到達まで探究活動を継続するための訓練が行われます。本や文章を読むことへの動機や学習目標を認識するためには，「私たちはテキスト探偵になる」という目標が強調されます。

表4－1 「私たちはテキスト探偵になる」の教材内容

動機づけの自己調整	**『探究に向かう動機づけ』** 捜査：テキスト探偵は何をするか？ 目標設定：輪投げ遊び 適切な評価：ことば遊び
方略知識	**『読解に必要な方略の明示的な指導』** 探偵法1：見出しを考慮する 探偵法2：絵で表現する 探偵法3：テキストの困難とかかわる 探偵法4：理解していることを確認する 探偵法5：重要なことに下線を引く 探偵法6：重要なことを要約する 探偵法7：覚えていることを確認する
認知の自己調整	**『方略を適用するトレーニング』** 方略の選択：私はどの探偵法を選択する？ 読解プラン：読解のための計画を立てる

「テキストを探偵するとはどのようなことか」という問いから，まずは探偵の仕事に着目してその捜査の手続きを考察しながら，では「探偵のように読むとはどういうことか」へとつなげ，「読んでいくこと」は，探偵が事件の真相を解き明かすことと似たようなものであることを実感させます。

また，目標の到達まで探究活動を継続するための訓練は，輪投げ遊びとことば遊びのゲームをとおして実施されます。2つのゲームをとおして，目標設定（取り組む前に，どの程度達成できるか目標を立てる）とその目標達成までの過程における成功と失敗の適応的な解釈を学習します。たとえばことば遊びは，横一列に並んだ文字列の中から意味のある単語（löwe：ライオン）を見つける活動です（表4－2）。

そこでは限られた時間と条件（mとaを削除）のもとで，なぜ目標の達成に成功したのか，あるいは失敗したのかを考えながら，意味のある単語を見つけ出すこの遊びを繰り返します。目標設定とその後の遂行の結果を柔軟（実力なのか，運なのか，努力なのか）に解釈する訓練によって，自らの実力に見合った現実的な目標設定へと調節を加えて，それを達成する経験を積ませます。ことば遊びには，探偵のように，注意深くことばを捜査する姿勢，成功と失敗を繰り返しながら粘り強く目標の到達をめざしていく探究の態度を育もうとする意図があります。

表4－2　ことば遊びの例

	1. Durchgang: m und a durchstreichen!（mとaを削除）	Fehler
1	j e k s t l p e ~~a~~ q e r l n ~~m~~ w z ~~a~~ q y p c x n ~~m~~ b b u r e o p	
2	f j i l ~~m~~ g [l ö w e] f r h ~~m~~ k i o a c g i l ö p h z w f h z n k ~~m~~	

（Gold ら, 2006, 2010）

続く，方略知識は，学習目標に到達するために役に立つ知識や方法です。これを具体化するために，**探偵法**とよばれる読み解き方を指導します。それは，「探偵法1：見出しを考慮する」，「探偵法2：絵で表現する」，「探偵法3：テキストの困難とかかわる」，「探偵法4：理解していることを確認する」，「探偵法5：重要なことに下線を引く」，「探偵法6：重要なことを要約する」，「探偵法7：覚えていることを確認する」の7つです。

7つの探偵法は，学習目標を本文の理解に設定するか，記憶の保持に設定するかによって2つのセットに分けられます。学習目標を本文の理解に設定すれば，探偵法1から探偵法4を用いることになります。あるいは記憶の保持に設定すれば，探偵法5から探偵法7を用いることになります。探偵法の指導は，各知識の説明とともに各探偵法を読み物教材に適用する経験をとおして，それぞれの利点と適用を学習します。各探偵法の詳細は，次節以降で解説することとします。

最後の認知の自己調整に該当する教材内容では，学習目標の到達に応じた方略知識の選択と調節を学習します。ここでは，探偵法を活用して課題を解決する活動が中心となります。これまで学んできた7つすべての探偵法を扱う手順を確認したり，探偵法の長所と短所を整理したりします。また，学習目標に応じて自在に探偵法を組み合わせてその目標に向かい，理解の進行状況に応じて適宜探偵法を調節しながら目標に向かう訓練が行われます。

具体的な事例として，「私はどの探偵法をいつ選択するか？」があります。ここでは物語文「シルクロード」を可能な限り適切に理解するという目標に向けて，「あなたはどの探偵法を使用するつもりか？」を子どもたちが個別に選択することになります。

たとえば，本文を精読する前に，見出しの単語であるシルクロードについてすでに知っていることは何か，シルクロードからイメージするものは何かについて考えてみる探偵法1を使用します。それから，テキストを読み進めていくときには，各段落の内容を絵にして考えてみる探偵法2を用いてみたり，わからないことばやフレーズを見つけその困難に対処する探偵法3を使用してみるなど，読み解く見通しを決定します。この見通しを決定した後，子どもたちは隣の席の人あるいは小グループでお互いに選定した探偵法について話し合い，適切に内容把握するためにどの探偵法をいつ使用するかに関する共通の見通しを定めます。

こうした活動の後，選定した探偵法を使用しながら，個別でシルクロードの読解に取り組みます。探偵法を使用しながら読み進めた後に生徒は，隣の席の人あるいは小グループで，それぞれ用いた探偵法とそれによって何がわかったのかを説明し合い，互いの理解を確認し合います。その際，教師から出された問題「中国とローマ帝国にとってなぜシルクロードが重要なのか？」に答えることをめざして，適切に内容を把握していきます。この物語では，中国とローマ帝国を結ぶ隊商の交易路としてのシルクロードであり，さまざまな商品の取引だけでなく，商人たちがもつさまざまな情報も交わされる場として機能していたことが重要です。

授業の最後の振り返りでは，教師がどの探偵法をいつ使用するとよいか，「中国とローマ帝国にとってなぜシルクロードが重要なのか？」について確認します。その後も，このような探偵法を使用するタイミングとその文脈に注意しながら適用する訓練が，テキストの内容を変えながら反復的に行われていくことになります。

以上のように，「私たちはテキスト探偵になる」は，探偵が事件の真相を暴く探究過程とテキストの真相を読み解く読解過程を統合して表した探偵法を学習することで，自己調整学習を実現させました。そしてそれは，「テキスト探偵になる」という到達目標に達することができる学習方法（探偵法）を学ぶことをとおして，読むことへの関心と自信を高めようとするものでした。この教材の特筆すべき点は，教材を学習方法と一体のものとして捉えるところにあります。

(3) 指導事例：本文の理解を目標とした探偵法

前節では，教材内容の概要の説明をしました。ここでは，各探偵法の指導がどのように行われるのかについて具体的事例を踏まえながら解説していきます。これから紹介する各探偵法の事例では，読む目標・目的に応じて異なる探偵法が用いられます。たとえば，本文の理解を主な目標とした場合では，探偵法1から4を使用します。それぞれどのように教えていくのかをみていきましょう。

探偵法1「見出しを考慮する」では，いきなり本文を読み始めるのではなく，精読前に本文の見出しに着目して内容を推理します。そこでは,「プールの中」,「水の循環」,「マンモス」などの見出しを取り上げ，それぞれどのような内容の文章が書かれているのかを予想します。もっとも，子どもたちにはその本文を与えていないため，各見出しについて，見たこと，感じたこと，読んだことなど，既有知識に基づいて本文を推測することになります。

探偵法2「絵で表現する」では，説明文「マンモス」を注意深く読みながら氷河期に生存していたマンモスの正体を暴いていきます。各段落には，マンモスの体長と体重から，牙の大きさ，毛皮の描写まで，細部にわたって詳細に記されています。ここでは，このような詳細な情報に基づいて絵を描く活動をとおして，探偵法2の理解を深めていくのです。

探偵法3「テキストの困難とかかわる」では，物語文「ファラオの墓」と「一番の嘘つき」を読みながら，新出単語ならびに本文を理解するうえでの障害に着目してそれを捜査します。たとえば，理解するうえでの障害となる単語や文に印をつけて，それを辞書で調べること，あるいは読み進めるうえでの障害にならなければ無視すること，先生や友だちといった他者を頼ること，そもそも本文にその説明があるのかを調べることなどの方策を実施します。ここでは，探偵法3の学習を中心としますが，先に，探偵法1と2の復習を同物語でも行います。

探偵法4「理解していることを確認する」では，物語文「嘘はすぐにバレる」を読みます。その際，物語の中心的な問い「嘘は何か」を念頭に置きながらそれを捜査します。ここではまず，探偵法1から3を駆使しながら物語を読み解いていきます。次は，刑事と被疑者の会話の中に潜む物語の中心的な問いの理解を確認するために，嘘にかかわる質問と回答のセットをつくり，級友と相互に問題を出し合う活動が行われます。子どもたちは，このような活動の中で次第に3つの嘘を暴いていくことになります。

このように，本文の理解を目標・目的とした読解では，探偵法1から4それぞれの理解を深めたうえで，それらが一体のものとして機能するように，さまざまなテキストをとおして理解を深めていくように指導が進められていきます。

(4) 指導事例：記憶の保持を目標とした探偵法

では，読む目標・目的が記憶の保持とした場合では，どうでしょうか。この目標では，探偵法5から7が用いられます。それでは，各探偵法の指導を詳しくみていきましょう。

探偵法5「重要なことに下線を引く」は，物語文「ユリアがカーステンを招待する」と説明文「アイス」といった種類の異なる文章について，主に5W1H（When, Where, Who, What, Why, How）に着目しながら本文の要旨を捜査します。本文は，ユリアからカーステンに向けた誕生日の招待状です。ここではカーステンになりきって招待状を読み，いつ，どこで，誰と，どのように誕生会が行われるのか，といった誕生会の出欠の判断にとって重要な情報に下線を引く活動が行われます。それによって，登場人物同士の関係とそこで生じる主な出来事のつながりを整理することで，本旨を捉えることができます。一方，説明文では，あらかじめ用意された問い「1000年前には誰がどのようにアイスをつくったのか？　夏にアイスを冷蔵庫なしでつくることがなぜできたのか？」を念頭に置いて，その応答にかかわる文章に下線を引く活動が行われます。このような質問応答形式の捜査活動をきっかけにして，主張と根拠の事実関係を明らかにします。

探偵法6「重要なことを要約する」は，物語文「間抜けなアハメッド」で実施します。これは，王様スルタンと新入り召使いであるアハメッドの間で起こる大失態の物語です。ある場面では，スルタンの朝食の準備において召使いアハメッドが食べている朝食を出して怒られる場面です。そこではスルタンが毎朝食べている品をすべて整えるということが正解でした。また，ある朝スルタ

表４－３「間抜けなアハメッド」のある場面

「わしが朝食を用意せよと言ったならば」と，スルタンは教えさとすように言いました。「このようなものがそこになければならないのだ。コーヒー，モカ，紅茶，チョコレート，トウモロコシパンと小麦パン，バター，生クリーム，牛乳とチーズ，ハム，ソーセージとガチョウのレバー，蜂蜜，ママレード，ゼリーとリンゴのピューレ，桃，オレンジ，リンゴ，レモン，白コショウ，赤コショウ，カレーとシナモン，フルーツケーキ，チョコレートケーキ，クリームケーキ，ニンジン，トマト，ピーマン。わかったか？」 「申し訳ございません，ご主人様」とアハメッドは叫んで，これから気をつけることを約束しました。心の広いスルタンはこの召使いを許しました。

（Gold ら，2006, 2010）

ンが病気で具合が悪くなった場面では，先の朝食ですべてを整えるということを大事だと思い，さまざまな医者（歯医者や神経医など）の準備からスルタンの葬式の準備まですべてを整えたことで怒られます。

そこでは物語を起承転結に分けて，それぞれの要旨が明確になるように文章の無駄を省いていく作業が行われます。それは次のように進めていきます。はじめは本文の重要な点（下線）は何か，次は不要な文はどれか，複数の単語を一つの単語にまとめることはできるか，どのことばが使えるかを検討し，最後に作成した要約文「スルタンはアハメッドに別の飲み物，パン，乳製品，肉，果物，野菜，ジャム，調味料，ケーキが食べたいと言った。アハメットは，これから気をつけるようを約束した。心の広いスルタンはこの召使いを許した」を囲み，次の場面へ進みます。

具体例を物語の一場面で紹介します（表4－3）。この場面での重要な点は，2人の登場人物の間に起きた出来事ですので，その箇所に下線を引きます。次に，不要な文あるいは省略できる文はないかを検討すると，コーヒー，モカ，紅茶などは「飲み物」，バター，生クリーム，牛乳，チーズは「乳製品」……というようにひとまとまりにできます。最後に，要約文を囲み，次の場面へ進みます。囲んだ内容がこの場面の要約文になります。このようにして，要約の仕方を学んでいきます。

探偵法7「覚えていることを確認する」は，文字どおりテキストの要点が覚えられているかを確かめる作業です。そこでは，物語文「間抜けなアハメッド」の要点を級友同士で説明し合う活動が行われます。聞いてもらう相手は，教師や級友だけに限らず，状況によっては両親や兄弟，誰でもよいことになっています。また，説明の途中で内容が忘れてしまった場合は，本文を読み返してもよいことになっています。

このように，記憶の保持を目標・目的とした読解では，探偵法5，6，7のそれぞれを実践したうえで，それらが一体のものとして機能するように，さまざまなテキストをとおして探偵法についての理解をさらに深めていきます。

2. 自己調整学習教材の再検討

前節は，教材「私たちはテキスト探偵になる」の構造と内容を分析することをとおして，その教材論を明らかにしました。しかし，自己調整学習の教材論を理解したからといって，即座に実践することは困難です。なぜなら，既存の教材を分析しただけでは不明点も多く，実際の児童生徒を想定してどのように指導すればよいかを再検討しなければならないからです（細矢, 2018）。

特に，日本の子どもたちの実態や教育内容に適したかたちで教材づくりを行う必要があります。ドイツの子どもたちに合わせた教材では，児童・生徒たちの実態や教育文化には差異があり，教材設計や授業にあたっては，再検討事項が多々あります。

ここでは，特定の学年や教科に沿った指導事例を紹介するのではなく，テキスト探偵の教材の構成原理に基づいて，日本で実践することを想定した教材の再検討事項についてふれます。なお，以下の教材づくりの視点では満足いただけない方は，高等学校英語科にテキスト探偵を適用した事例がありますので，そちらを一読することをお勧めします。

(1) 動機づけの自己調整にかかわる教材づくりの視点

動機づけの自己調整では，テキストの真相を暴いていく探偵法の学習に対する構えをつくる段階でした。子どもたちにとっては，探究に向かう動機づけとなります。教材の導入段階であるがゆえに，とても重要な場面です。特に，探偵の理解，そして，テキストを探偵するとはどういうことかを理解するための教材づくりの再検討が必要です。

まず，子どもたちが探偵について理解を深めなければなりません。そのためにはどうしたらよいでしょうか。想像しやすい理想の探偵像あるいは刑事像とは何でしょうか。たとえば，有名小説で映画化もされている「シャーロック・ホームズ」，日本の有名刑事ドラマの「相棒」，漫画やアニメで有名な「名探偵コナン」もあります。指導者は，対象とする学年や年代に合わせて適切な探偵のイメージモデルを選択すべきです。そして，探偵が事件を解決する一連の過程の理解を深めるための映像や資料づくりをとおして，学習者に探偵とは何かの理解を深めることが重要です。

また，目標の到達まで探究活動を継続する態度の形成は，輪投げやことば遊びをとおして実現させていました。特に，ことば遊びはドイツの例ですから，こちらも再検討が必要です。代案の一つとして，間違い探しはどうでしょうか。国語科であれば，漢字間違いと誤字脱字を含んだテキストを用意し，制限時間の中で，いくつの間違いを訂正できるかを実施してもらいます。その中で，学習者には，間違いをいくつ発見できるかの目標を設定させ，実際の結果をみて，なぜ成功したのか失敗したのかの原因を解釈し，再度チャレンジさせます。この活動は，文章を注意深く探偵するということにもつながるでしょう。英語科であれば，ランダムに敷き詰められたアルファベットの中から意味のあるワードを探し当てるワードサーチという遊びでもよいかもしれません。

最後にテキストを探偵するとはどのようなことかを理解する資料も用意する必要があります。その一例が表4－4です。これは，探偵のように読むとはどのようなことかを理解させるための資料なので，小学校高学年の年代でも事件を解決できる容易な教材となっています。国語科であったり，日本語を英語に直せば英語科でも用いられます。推理小説をもとに教材をつくることも可能かと思われます。

具体的には，資料を読んだ後に，「なぜ江戸川探偵は経営者であるアガサを警察署まで連行しようとしたのでしょうか？　手がかりとなった部分に下線を引きましょう」という問題に取り組ませます。

下線を引く部分は，「正面の窓のガラスが外側に向かって砕けていた」です。もし，強盗が正面の窓ガラスを割って入ったのであれば，ガラスの破片は内側に向かって砕けているはずです。つまり，外側にガラスの破片があるというこ

表4－4　プチ推理小説1

狙われたアガサのパソコンコーナー
江戸川探偵は，夜遅くに「アガサのパソコンコーナー」の経営者から電話を受けた。 「盗難があった，助けてくれ，すぐに」。声の主はアガサ。かなり慌てているようだ。 江戸川は自分の古い車に飛び乗り，アガサの店に向かった。江戸川が車から降りようとすると，足元にはガラスの破片が散らばっていた。顔を上げると，正面の窓のガラスが外側に向かって砕けていた。ガラスを踏んでは大変だと，江戸川は細心の注意を払って，店の出入り口まで歩いた。 「アガサさんですね。何が起きたのか，詳しく教えていただけますか」 話を聞きながら探偵は，あたりを見回した。正面の窓に大きな穴が空いている以外は特に問題はなさそうに見える。 「ガラスが割れた音を聞いたとき，私は奥の部屋でずっと書類仕事をしていました。たぶん盗人は，中に入るために窓を破ったんじゃないですかね。それで店のほうに出て行こうとしましたが，やつはちょうどレジからお金を持って逃げるところでした。ああ，本当に来てくれてありがとう！」アガサは大声で言った。 江戸川探偵は数秒だけうなったあと，こう切り返した。「恐れ入りますが，あなたには警察署まで一緒に来ていただかないといけませんね」。

（細矢・狩野, 2018）

とは，唯一内部にいたアガサが正面の窓ガラスを割って，いかにも強盗があったかのように装ったことになります。それゆえ，江戸川探偵は，経営者であるアガサを連行しようとしたのです。

このような活動は，次に展開されるテキストを解読するためのさまざまな探偵法の指導への準備となるでしょう。

(2) 方略知識の指導にかかわる教材づくりの視点

方略の明示的な指導にも再検討事項がいくつかあります。

第一は，対象とする学習者の年代や言語能力の発達段階を考慮した方略知識とテキストの選定です。たとえば，小学2年生に，本文の理解を目標とした探偵法1～4の指導は適切でしょうか。適切でないなら，では，小学2年生にはどの探偵法を教えるべきか，どのように工夫して教えればよいかというように，再検討していく作業が求められます。これは，中学2年生ではどうか，あるいは高校2年生の英語科ではどうかなど，発達段階や教科によっても検討し直さなければなりません。これと並行して，探偵法の使用に適したテキストの選択や難易度の調整も必要となります。

第二は，個々の探偵法の下位方略の検討です。ここでは探偵法2と3を例に紹介します。探偵法2「絵で表現する」は，テキストの詳細な情報に基づいて絵で表すことによって理解を深める方法でした。しかし，絵で表現するという方法はこれだけでしょうか。これだけであれば，もしかしたら絵を描くことに抵抗感がある学習者は探偵法が嫌いになるかもしれません。算数や数学の場合では文章問題を解くときに図にして考えることが提案されます。たとえば，グラフィック・オーガナイザー（思考ツール，シンキングツールともよばれる）を用いてテキスト内容を図にしてみることによって理解を深めることもできます。テキストを簡略化した図表で表現することは，絵を描くことに抵抗を感じている学習者にとってもよいかもしれません。

探偵法3「テキストの困難とかかわる」は，テキストの新出単語ならびに本文を理解するうえでの障害に着目してそれを捜査するものでした。ここで一番簡単なのは，わからない単語や熟語を見つけ，辞書で調べることです。しかし，それ以外の方策も考えなければなりません。たとえば，辞書をもっていない場合にはテキストの困難とどうかかわればよいか，先生にも友だちにも聞くことができないテスト中にはどうすればよいか。一例としては，新出単語を対象にして，既知をもとに漢字やスペルから予想する，前後の単語や文脈から予想するなどの方法があります。いいかえれば，自分の知っていることばで似ているものはないかと考えたり，話の雰囲気からこんな意味ではないかと予想したりする対処法です。

たとえば，「秘匿」ということばが文章に出てきて意味がわからなかったとします。ここで自分の知っていることばで似ているものがないか考えてみます。すると「秘密」や「匿名」ということばが思い浮かびました。そこで，「秘匿」を「秘密」や「匿名」に置き換えて文章を読んで不自然さがないかを検討します。不自然な場合は別のことばを考えて，また置き換えを行っていきます。このように，探偵法一つとっても，さまざまな下位方略が存在します。それゆえ，下位方略について検討することも必要です。

(3) 認知の自己調整にかかわる教材づくりの視点

ここでの中心的な活動は，さまざまなテキストに応じた探偵法の適用です。学習者には，物語文や説明文といった種類ひいては読解の目的に応じて探偵法を再構成することが求められます。これまで学んできた探偵法をいつどこでどのように適用すればよいかの知識を身につけるとともに，初見の文章であっても，その構成や読解中の内容の理解状況に応じて適切な探偵法を選択できるようになることがねらいです。

指導者は学習者に読解してもらう物語文や説明文に目を通すあるいは作成し，「この文章であれば，探偵法1，3，4が有効に働く」,「この文章は探偵法1，5，6にぴったりだ」というように事前に検討すべきです。このような作業によって，学習者も探偵法の有効性や探偵法の組み合わせによる効果に対する気づきや発見につながるでしょう。

最後に，この教材を締めくくる演出も重要です。導入時に「テキストを探偵するとはどのようなことか」で取り組んだプチ推理小説に類似した資料を用意することで，この教材を締めくくる演出となります。

たとえば，学習者に表4－5のような推理小説を提示し，探偵法を用いて真相を暴いてもらいます。この教材は，Goldら（2006, 2010）の資料を日本語訳し，地名や登場人物などに変更を加えたものです。課題は，「なぜすばらしいアイデアを考えた黒の組織のコルンは江戸川探偵に捕まったのか」を解き明かすことです。

この文章は探偵のように注意深く手がかりを探しながら読むことを求めます。特に，文中には読者が読んで怪しいと思うように「2脚の椅子のあいだに運転免許証を落としました」,「吸い殻を高級な灰皿に残しました」などの記述がありますが，それは真相とは関係のない不必要な情報です。真相とは関係のない不必要な記述にこだわりすぎると，真相は解き明かせないしかけです。

解答は，コルンがその場の思いつきで計画にはない「不必要で間抜けな手がかり」を残したことです。それは，白い手袋を外してカウンターに花瓶を置いて普段ドアに掛けられていたプレートを花瓶の上に載せたことです（ここに指紋が付着した）。あるいは時代背景にもよりますが，コルンが残したタバコの唾液からDNAを解析して犯人を特定したという解答も考えられます。

表4－5　プチ推理小説2「すばらしいアイデア」

黒の組織の一人コルンは，原宿の警察では誰でもその名前を知っているほどの泥棒でした。コルンは竹下通り48番地の建物の階段を4階まで駆け上がると，玄関の呼び鈴を鳴らしました。3分ほど待っていると，ドアの向こう側で女性の声がしました。「どなた？」「俺だよ，兄さんだよ，すぐに開けてよ！」とコルンは大声をあげました。鍵を外す音がして，黒いシャツに黄色いネクタイをしてチェックのジャケットをはおった男が入っていきました。

「もう真夜中過ぎじゃないの」と彼の妹，キャンティは文句を言いました。彼女はまた鍵をかけると，自分の寝室にふらふらと戻っていきました。コルンは笑いながら彼女について行くと，がたついた椅子に腰をかけました。キャンティはベッドに倒れ込みました。「コルン，いったいどうしたの？　こんな夜中に起こすなんて」。

コルンは背伸びをすると，芝居がかった様子で叫びました。「今世紀最高のアイデアで仕事をやってみせるぞ！」そして，その計画を詳しく説明しました。「俺がいつも白い手袋をして仕事をしていることを警察は知っている」。キャンティはうなずきました。

「俺がいつも煙草はマルボロのメンソールしか吸わず，サマーナイトの香りが好きなことをやつらは知っている」。キャンティはまたうなずきました。「だから」と彼は言いました。「だからなんなの？」と彼女は訊ねました。コルンは姿勢を直すと胸に手を当てて，神父のようなアクセントで「今夜，ティファニー・アンド・ヤングのところに押し入るんだ」と小声でささやきました。

キャンティは目を丸くしました。「あの宝石商？」と信じられないというように訊ねました。彼は「あの宝石商さ」と答えました。「無理よ」とキャンティは息をのみました。「平気だよ」とコルンは答え，続けて説明しました。「警報装置がしかけてあるところはわかっている。サマーナイトの香りをまき散らし，白い手袋とマルボロのメンソールの吸い殻，そのうえ，運転免許証までそこに残してくるんだ。つまり，免許証を偶然落としてしまうというわけだ」。キャンティは言葉を失いました。

彼は笑いました。「運転免許証はきのう，なくしてしまったと届出を済ましてある」。「だけど，そんなにたくさんの証拠があったら，どうしたってあなただということがわかってしまうわ。手袋，香水，マルボロのメンソール。それなら，すぐに警察に電話して，計画を話してしまうのと同じことでしょう」。コルンは笑っているだけでした。「それこそがあれなんだ」「あれってなに？」

「今世紀最高のアイデアさ。どんな馬鹿な警察官だって，誰かが俺に濡れ衣を着せようとしているようだと考えるだろう」。キャンティが理解するまでには，ちょっと間があきました。「あなたの言うとおりだわ！」と彼女は言いました。「こいつはちょっとしたものだよ」。コルンは満足そうに笑うと，台所のソファーで一眠りしました。

1時半でした。コルンは白い手袋を着けると，最初の鍵にとりかかりました。

12分後，彼はショールームに入り込み，高価な装飾品を手当たり次第に集めました。2脚の椅子の間に運転免許証を落としました。マルボロのメンソールの吸い殻を高級な灰皿に残しました。最後に彼は，白い手袋をはずすと，さりげなく陳列ケースの上に置きました。一番終わりに大きな中国製の花瓶をカウンターの上に載せて，それに金文字でメルシー（ありがとうございます）と書かれているプレートを立てかけました（このプレートは普段，ドアの上に掛けられているものです）。

4時50分ごろ，彼は心配しながら待っている妹のアパートに戻ってきました。「どうだった？」コルンは鞄の中身をテーブルの上に空けました。指輪，ネックレス，ブローチ，時計，金の腕輪，ダイヤモンド。「十分に気をつけた？」コルンは苦笑いしました。「すべて予定どおりさ」。それから，すべてを床板の下に隠すと，さっきの台所のソファーで満足げに眠り込みました。

8時15分に玄関の呼び鈴が鳴りました。「見てきてよ」とコルンは寝ぼけた声で呟くと，寝返りを打ちました。がちゃがちゃという独特の音を耳にして，彼はようやくはっきりと目を覚ましました。手錠の音です。手錠を鳴らしていたのは江戸川探偵その人でした。「いい思いつきだったね，コルン。もしもこのまったく不必要で間抜けな手抜かりさえなかったならば，コルン，誰か別の悪漢がおまえを罠にはめようとしたんだと本当に考えてしまうところだったよ」。

(Gold ら, 2006, 2010)

あくまでこの推理小説は一例です。学習者の年代や言語能力の発達段階，教科等に応じて適宜調整する必要があると思われます。また，この節全体で示してきた視点は，実際の授業を経て再び検討を加えて絶えず繰り返していく必要があるものです。教材研究とはこのような一連の作業であるからです。

3. おわりに

本章は自己調整学習教材「私たちはテキスト探偵になる」の構造と内容を分析することをとおして，その教材論を明らかにしました。その教材論は，自己調整学習（予見と計画—遂行および意志的制御—自己省察）を，探偵が事件の真相を解決する過程とテキストの真相を読み解く読解過程を統合することで実現していました。指導にあたっては，テキスト探偵になるという到達目標に対応した学習方法（探偵法）の習得が中心的な内容でした。それゆえ，教材を学習方法と一体のものとして捉える点が特徴的でした。

これまで行われてきた到達目標の明確な教材も，一つひとつ読解方法を教えて練習する方式ではなく（やみくもに練習を繰り返すドリル教材），教材を学習方法と一体のものとして教材を再構成することで，学習者にとってはまったく違った意味をもつ教材へと変貌すると思われます。そうすることで，それは自ら学ぶ意欲を育む教材になることでしょう。最後に，他のアプローチによる自己調整学習教材を読むことでさらなる理解が深まると思われますので，細矢（2020）もお勧めします。

キーワード

教材，学習方法，読解，テキスト探偵，探偵法

本章のポイント

- 到達目標の明確な教材も，一つひとつ読解方法を教えて繰り返し練習する方式ではなく，教材を学習方法と一体のものとして教材を再構成することで，学習者にとってはまったく違った意味をもつ教材へと変貌する。
- 教材づくりは，学習者の年代，発達段階，興味関心などといったさまざまな事項を配慮しながらとりかからなくてはならない。たとえば，探偵の説明一つとっても，「名探偵コナン」を引き合いに出しながら探偵の仕事について伝えることは，わかりやすさも受け取り方も学びの姿勢も異なる。
- 教材研究は，あるねらいをもって事前に教材を作成し，実際の授業を経て指導者自身が振り返り，再び検討を加えて絶えず繰り返していく一連の作業です。それは教育者に求められる自己調整学習となるだろう。

ブックガイド

- **『自己調整学習ハンドブック』ジマーマン，B. J.・シャンク，D. H.（編），塚野州一・伊藤崇達（監訳）（北大路書房，2014）.**

  ——自己調整学習の実践が多く紹介されている。第11章には，本章で紹介した読解指導の異なるアプローチも紹介されている。
- **『教育方法学』長谷川榮（協同出版，2008）.**

  ——自己調整学習の理論から離れて，教え方について考察してほしい。特に，教材研究や教材の構成といった指導技術や方法について基礎的な解説がなされている。

引用文献

Gold, A., Mokhlesgerami, J., Rühl, K., Schreblowski, S., & Souvignier, E. (2006). *Wir werden textdetektive: Lehrermanual, 2. Auflage*. Vandenhoeck & Ruprecht.

Gold, A., Mokhlesgerami, J., Rühl, K., Schreblowski, S., & Souvignier, E. (2010). *Wir werden textdetektive: Arbeitsheft, 3. Auflage*. Vandenhoeck & Ruprecht.

Gold, A. (2010). *Lesen kann man lernen: Lesestrategien für das 5. und 6. Schuljahr*. Vandenhoeck & Ruprecht.

細矢智寛（2016）．自己調整学習教材の構造と内容：ゴールドらとピントリッチらの教材分析を中心に　教材学研究，27，27-36.

細矢智寛・狩野悠也（2018）．高等学校英語科における読解方略の使用を促す介入とその効果：自己調整学習教材“Text Detectives”を用いた授業研究　日本教育工学会論文誌，42，73-87.

細矢智寛（2020）．ウィグフィールドによる自己調整学習の指導方法：CORIにみられる科学的探究活動と読解方略指導の融合アプローチ　教育方法学研究，45，25-35.

第5章 特別なニーズのある子どもへの支援

丹治敬之（岡山大学）

自己調整学習の理論研究あるいは実践研究は，定型発達の（障害のない）学習者を対象としたものが多いかと思います。しかし，障害のある子どもにとっても，自律的な学習者をめざすこと，自己調整学習の支援を考えることは大切なことです。とはいえ，障害のある子どもが自己調整的に学習を進めること，教師がそれを支援することは難しいと考える方も多いのではないでしょうか。本章では，**発達障害**のある子どもの自己調整学習を支援する方法について紹介します。自己調整学習が難しい子どもの支援を考えるための，ていねいな方法と技術について考えていきましょう。

1. 目標をもち，方略を計画し，自己を観察して，振り返りながら学習する

(1) 目標をもつこと，計画すること，自己を観察すること，振り返ることの大切さ

Zimmerman（2002）は，自己調整学習プロセスの構造について，3つの段階（予見，遂行，自己省察）を紹介しています。3つの段階のうち，予見段階（Forethought phase）は課題に取り組む前に生じるプロセスになります。予見段階には，自己動機づけ信念（動機づけを支える自己効力感，結果期待，興味，学習目標への方向づけ）に並んで，課題分析（目標設定，方略プランニング）が含まれています。つまり，目標をもつこと，目標を立てること，課題解決のための方法を計画することは，自己調整学習の重要な構成要素の一つとなるといえます。

では，**目標設定**や課題解決方略の**プランニング**ができれば，自己調整的な学習が成立するでしょうか。たとえば，目標をもって，問題解決の方略の計画を立てても，課題に取り組んでいる途中でうまくいかなくなることはありませんか。また，いつ方略を使うかを考えたり，あるいはどの程度目標に向かって取り組めているかを考えたりすることはありませんか。せっかく目標や計画を立

てても，上手に「遂行」できないこともあるでしょうし，目標や計画に沿った行動がとれなくなることもあるでしょう。したがって，自己調整的に学習するときには，「遂行」を支える行動が重要となるのです。

予見段階の次の段階として，遂行段階（Performance phase）があります。遂行段階は，課題に取り組む行動を起こしている最中に生じるプロセスであり，セルフコントロール，自己観察が含まれます。「セルフコントロール」は，予見段階で選択した課題解決方略や問題解決のための方法を，目標や計画に照らして上手に運用していくために必要です。そして，上手に課題解決方略や問題解決の方法を実行していくためには，自分が達成したい目標に即した行動ができているかをチェックする必要があります。また，自分の行動を自己記録する，あるいは，方略使用の結果がうまくいっているかどうかを評価するような，「自己観察」も大切でしょう。なお，自己の行動をチェックしながら自己記録をする「**セルフモニタリング**」は，自己観察の一つの方法としてよく知られています（Nelson & Hayes, 1981）。このように，自己調整学習を成立させるためには，自己をコントロールすること，自己をモニタリングすることもまた，重要な要素となるのです。

そして，もう一つ重要なプロセスがあります。それは，「自己省察段階（Self-Reflection phase）」です。自己省察段階は，課題に取り組んだ後に生じるプロセスとなります。自己省察段階には，自己判断とセルフリアクションが含まれます。たとえば，現在の自分のパフォーマンスを過去の自分のパフォーマンスと比較したり，他者のパフォーマンスや何らかの基準（例：達成したいテストの点数）と比較したりすることをとおして，自分が課題に取り組んだ結果を「**自己評価**」することがあるでしょう。また，自身が取り組んでみた学習法でテストに臨んだ結果，達成したい点数に近づけていれば満足するでしょうし，期待を裏切るような点数であれば満足しないでしょう。前者の例は「自己判断」，後者の例は「セルフリアクション」になります。自己省察段階では，これまでの自身の取り組みを「振り返る」ことをとおして，結果を評価する段階であるといえます。この段階もまた，自己調整的に学習を進めていくうえで欠かせないプロセスの一つであることがわかるでしょう。

自己調整学習は3つの段階が循環的に作用しているとされており，自己省察段階が次の予見段階に影響を与えると考えられています。自己満足感の低さ（self-dissatisfaction）が，自己効力感の低さをもたらすことや，その後の学習に対する努力の減退をもたらすという研究結果は，まさにその一例でしょう（Zimmerman & Bandura, 1994）。つまり，自己省察を有効に働かせることが，次の課題への動機づけ，目標設定，課題解決方略の計画などにポジティブな影響を与えることになるのです。

(2) 発達障害における実行機能の問題と自己調整学習

ここまでの内容を読み，発達障害のある子どもの教育や臨床に携わっている方であればこのように考えるかもしれません。発達障害のある子どもは，自己の外にある刺激に影響を受けやすかったり，自己の内にある思考・情動を調整することが難しかったりするため，彼らが自己調整的に学習を進めるのは難しいのではないか，と。たしかに，発達障害のある子どもたちにとって，自己の学習過程の計画・振り返りをすること，それらをとおして効果的に学習を自己調整することは簡単なことではありません。

その一つの理由として，心理学でいう「**実行機能**（executive functions）」の問題がかかわるといわれています。実行機能とは，課題解決や目標達成を効率よく行うために，情動・思考・行動を意識的に制御するための一連の高次な認知処理過程だといわれています（池田, 2013）。実行機能の問題には，主に以下の2つの特徴が指摘されています（池田, 2013）。1つ目は，目標志向的行動に関する困難です。これは自ら目標を立て，それに沿って自己の行動を計画・実行し，自己の行動を監視しながら必要に応じて調整する一連のプロセスに困難を示すことです。2つ目は，社会的行動調整の困難です。これは自己の欲求を満たしながらも，状況に合わせて社会的に受容される行動をとることに困難を示すことです。両者はともに，課題解決や目標達成のために思考や行為を制御することにかかわります。したがって，発達障害のある子どもの自己動機づけを含む自己調整学習を考えるうえで，実行機能の問題に対する理解と支援は重要だといえます。

池田（2019）は，実行機能への支援として，個人の実行機能を補う支援があることを紹介しています。その基本ステップの1つ目は，明確な目標を設定することへの支援です。自分自身で何をすべきか，どこまですべきかを見通すことができず，目標を明確に定めることができない場合は，他者の援助によって，あるいは目標設定がしやすくなるツールによって，明確かつ実現可能な目標設定（goal setting）を定めることが重要です。2つ目は，物理的・人的環境を調整することで，実行機能に負荷をかけすぎないようにする支援です。たとえば，課題量の調整，課題内容の構造化，課題構成のスリム化，思考・情動・行動の制御を阻害するノイズ（例：環境音，話し声，掲示物）の除去，指示や説明の簡素化・構造化などが該当するでしょう。個人が有する実行機能の発達段階に合わせて，余計な負荷をかけないかを点検し，「環境側」を調整することで学習活動に取り組みやすくするような支援です。3つ目は，実行機能の弱さを補うスキルを支援することです。実行機能の働きが弱い子どもは，頭の中だけで自己の情動，思考や行動を分析することが難しく，頭の外に分析対象を出して（例：視覚化して情報を見える化する），客観的に分析できるようにすることが有効だといわれます。たとえば，いつ，どこで，何に，どのように取り組むのかを確認できるチェックリストや手順表，目標設定・振り返りシートなどの外的な補助ツールを使いながら，学習に必要な思考・行動を身体に覚えさせます。補助ツールを使いながら取り組み続けるうちに，補助ツールに埋め込まれた（助けてもらっていた）認知プロセスが個人に内化し，次第に補助ツールを使わなくても行動できるようになることが期待されます。もちろん，その補助ツールを使いながらも目標志向的行動を遂行し，社会適応させていくことも当然ながら自立や自律の観点から重要でしょう。

実際のところ，自閉症スペクトラム障害（Autism Spectrum Disorders: ASD）や注意欠如多動性障害（Attention-Deficit Hyperactivity Disorder: ADHD）などの発達障害のある子どもの多くでは，この実行機能の何らかの機能に問題があることが指摘され（軍司, 2019; 奥村, 2019），読み，書き，計算などの学業成績の問題にも関連する場合があるともいわれています。つまり，発達障害の子どもの中には，実行機能の支援が必要な子どもたちが多く存在するのです。本章では，特に発達障害の子どもの**読み書き**における自己調整学習の支援について扱っていきます。

ここまでで，実行機能の働きと自己調整的に学習するプロセスとの関連性が少しみえてきたのではないでしょうか。実行機能の問題と自己調整的学習の問題は重なる点が多いと考えられています（Reddy ら, 2014）。たとえば，実行機能に問題がある子どもは，情動・思考・行動のプランニング，セルフモニタリング，セルフコントロールに困難を示すことがあります。したがって，発達障害のある子どもに対して自己調整的な学習を支援する場合は，実行機能の問題のケアを含む支援を検討していくことが重要だといえるでしょう。

2．自己調整的に文章を読むための支援

(1) 発達障害のある子どもの文章読解困難と方略指導

発達障害の中でも，特に読み書きに困難をかかえるタイプ（限局性学習障害〈Specific Learning Disorders: SLD〉；以下，学習障害）の人がいます。学習障害とは，知的発達に遅れがないにもかかわらず，年齢に期待される水準での読み書き計算技能の習得と使用に著しい困難を示す発達障害です。単語や文の読字，文章読解の困難は，学習障害の子どもたちにとって学習上の大きな問題の一つとなります。実際のところ，文章読解の困難は多くの学習障害の子どもがかかえる問題だといわれています（Berkeley & Larsen, 2018）。もちろん，学習障害の子どもの中には，基礎的な読字技能や言語発達の問題，注意や動機づけの問題などが指摘されることもあります（Denton ら, 2008）。加えて，同年齢の子どもに比べて，学習に対する自己効力感が低いこと，学習方略をいつ，どのように使用したら効果的かを知らないこと，学習の結果期待をもてていないこと，なども報告されています（Berkeley, & Larsen, 2018; Walker, 2003）。つまり，多くの学習障害の子どもたちが，読み書き計算などの自己調整学習に失敗し続けていると考えられるでしょう。

では，そのような子どもたちにどのような支援をしたらよいでしょうか。その指針を得るために，これまでの研究成果を整理し，はたしてどのような介入に効果があるのかを探る方法（メタ分析）があります。あるメタ分析によると，学習障害に対する文章読解介入研究では，「読解方略の指導」を含めたほうが，それを含めない研究よりも問題の改善効果が高いことが示されています（Berkeley ら, 2010）。また，読解方略指導の中に「自己調整学習」の要

素を組み込むことで，より高い介入効果が得られることも報告されています（Berkeley & Larsen, 2018）。次項では，その具体的な支援方法について紹介します。

(2) 読み方略を自己調整的に使用するための支援方法

文章読解が困難な発達障害（特に学習障害）のある子どもは，具体的にどのような難しさをかかえているのでしょうか。子どもによってその困難はさまざまですが，文章内の情報を整理すること，文章間の関係やつながりを理解すること，重要な情報とそうではない情報とを区別すること，要点をつかむこと，などが難しいといわれています（DiCecco & Gleason, 2002）。さらに，文章内容を記憶すること，自分が知っている知識と文章内容とを関連づけること，文章読解方略を使用すること，文章内容の理解状況をモニタリングすることの難しさもかかえるかもしれません（Singleton & Filce, 2015; Vaughn & Edmonds, 2006）。このように，文章を読解するためには，複雑な作業を同時進行で実行しなくてはなりません。したがって，より深く文章内容を理解することや，文章に対する問いを読み解くには，頭の中で同時に多くの認知処理活動を必要とするため，発達障害の子どもにとっては，とても負荷のかかる作業になります。そのような複雑さと難しさゆえに，文章読解に対する動機づけの低下，怒りや不満の喚起が生じてしまう学習障害の子どもたちが多くいるともいわれています（Singleton & Filce, 2015）。

そこで，文章読解の困難を，環境（例：教師，授業）が文章読解で求めている内容や方法という軸，個人（例：発達障害のある学習者）がもっている能力という軸，で考えるときに，次のような捉え方はできないでしょうか。それは，個人が有する能力水準と環境が求める要求水準との間にミスマッチが起きているために，文章読解の困難が生じているという捉え方です。そのような視点に立ったとき，ミスマッチを解消するためにどう支援すべきか，という考えが浮かんでくるのではないでしょうか。本章では，そのヒントとなるような，発達障害の子どもの読みを助ける「支援ツール」の紹介をしていきます。

1）グラフィックオーガナイザー（Graphic organizers）：情報の整理を助ける視覚的ツール

読みに困難をかかえる発達障害の子どもにとって，頭の中だけで文章読解で求められる作業をすることが困難となる場合があります。その問題を解決する一つの方法として，「グラフィックオーガナイザー」の活用があります。グラフィックオーガナイザーとは，重要な情報を描き出すことで，情報の整理を助ける視覚的ツールのことです。線や円，四角を描き，情報の視覚化をとおして，情報間の比較，時系列的関係，意味的関係，因果関係の理解，主題や結論の導出，などを助ける効果があるといわれています（Singleton & Filce, 2015）。グラフィックオーガナイザーには，さまざまな種類があり，目的や学習者の実態に合わせて使用することが推奨されています。図5－1に3つの例を示しています。

図5－1（上段）は，共通点や相違点を推論することが苦手な学習者に有効です。概念や情報間の関係を比較することで，共通点や相違点の整理ができるでしょう。図5－1（中段）は，情報を組織化することが苦手な学習者に有効です。情報や概念を階層的に表すことで，物事の関係性やグループについて整理ができるでしょう。そして図5－1（下段）は，概念の理解やブレインストーミングが苦手な学習者に有効です。概念の中心となる情報と関連する基本情報を描き出すことで，主題の理解を深めることができるでしょう。このように，文章内容，自分が知っている知識，自身の考えなどを外に出す（外在化）することが，文章読解の困難さを軽減したり，文章内容の理解を促進したりすることに有効だといわれています。

では，発達障害のある子どもが自己調整的な読みを進めていくために，グラフィックオーガナイザーをどのように活用したらよいでしょうか。主に，自己調整学習の予見段階や遂行段階において活用できますが，グラフィックオーガナイザーの使い方によっては自己調整学習の3段階全体を支える役割を果たすことも可能でしょう。具体的には，まずグラフィックオーガナイザーを使うことで，読むべき文章内の情報を整理する読み方略を身につけることが可能になります。たとえば，登場人物やストーリーの展開を時系列に描き出したり，文章内に登場したことばや情報をマップ化したりする方法を指導することがで

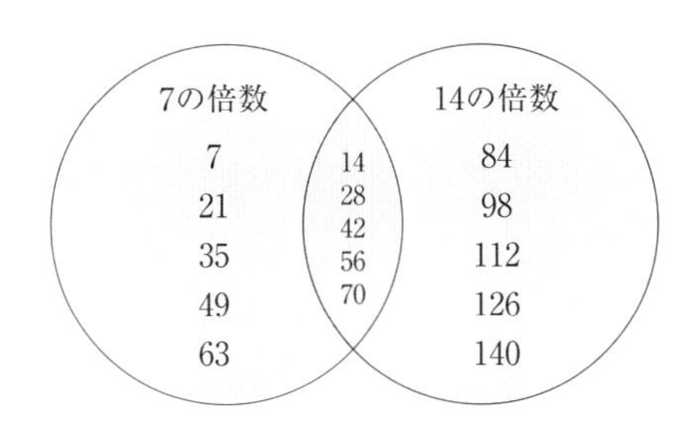

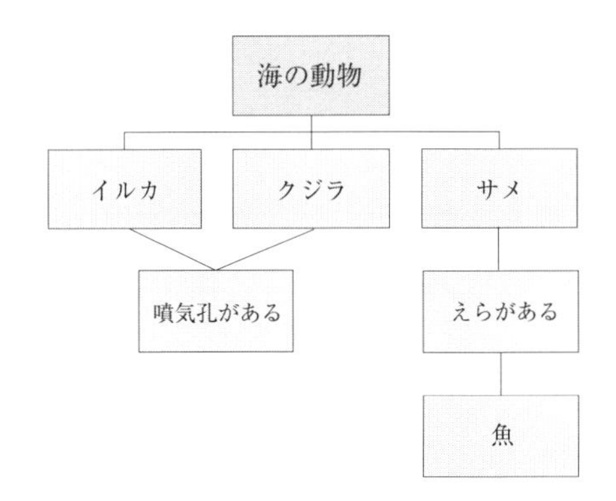

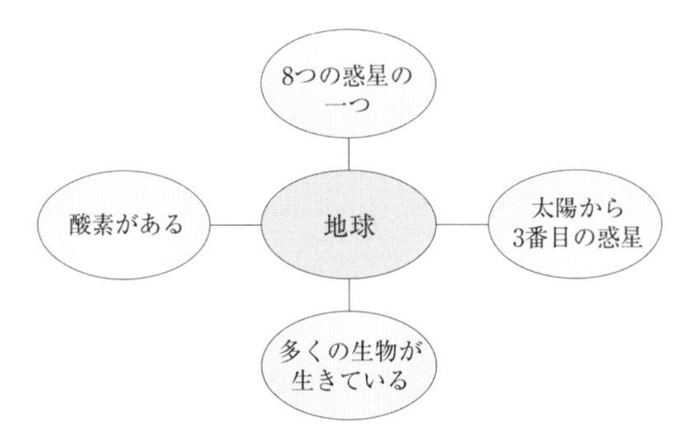

図5−1　ベン図を用いた例（上段），ツリーマップを用いた例（中段），コンセプトマップを用いた例（下段）（Singleton & Filce, 2015をもとに作成）

きるでしょう。2つ目に，文章を読む前に導入することで，背景知識の活性化や目標の明確化を促すために活用することができます。たとえば，事前に先行知識があれば読みやすくなり，読む目標が明確になれば何に注目すればよいか，どのように読み進めればよいかを意識させるためにグラフィックオーガナイザーを活用することが考えられるでしょう。これは，自己調整学習の動機づけ，目標設定や方略プランニングを活性化させる役割を果たすかもしれません。3つ目に，文章を読んでいるときに導入することで，重要な情報の整理や取捨選択を促すことができます。たとえば，読んだ情報が目標に即した情報かどうかの判断を助け，重要な情報を整理しながら読む意識を高めるために活用することが考えられるでしょう。これは，無関係な情報への注意を抑制し，理解すべき内容に焦点化した読み方ができるようになったり（セルフコントロール），目標に沿った情報を読めているかを確認したり（セルフモニタリング）することを活性化させる役割も果たすでしょう。最後に，自身の文章読解の結果に対する振り返り（例：理解度の評価，要点の整理，復習）として活用することで，自己省察を促す指導に活用することもできるでしょう。

以上，グラフィックオーガナイザーを用いた支援アプローチを紹介しました。なお，グラフィックオーガナイザーを用いて，発達障害のある子ども自身が自己調整的な読みを進められるようにするには，以下のような点に留意することが重要です。それは，①自己調整学習の各段階に合わせて，②教師がお手本を示して子どもの自信がもてるように，③方略の習得と自律的な使用の状況を観察しながら，ていねいに導入と支援をしていくことが重要です（Roberts ら，2019; Singleton & Filce, 2015）。

2）セルフモニタリングシート（Self-monitoring sheet）：学習方略の実行と振り返りを支える視覚的ツール

注意集中や記憶機能に問題をかかえる読み困難の発達障害のある子どもにとって，読む目標を保持すること，目標に即した行動をとり続けること，自身のパフォーマンスを評価したり，振り返ったりすることが難しい場合があります。その問題を解決する一つの方法として，「セルフモニタリングシート」の活用があります。セルフモニタリングとは，目標としている行動ができているか否かの自己観察をしながら，自身の行動を記録することです（Harris ら，2004;

名前		目標・めあて				
		1				
日にち		2				
		3				
目標達成度	3					
	2					
	1					
		月曜	火曜	水曜	木曜	金曜
振り返り						
フィードバック						

図５－２　セルフモニタリングデータグラフシート（Robertsら，2019をもとに作成）

名前			日付	
目標の設定	読むときの目標		何をする？	
	1			
	2			
	3			
モニタリング＆振り返り	読むときの目標		何をした？	
	1			
	2			
	3			
次回の計画				
フィードバック				

図５－３ セルフモニタリングシート
（Robertsら，2019をもとに作成）

Nelson & Hayes, 1981）。セルフモニタリング方略を指導することで，学業成績の改善，学習への動機づけの向上，学習に対する自己満足感の高まり，がもたらされると報告されています（Menzies & Lane, 2011; Zimmerman, 2002）。

図５－２，５－３にセルフモニタリングシートの例を示しています。図５－２は，読むときの目標を書き出しておき，自身の遂行状況をチェックするためのシートです。さらに，自身の努力の結果や目標達成度がグラフデータとして視覚化されるようになっています。こうすることで，課題達成の動機づけはもちろん，モニタリングする行動自体の動機づけを高めるのに役立つかもしれません。図５－３は，達成したい目標と，それを達成するための行動や方略の書き込み，そしてその達成状況の振り返りを含むシートになっています。さらに，次回への目標を記述する欄もあります。つまり，セルフモニタリングと目標設定，方略プランニング，自己省察が一体となったシートになっています。

では，このようなシートをどのように活用していけばよいでしょうか。1つは，読み方略の習得とその自律的使用を促すための活用が考えられます。読み方略を学習しても，それを状況に合わせて上手に使えなかったり，自分で動機づけながら読み方略を使用することが難しかったりする発達障害の子どもがいます。そのような子どもに，図５－２，５－３のようなシートを使用することで，方略使用の意識を高めたり，自己あるいは他者からの評価やフィードバックを受けることによって，方略使用の動機づけや，方略を使用する状況や場面の認知を高めたりするのに有効かもしれません。2つ目は，視覚的リマインダーとしての活用です。読むときの目標や読み方を事前に言われていたとしても，時間が経ったり，他の作業に夢中になったりすると，目標や読み方略をふと忘れてしまう発達障害のある子どもがいます。そのような子どもには，記憶や注意をサポートするツールとして，セルフモニタリングシートが有効に働くでしょう。3つ目に，自己と他者（例：教師，仲間）との協同的な評価，他者からのフィードバックを介した自己省察の活用が考えられます。自己を客観的に評価したり，何をどのように評価したらよいかわからなかったりする発達障害のある子どもがいます。セルフモニタリングシートを用いて自己評価と他者評価を組み合わせることで，自己を正確に評価することができるかもしれません。さらに，たとえば「目標を達成するために何が必要ですか？」，「うまくいったのはどうしてだと思いますか？」，「なぜ，うまくいかなかったのでしょうか？」などと教師から投げかけることで，セルフモニタリングシートを用いた自己省察の促進が期待できるでしょう。

以上のように，セルフモニタリングシートは，主に自己調整学習の実行段階を支えるツールになります。さらに，発達障害のある子どもの実態に合わせて，シートの内容構成や活用方法を工夫すれば，自己調整学習の予見段階や自己省察段階の行動を支えるツールになり得るでしょう。したがって，発達障害のある子どもにとってセルフモニタリングシートは，①認知機能の制限を助けるツールになること，②自己動機づけや学習方略使用の満足感をもたらすツールになること，③自己評価を可視化するツールになること，④自己評価や他者（例：教師，仲間）からのフィードバックによって，自己省察段階や次の予見段階のプロセスを活性化させるツールとなることが考えられ，自己調整学習に有効な支援ツールになるといえます（Roberts ら, 2019; Zimmerman, 2002）。

3. 自己調整的に作文を書くための支援

(1) 発達障害のある子どもの作文困難と自己調整方略発達（SRSD）モデル

前節では，発達障害のある子どもの読解支援について扱いました。ここからは，発達障害と「書き」，特に「作文」について扱います。ところで，みなさんは作文が得意ですか。「得意じゃない」，「面倒くさい」，「疲れる」，「何を書いたらよいか困る」と感じる方もいるのではないでしょうか。私が出会った発達障害のある子どもたちの多くも同じようなことを言います。実は，作文をするためには，私たちの頭の中で非常に複雑な認知活動が同時並行的に起こっていると考えられています。Hayes と Flower（1980）によれば，文章産出過程には「プランニング」，「文章化」，「推敲」，「モニター」の4つの認知過程があり，モニターが3つの認知過程をモニタリングしながらコントロールし，文章を算出するといわれています。文章を書くとき，何を書こうか，どのような順序で書こうか，何を伝えようかなどの構想を立て，その構想に応じて蓄えられた知識や記憶を次々と想起させます。その後，出来上がった文章や内容のイメージを，字句や文に起こしていきます。そして，書こうとする内容と書きたい目標を照らして文章を読み返したり，書き直したりするでしょう。また，目標とする作文内容と書き上げなくてはならない期限とを照らし合わせながら，進行状況をモニタリングすることもあるかもしれません。つまり，作文を書くことは，複数の認知活動が継次的，同時的，かつ再帰的に働く複雑な作業なのです。

発達障害のある子どもたちの作文の困難には，たとえば，文章間の内容的つながりを保って書くこと，文法的あるいは意味的に正しいことばを使って書くこと，5W1H（When, Where, Who, What, Why, How）の要素を入れて書くこと，単語や文の数を多く用いて文章を書くこと，内容がわかりやすく主題が明瞭な作文を書くこと，などが難しいといわれています（Graham ら，2017）。第1節では発達障害のある子どもにおける実行機能の問題を扱いましたが，課題解決や目標達成に向けた情動・思考・行動の意識的制御の困難が，作文を書くときにも影響すると考えられています。たとえば，作文のプランニング，書いている文章の省察，文章の推敲にあまり時間をかけないことが指摘されています（MacArthur ら，1987）。さらに Harris ら（2004）は，学習障害の子どもたちはしばしば，注意，記憶，衝動性の問題，学習に対する自己効力感の低さ，動機づけの低さを伴うことを指摘しています。したがって，発達障害のある子どもの作文の自己調整学習を支援しようと思ったとき，さまざまな問題へのケアが必要になるといえます。

では，どのように支援すればよいのでしょうか。ここで，これまでたくさんの研究でその有効性が実証されている支援モデルを紹介します。それは，**自己調整方略発達（Self-regulated Strategy Development: SRSD）モデル**です。あるメタ分析では，複数の作文介入研究の中でも，SRSDモデルを用いた研究が最も介入効果が高いことが示されています（Rogers & Graham, 2008）。SRSDモデルは，子どもたちの情動・認知・行動的側面，そして強み，ニーズを考慮した統合的アプローチであり，まさに発達障害のある子どもの複数の問題へのケアが可能な支援モデルです（Harrisら, 2004）。そして，作文のSRSDモデルは，プランニング，文章化，推敲，モニタリングと，作文方略使用の動機づけといった，自己調整学習の複数の構成要素を含む包括的な方略支援モデルともいわれています。次項では，筆者らが実践した研究を紹介します。

(2) SRSDモデルを用いた作文の支援方法

作文のSRSDモデルでは，6つの指導段階があるといわれています。それは，①作文の書き方，書くときのポイント（作文の方略知識）を学ぶ段階，②作文方略について議論し，確認する段階，③作文方略の使用を模倣する段階，④作文方略を覚える段階，⑤教師の援助を受けながら，実際に作文方略を使っていく段階，⑥自分で作文方略を使用して作文を書く段階の6つです。もちろん，この指導段階は固定的なものではなく，子どもの学習状況に合わせて，段階の順番を変えたり，段階を増やしたり，省いたり，段階を行ったり来たりすることがあります。このように，最初は他者（例：教師，仲間）の援助を受けながら作文方略を学習していき，最終的には自律的に作文方略を使用できるようにサポートしていくことをめざす支援モデルです。

次に，丹治・横田（2017）の実践を具体的に紹介していきます。この実践は，公立小学校の自閉症・情緒障害特別支援学級の国語の時間で実施したものであり，小学3～4年生の自閉症スペクトラム児（6名）が参加したものです。これまで学級担任が作文の書き方（例：5W1Hを含めて書くこと）を教示していましたが，時系列に沿った作文を書くこと，内容のつながりをもって書くこと，具体的な描写を含めて書くこと，句点を含めて書くこと等が難しいという課題がありました。そこで，SRSDモデルを用いた授業実践を研究室と連携して行うことにしました。

1）作文のプランニング方略の習得に向けた支援

研究に参加した発達障害のある子どもたちは作文が嫌いでしたし，苦手意識ももっていました。作文に対する自己効力感の低さ，動機づけの低さは明らかでした。担任教師も，作文を書くときの5W1Hの使用，文中の句読点の付け忘れや，接続詞の使用などを何度も何度も注意したり，教えたりしましたが，なかなか身につかずに困っていました。

そこでまず考えたのは，作文の学習に対して「**興味**」をもってもらうことでした。具体的には，単元の冒頭で，子どもたちの好みのキャラクターをスライドで登場させ，「作文名人になろう」とよびかける導入です。図5－4は，好きなキャラクターと一緒に，ロケットで惑星を飛び回り，作文名人の星に向かおう，というPowerPointの教材です。これは，彼らの興味・関心の対象を活用した教材です。なお興味には，学習に向かわせる動機づけ機能があり，注意，集中を高め，粘り強さを与え，知識の獲得や価値認識の形成を促す作用があるといわれています（鹿毛，2013）。また，図5－4の「星」には授業でめざす目標が記されており，授業を進めていき，目標をクリアしていくと，ゴールにたど

図5－4　目標設定のための教材（丹治・横田，2017をもとに作成）

表5－1　丹治・横田（2017）の指導プログラム構成内容の概要

内容	セッション	使用した教材
事前テスト	1	4コマイラスト
	2	
	3	
7つの要素の学習	4	4コマイラスト，作文名人の旅スライド，7つの要素一覧表
	5	4コマイラスト，作文名人の旅スライド，7つの要素メモ
プランニングの学習	6	4コマイラスト，作文名人の旅スライド，プランニングのコツビデオ教材，コツシート，7つの要素メモ
接続詞の学習	7	4コマイラスト，作文名人の旅スライド，接続詞空欄文シート，クイズ用文シート
セルフモニタリングの学習	8	4コマイラスト，作文名人の旅スライド，前時に書いた作文，確かめロケット，確かめロケットの使い方ビデオ教材
作文方略の自立的使用，自己強化の学習	9	4コマイラスト，作文名人の旅スライド，シールの使い方のビデオ教材，シール，確かめロケット
	10	4コマイラスト，作文名人の旅スライド，確かめロケット，シール
	11	4コマイラスト，作文名人の旅スライド，確かめロケット，シール
事後テスト	12	4コマイラスト
	13	
	14	

り着くことを説明します。各惑星には授業のめあて（＝子どもにとっての「方略使用の目標」）があり，各回の授業の冒頭で，「目標設定」を行うためにも使用されました。なお表5－1には，本指導プログラムの構成内容（授業内容，使用した教材）について示しています。

図5－4にある最初の星と2つ目の星は，「わかりやすい作文に必要なものを知ろう」，「3つのコツを使いこなそう」です。前述した，作文のSRSDモデルの6段階のうち，①・②・③・④・⑤の段階に該当します。ここでは，「作文に必要な7つの要素」（図5－5），「作文を書くときの3つのコツ（書くことを考える，メモをする，作文に書く）」の知識と，その必要性を子どもたちと確認します。

最初の授業では，子どもたちに7つの要素が含まれていない不完全な作文と，それらが入ったわかりやすい作文を見せます。どちらがよい作文か子どもたちに考えてもらいます。そして,「何がよいか」,「何が入っているかいないか」を答えてもらいます。比較をとおして,「7つの要素」を作文に入れる大切さを実感してもらうことがねらいです。最後に,「じゃあ,7つの要素を覚えられるかい？」と教師が投げかけると,子どもたちは一生懸命に覚えようと,競い合うように,必死になってくれました。

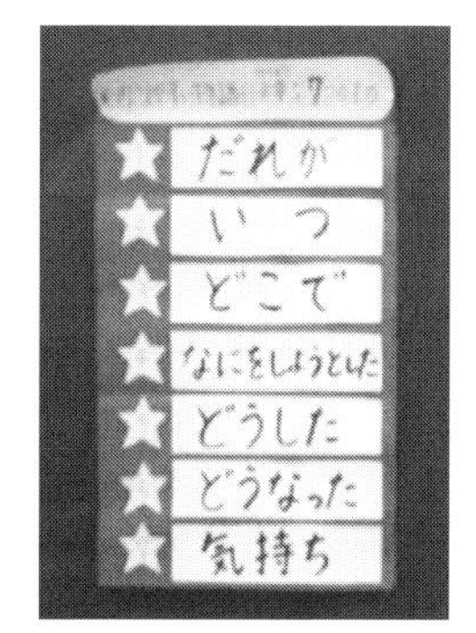

図5－5　プランニング方略知識のための教材
（丹治・横田, 2017をもとに作成）

次の授業では,作文を書くときの3つのコツについて扱いました。作文を書く前のプランニングをする行動を促す3つのコツです。ただし,3つのコツは抽象的で,具体的に何をすればよいのか,子どもたちにはわかりにくいと考えたので,教師が実際に3つのコツを使って作文を書く様子を録画したビデオ教材を用意しました。発達障害のある子どもたちの中には,実際にモデル（手本）を見せるより,画面上に提示されるビデオモデルのほうが手本に注視しやすい場合があります（Charlop-Chirstyら, 2000; Wilson, 2013）。参加した子どもたちにもその傾向がみられたので,ビデオ教材を導入しました。実際,ビデオ教材を視聴した後,ある子どもから「(これで作文が) 書けそう」とつぶやきがありました。また,3つのコツを早速メモする子どももいました。ビデオ視聴後には,練習をする時間を設けました。ある4コマ漫画を見て,イラストに含まれる「7つの要素を考え」,「メモをする」練習をしました。つまり,前述した段階のうち,③作文方略を模倣する,④方略を覚える,⑤実際に使ってみる段階です。方略の記憶はすぐには難しいので,練習を繰り返しながら,身につけていきます。ただし,7つの要素,3つのコツは,各授業の冒頭や終わりに,暗唱することをとおして,記憶する機会やそれができているかどうかの状況を確認しました。

図5－4にある3つ目の星は,「つなぎことばを使おう」です。本授業に参加した多くの子どもたちが,「しかし」,「だから」などの接続詞の未使用や誤用がみられていました。そこで,接続詞クイズ（ある2文が呈示され,文と文の間が空欄になっていて,適切な接続詞を埋めるクイズ）を行いました。その後,実際に

作文を書くときに，接続詞を入れて書く練習をしました。そのとき，3つのコツを意識しながら，7つの要素を入れた作文も求めました。すると，接続詞を意識するあまり，7つの要素を入れ忘れる，句点を打ち忘れる作文が目立つようになりました。ここでも，実行機能，注意あるいは記憶の問題が顕在化していると考えられました。

2）作文のモニタリング方略使用に向けた支援

前項に示した問題を解決するために，作文方略使用のコントロール，モニタリングを促す必要があると考えました。そこで，作文名人の惑星をめざすための「たしかめロケット」（セルフモニタリングシート）を導入しました（図5－6）。「たしかめロケット」は，これまで学習した作文方略（7つの要素，3つのコツ），接続詞の使用，句読点をつけることを，チェックできるシートです。図5－4でいうと，「作文のふりかえりをしよう」の星です。「たしかめロケット」の使い方については，教師によるビデオモデル教材を使用しました。ここでも，複数の子どもたちが親指を立てながら「できそう」と，自信に満ちた表情をしていました。その後，自分が書いた作文を読み返し，「たしかめロケット」でチェックする練習をしました。多くの子どもたちで，「作文を振り返り，推敲する」ことに前向きに取り組むことができていました。しかし，ある子どもで次のような問題が起きました。「（チェックできていない項目を見つけ）ダメな作文だ！」と言って，机に伏せてしまったのです。教師が何度もなだめたり，励ましたりするのですが，状況は変わりませんでした。

3）作文の自己評価方略使用に向けた支援

モニタリング方略を練習したとき，作文を振り返ることに抵抗を示す子どもがいました。そこで，「作文を振り返ることの価値や動機づけ」を高めるしかけが必要と考えました。導入したのは，方略を使用した数に応じて「シール」を貼る自己評価方略でした。図5－7には，子どもが書いた作文にシールが貼ってあります。7つの要素や，接続詞を使用した箇所に，シールを貼っています。これを導入したときには，子どもたちから「たくさんシール貼れたほうがいいじゃん！」という声があがりました。実際，多くのシールを貼ろうと，一生懸命にプランニング方略，モニタリング方略を使用する子どもたちの姿がありました。前時に机に伏せてしまった子どもも，「おれが一番だぜ！」と意

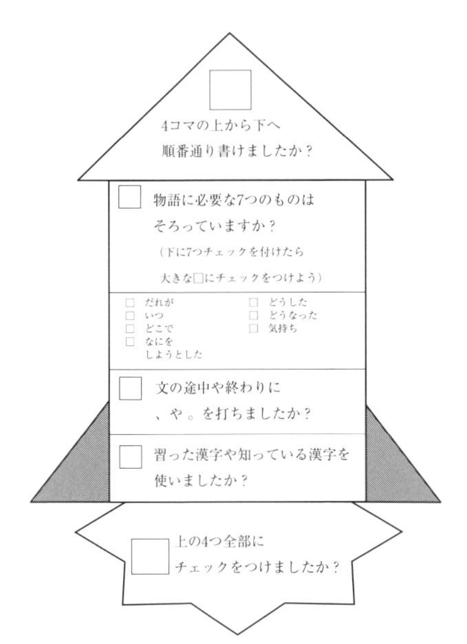

図5－6　セルフモニタリングのための教材
（丹治・横田, 2017をもとに作成）

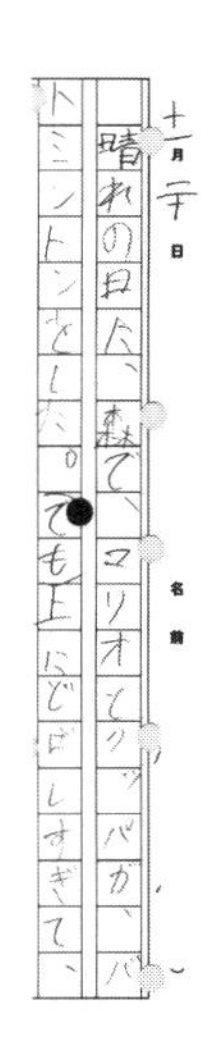

図5－7　自己評価のための教材
（丹治・横田, 2017をもとに作成）

気揚々と振り返りをしていました。このように，セルフモニタリングシートとシールの使用によって，これまで学習した方略使用の動機づけを高められ，方略使用の成果が視覚的にフィードバックされ，効果的に自己評価を実行することができました。

4）一人で作文方略を使用できるようになるための支援

図5－4の「作文名人になるしあげをしよう①②」の星は，教師の援助を少しずつ減らしていき，最終的に一人で学習した方略を使って，作文を仕上げる授業です。これは，先に示したSRSDモデルのうち最後の⑥の段階です。先生は近くで見守りながら，支援ツール，覚えた方略を使いながら，自分で作文を仕上げていきました。

5）指導の成果と子どもにとって役に立ったものアンケート

本指導プログラムの結果は図5－8に示しています。指導をする前は，作文に必要な7つの要素数が少なく（要素数得点），作文の内容も評価点（内容の質得点：たとえば，書いている文章で情景が想像できるか，イラストの内容が忠実に書かれ

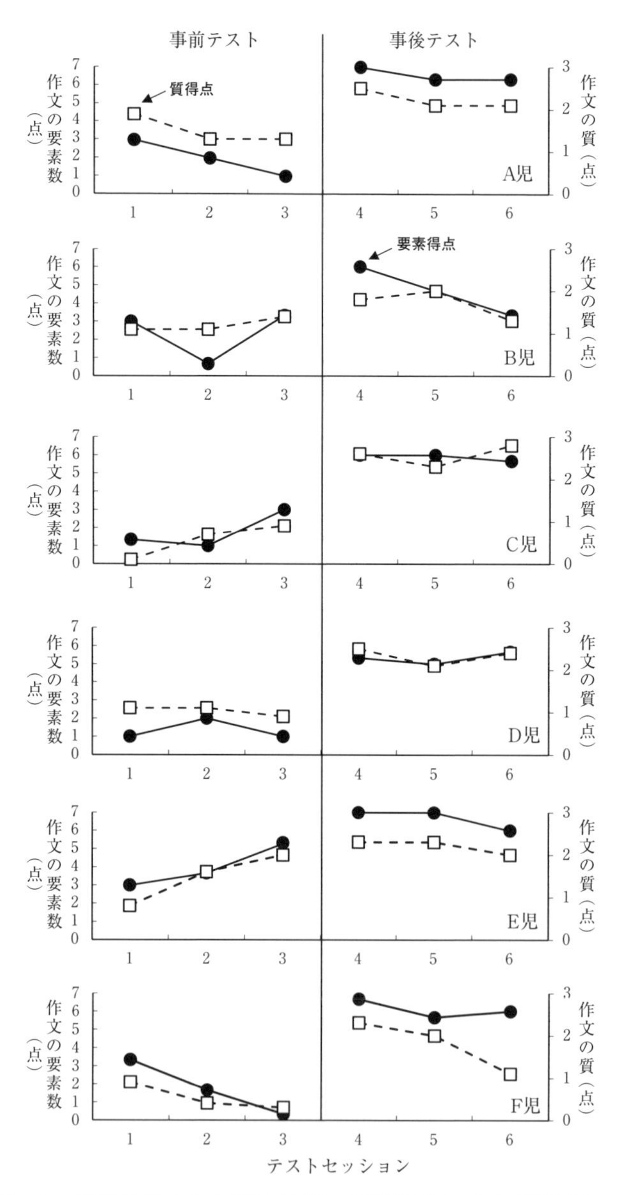

図5－8　指導前後の作文評価点（●：要素数得点，□：質得点）の変化

ているか，詳細な内容が記述されているか，句読点・接続詞が入っているか）が低い結果となっていました。しかし，指導後は6名ともの作文の評価得点が上昇し，6名中5名は高い指導効果が得られたと判断されました。

また，参加してくれた子どもに，何が役に立った方略かを尋ねました。その結果，ほとんどの子どもが「7つの要素」，「たしかめロケット」と答えました。やはり，作文のプランニング方略を支える知識，セルフモニタリング方略を支える支援ツールが有効だったと感じていたようです。この結果は，7つの要素で作文が書けた成功体験，「たしかめロケット」で作文を「進化」させることができた経験が，彼らの作文に対する動機づけ，自己効力感を高めたと考えられました。そして本実践から，「子ども自身が学習した方略が有効であるとわかっていること」が重要であることもわかりました。

4. まとめ：自己調整的な学習を支える，助ける「しかけづくり」を

発達障害のある子どもたちは，認知機能の問題，情動の問題，行動の問題，そして実行機能の問題など，さまざまな問題をかかえている場合があるために，読み書きの自己調整学習が困難となることが多いと考えられます。そして，読み書きの学習に対する動機づけ，自己肯定感，結果期待をもてずにいる子どもたちがたくさんいます。本章では，そのような問題に対する支援のアイデアについて紹介しました。筆者は，自己調整学習の理論や支援方法を学ぶことが，発達障害のある子どもたちのケアの方法を，考え，実行し，省察することに役立つのではないか，と考えています。まさに，「教師にも自己調整学習が求められている」のかもしれません。発達障害のある子どもたちの学習への意欲が高まるように，有効な勉強法に気づけるように，そして自信がもてるように，ケアの視点をもって支援していくことをめざして。

キーワード

発達障害，実行機能，目標設定，プランニング，セルフモニタリング，自己評価，読み書き，自己調整方略発達（SRSD）モデル，興味

本章のポイント

- 自己調整的に学習を進めるためには，目標設定，プランニング，モニタリングの方略を身につけることが重要である。
- 文章を読むことが困難な発達障害のある児童生徒には，読むときの方略指導と，それを自己調整的に使用するための支援が有効である。
- 作文を書くことが困難な発達障害のある児童生徒には，自己調整方略発達（SRSD）モデルを用いた支援技術が，エビデンスに基づく教育方法として推奨されている。
- 自己調整的に学習を進めることが困難な発達障害のある児童生徒には，動機づけ，方略の有効性の認知，自己効力感が高まるように，支援ツールを用いたていねいな方略習得指導が大切である。

ブックガイド

- **『自己調整学習：理論と実践の新たな展開へ』自己調整学習研究会（編著）（北大路書房，2012）.**
  ――自己調整学習の基礎理論から教育実践まで紹介されており，第7章では読解や作文における自己調整学習について詳しく解説されている。
- **『発達障害の心理学：特別支援教育を支えるエビデンス』北　洋輔・平田正吾（編著）（福村出版，2019）.**
  ――発達障害を対象にした心理学・生理学的手法を用いた最新の研究について紹介されており，実行機能については複数の章で詳しく解説されている。
- **『DN-CASによる子どもの学習支援：PASS理論を指導に活かす49のアイデア』ナグリエリ，J. A.・ピカリング，E. B.（著），前川久男・中山　健・岡崎慎治（訳）（日本文化科学社，2010）.**
  ――認知特性が多様な発達障害のある子どもに対する学習支援のアイデアについて，特に読み書き算数領域の支援アイデアが具体的に紹介されている。

引用文献

Berkeley, S., & Larsen, A. (2018). Fostering self-regulation of students with learning disabilities: Insights from 30 years of reading comprehension intervention research. *Learning Disabilities Research & Practice*, 33, 75-86.

Berkeley, S., Scruggs, T. E., & Mastropieri, M. A. (2010). Reading comprehension instruction for students with learning disabilities, 1995-2006: A meta-analysis. *Remedial and Special Education*, 31, 423-436.

Charlop-Christy, M. H., Le, L., & Freeman, K. A. (2000). A comparison of video modeling with in vivo modeling for teaching children with autism. *Journal of Autism and Developmental Disorders*, 30, 537-552.

Denton, C. A., Wexler, J., Vaughn, S., & Bryan, D. (2008). Intervention provided to linguistically diverse middle school students with severe reading difficulties. *Learning Disabilities Research & Practice*, 23, 79-89.

DiCecco, V. M., & Gleason, M. M. (2002). Using graphic organizers to attain relational knowledge from expository text. *Journal of Learning Disabilities*, 35, 306-320.

Graham, S., Collins, A. A., & Rigby-Wills, H. (2017). Writing characteristics of students with learning disabilities and typically achieving peers: A meta-analysis. *Exceptional Children*, 83, 199-218.

軍司敦子（2019）．自閉症スペクトラム障害の心理学研究の今後　北　洋輔・平田正吾（編著），発達障害の心理学：特別支援教育を支えるエビデンス（pp. 85-96）　福村出版.

Harris, K. R., Reid, R. R., & Graham, S. (2004). Self-regulation among students with LD and ADHD. In B. Wong (Ed.), *Learning about learning disabilities* (pp. 167-195). Elsevier.

Hayes, J. R., & Flower, L. S. (1980). Identifying the organization of writing process. In L. Gregg & E. Steinberg (Eds.), *Cognitive processes in writing: An interdisciplinary approach* (pp. 3-30). Lawrence Erlbaum Associates.

池田吉史（2013）．発達障害及び知的障害と実行機能　SNEジャーナル，19，21-36.

池田吉史（2019）．知的発達障害の心理学研究　北　洋輔・平田正吾（編著），発達障害の心理学：特別支援教育を支えるエビデンス（pp. 42-56）　福村出版.

鹿毛雅治（2013）．学習意欲の理論：動機づけの教育心理学　金子書房.

MacArthur, C., & Graham, S. (1987). Learning disabled students' composing under three methods of text production: Handwriting, word processing, and dictation. *The Journal of Special Education*, 21(3), 22-42.

Menzies, H. M., & Lane, K. L. (2011). Using self-regulation strategies and functional assessment-based interventions to provide academic and behavior support to students at risk within three-tied models of prevention. *Preventing School Failure*, 55(4), 181-191.

Nelson, R. O., & Hayes, S. C. (1981). Theorical explanations for reactivity in self-monitoring. *Behavior*

Modification, 5, 3-14.

奥村安寿子（2019）．注意欠如多動性障害の心理学研究　北　洋輔・平田正吾（編著），発達障害の心理学：特別支援教育を支えるエビデンス（pp. 97-116）　福村出版.

Reddy, L. A., Newman, E., & Verdesco, A. (2014). Use of self-regulated learning for children with ADHD: Research and practice opportunities. In Cleary, T. (Ed.), *Self-regulated learning interventions with at-risk youth: Enhancing adaptability, performance, and well-being* (pp.15-43). American Psychological Association.

Roberts, G. J., Solis, M., & Chance, B. (2019). Embedding self-regulation into reading interventions to support reading and behavior outcome. *Teaching Exceptional Children*, 52, 78-86.

Rogers, L. A., & Graham, S. (2008). A meta-analysis of single subject design writing intervention research. *Journal of Educational Psychology*, 100, 879-906.

Singleton, S. M., & Filce, H. G. (2015). Graphic organizers for secondary students with learning disabilities. *Teaching Exceptional Children*, 48, 110-117.

丹治敬之・横田朋子（2017）．自閉症スペクトラム障害児に対する作文の自己調整方略学習（SRSD）モデルを用いた小集団介入　教育心理学研究，65，526-541.

Vaughn, S., & Edmonds, M. (2006). Reading comprehension for older readers. *Intervention in School and Clinic*, 41, 131-137.

Walker, B. J. (2003). The cultivation of student self-efficacy in reading and writing. *Reading & Writing Quarterly*, 19, 173-187.

Wilson, K. P. (2013). Teaching social-communication skills to preschoolers with autism: Efficacy of video versus in vivo modeling in the classroom. *Journal of Autism and Developmental Disorders*, 43, 1819-1831.

Zimmerman, B. J. (2002). Becoming a self-regulated learner: An overview. *Theory into Practice*, 41, 64-70.

Zimmerman, B. J., & Bandura, A. (1994). Impact of self-regulatory influences on writing course attainment. *American Educational Research Journal*, 31, 845-862.

第6章　ICTを自己調整に役立てる

髙橋麻衣子（東京大学）

スマートフォンやパソコン，タブレット端末等が広く普及され，ICT（Information and Communication Technology：情報通信技術）は現代に生きる私たちにとって必要不可欠なものとなりつつあります。教育現場でもICT導入の必要性が主張され，2019年12月には文部科学省が，児童・生徒向けの1人1台端末と，高速大容量の通信ネットワークの整備を前提とする「GIGAスクール構想」を打ち出しました。さらに，2020年春の新型コロナウイルス感染拡大防止策による臨時休業期間中にはテレビやインターネットによって学習コンテンツを配信する試みが全国的になされ，授業や宿題等へのICTの導入が加速しました。

ICTとともに学ぶ時代に学習者に必要とされる能力はどのようなものでしょうか。自律的に学ぶうえで，ICTはどのような役割をもつのでしょうか。本章では，ICTの活用が私たちの学習にどのように役立つのかについて，自己調整学習の観点から考えていきます。

1. 学習場面に必要とされるICTの活用

スマートフォンやタブレット端末などのテクノロジーが生活に欠かせないものとなっている日本人は多いのではないでしょうか。総務省（2020）の調査では，最近の10年間について，世帯の固定電話の保有率が下降傾向にあるのに対してスマートフォンの保有率が上昇していること，また，世帯のパソコンの保有率が低下している一方でタブレット型端末の保有率が上昇傾向にあることが示されています。家庭での通信環境が著しく変化し，モバイル型の通信機器の台頭による新しい生活様式に突入していることが考えられます。

1人1台のICTが一般的になっている一方で，日本の教育現場でのICTの利用状況には課題があるといわざるを得ません。国際的には，生活のみならず教育場面でもICTが広く普及されており，ICT活用能力はこれからの社会を生き抜くために必要な能力である「21世紀型スキル」や「キー・コンピテンシー」等の一つとしてあげられています（グリフィンら，2014）。OECD（経済協力開発機構）が進めている国際的な学習到達度調査であるPISA（Programme for International Student Assessment）でも各国の教育におけるICT活用状況を調査し始め，2018年の結果は日本の生徒のICT活用状況の問題を浮き彫りにしました。たとえば，日本の生徒の「1週間のうち，教室の授業でデジタル機器を利用する時間」はOECD平均と比較するときわめて短く，国語，数学そして理科の授業ではいずれも最下位となる短さでした（国立教育政策研究所，2019）。また，日本の生徒の学校外でのデジタル機器の利用状況について，一人用ゲームやネット上でのチャットに費やす時間がOECD加盟国中トップであるにもかかわらず，「コンピュータを使って宿題をする」，「学校の勉強のためにインターネット上のサイトを見る」，「Eメールを使って先生と連絡をとり，宿題やその他の課題を提出する」，「校内のウェブサイトを見て，学校からのお知らせを確認する」などの学校外の学習にかかわるデジタル機器の利用頻度はいずれもOECD加盟国中最下位であるという特徴があることが示されました。学校の中だけでなく家庭においても日本の生徒の学習にICTがほとんど活用されていないことが明らかになりました。

学習へのICTの導入がほとんど行われないまま，2020年春に新型コロナウイルス感染防止のための学校の臨時休業の措置がなされました。臨時休業中の児童・生徒の学習を補償するため，文部科学省が「子供の学び応援サイト～臨時休業期間における学習支援コンテンツポータルサイト～」（現在では「子供の学び応援サイト～学習支援コンテンツポータルサイト～」）を開設してさまざまなオンラインのコンテンツを提供しましたが，このコンテンツの利用の可否は各家庭の端末の保持状況とネットワーク環境に依存するかたちとなりました。臨時休業中の学校からの学習指導については，教科書や紙の教材を活用した家庭学習を指示したのが，臨時休業を実施した約2万5000の学校の100％であったのに対し，教育委員会が独自に作成した授業動画を活用した家庭学習が10％，それ以外のデジタル教科書やデジタル教材を活用した家庭学習が29％，そして同時双方向型のオンライン指導を取り入れたのは5%という結果となりました（文部科学省, 2020）。教師と児童・生徒の双方向型の指導が実現できないと，教科書やプリントであってもデジタル教材であっても課題を提示するのみとなり，その遂行方法は学習者に委ねられるかたちとなります。学習者それぞれのつまずきや誤解をそのまま放置してしまうことにもなりかねません。児童・生徒の様子を知るために，ICTを活用した双方向型の学習環境の整備とその方法の習熟が必要であることを痛感した教員も多くいたのではないでしょうか。

本章は，教育場面でのICTの活用をやみくもに推奨するものではありません。しかし，ICT機器が生活必需品となった現代では，教育場面でのみこれらをまったく利用しないことはむしろ不自然なことになりかねません。ここで重要なのは，ICTをただ導入するのではなく，学習者が自律的に学ぶうえでこれらをどのように活用するべきかを考えることです。次節以降，ICTによってどのような学習の展開が可能となるのかを紹介し，これらの活用方法を検討していきます。

2. ICTを活用した学習

教育場面にICTを導入することで，どのような学習が可能になるのでしょうか。ICTの導入は学習者の動機づけや理解だけでなく，学習の自己調整にどのような影響を及ぼすのでしょうか。本節ではICTを活用した学習の展開について紹介していきます。

(1) 多様な学習コンテンツ

ICTの活用によって学習コンテンツの提示方法が劇的に変化します。「ICTを活用した学習」というと，文字と静止画のみの教科書だけでなく，音声や動画などの**マルチメディア教材**を導入した光景を真っ先に思い描く人は多いのではないでしょうか。マルチメディア教材を用いることで，教室にいるだけでは観察できない現象を簡単にわかりやすく視聴することができます。たとえば，リアルタイムで観察することは難しいアサガオの開花やセミの羽化の瞬間，季節ごとの天体の動きなどは，動画を使えばいつでも観察できます。立体図形の

表6－1　マルチメディア教材を効果的に活用するためのルール

ルール	説明
① 画像と言語を組み合わせる	画像だけでなく，言語による説明を追加する 静止画の場合にはキーワードを提示する
② 言語情報は音声によって提示する	視覚で処理するのは画像だけにする 説明は文書よりも音声によって提示する
③ 画像と音声情報の提示タイミングを同一にする	動画で説明するときには，イベントに対応する音声情報を同じタイミングで提示する
④ 余分な情報は提示しない	言語情報を音声と文書の双方で提示すると処理の負荷がかかる

（Mayer & Johnson, 2008をもとに作成）

断面図や脳の画像など，実際には観察が難しい現象も動画や学習ソフトがシミュレーションしてくれます。

文部科学省による「子供の学び応援サイト～学習支援コンテンツポータルサイト～」（https://www.mext.go.jp/a_menu/ikusei/gakusyushien/index_00001.htm）では，小・中学校，特別支援学校，幼児教育などの学校種と教科・単元ごとに動画やワークシートが公開されています。この中でも学年や教科，キーワードによって学習動画を検索できるサイトであるNHK for Schoolでは，視聴の仕方について「見る前に予想を立てる」，「視聴する」，「視聴してから内容をまとめる」，「誰かに話す」など，学習効果を高めるための活用の方法とセットで紹介されており（https://www.nhk.or.jp/school/ouchi/），家庭での自律的な学習を支援しています。多様なコンテンツを学習者の興味関心に沿ってオーダーメイドすることで，個別最適な学びの環境を設定することもできるでしょう。

近年，上記のような教育場面で活用できるマルチメディア教材は広く普及しています。また，パソコンやタブレット端末のアプリを駆使することで教授者が簡便にこのような教材を作成できるようにもなりました。表6－1に視覚情報と聴覚情報をあわせもつマルチメディア教材を効果的に活用するルールを示します。マルチメディア教材も紙の教科書も，画像と言語の組み合わせという構造は同じであり，その活用ルールも基本的には変わりません（Mayer, 2003）。音声や動画によるマルチメディア教材は，文字と静止画のみの教科書よりもわかりやすいと思われがちですが，音声情報の提示の仕方やタイミングによっては，情報が多すぎて学習者にとっての処理不可が高くなり，学習を阻害することも示されています（Moreno & Mayer, 2002; Jamet & Le Bohec, 2007）。学習者が一度に処理できる情報量を考えて学習者中心に教材を設計することが必須となります（Mayer, 2003）。

動画を主としたマルチメディア教材は学習者の興味をひきやすく，文書や静止画のみでは伝わりづらかった説明を手軽に伝えられるメリットがあります。一方で，文字を自力で読むよりも，音声や動画で提示されたほうが一見すると理解しやすく，学習者はわかったつもりに陥ってしまうという欠点もあります。アニメーションよる説明は情報が多く，教授者の意図したものを学習者が注目していない可能性があります。情報が任意の速度で流れていく音声や動画は，学習者の理解のペースに合わないと，「聞いた」,「見た」つもりでも学習効果はあまり期待できないでしょう。動画の中のどこに着目すればよいのかを教授者が明示すること，また，学習者自身に動画をとめたり巻き戻したりすることを促すことなど，マルチメディア教材をただ提供するのではなく，その活用方法もセットで教示することで学習効果は高まります。教科書を読んで理解できたかを確認するのと同様に，マルチメディア教材を視聴しながら自分に対する質問を生成したり，自分の理解状況をモニターしたり，視聴後にそれを視聴する目的を達成できたかを内省したり等，学習者による自己調整がより一層求められます。

マルチメディア教材を活用して授業を設計する場合にも，やみくもに導入するのではなく，その目的を明確にする必要があります。単元の開始時に学習者の興味をひくために使用するのか，文字と静止画だけでは伝わりづらいので動画等で補って理解を促すために使用するのか，修了した単元をさらに深めるための自学で活用するのか等，学習目的に応じてどのタイミングでどのように導入するかをその都度検討することが重要となります。

(2) 学習のログを活かす

ICTを学習に活用するメリットの一つに，学習の記録から個々に応じた適切な学習カリキュラムを提案できることがあります。1970年代後半に出現したCAI（Computer Aided Instruction / Computer Assisted Instruction）は，コンピュータを用いて教材を提示し，学習者の反応に応じて次の教材を決定して提示することを繰り返す教授システムです。このシステムによって学習者の習熟度等の個人差に合わせた効果的なドリル学習が可能となります。

インターネットが発達した現代では，eラーニング（electronic learning）が登場しました。インターネット環境下ではいつでもどこでも，電子化された学習コンテンツを視聴して学習を進めることができます。また，CAIの概念を受け継いでおり，同じコンテンツを視聴している膨大な学習者の回答パターンのログを取得して，AI（人工知能）によって個々の学習者に適切な教授法や教材，さらには学習者の興味関心に沿ったコンテンツの提供が可能となりました。これは，個々の学習者が知識やスキルを効率的に習得するという点では大きなメリットとなります。一方で，ICTによって提供された，それぞれの学習者に“適切な”課題を解き続けるだけでは，学習者が自分自身の学習上のつまずきや弱みを自覚しないままに学習が進むことにもなりかねません。学習者が自分のつまずきを振り返りその解決策を考える機会がなければ，学習を自律的に設計することはできないでしょう。自律的な学習者を育成するという点において，ICTには学習をお膳立てしてリードするのではなく，学習者のつまずきや困難さを明確に提示して，学習の振り返りを促す役割を担うことが求められるのではないでしょうか。

CAIやeラーニングの基本となる学習のログは，上記のような学習の振り返りを促進する可能性をもちます。たとえば松河ら（2007）の開発した「学習ナビ」は，システムに蓄積された大量のログから，学習者に適切な学習方略をフィードバックするシステムです。また，Winneらはg Studyとよばれる学習ソフトウェアを活用した一連の実践研究から，学習者自身の学習の振り返りとソフトウェアが取得した**学習ログ**のズレについて報告しています（Winne & Jamieson-Noel, 2002; Winneら, 2006）。gStudyは，オンライン上でノートテイク，マインドマップ，索引や用語集の作成と，それらを教授者や他の学習者と共有してコメントを送り合う機能をもちます。さらに，学習者がテキストのどこにハイライトしたか，どの程度図表やノートを振り返ったか，どのような検索を行ったかの学習ログを取得できます。gStudyによってある単元を学習した後，学習者に学習内容と学習方略について振り返らせてみると，学習した内容の習熟度については学習者の見積もりと実際の成績に大きな違いはなかったのに対し，学習を進めるにあたってどのように計画したか，作成したノートや図表をどの程度見直したのか等の学習方略の活用については，学習者の見積もりとgStudyによる学習ログとの間に乖離があることがわかりました（Winne & Jamieson-Noel, 2002）。学習のログは，学習者の習熟度を把握するだけでなく，学習者が自分の学習方法を客観的に見つめ直すうえでも有用であることが示唆されます。Zimmerman（2008）は，テクノロジーによる学習のログを活用することが，学習のモニタリングや達成の予測等の自己調整学習方略の使用を促すことを示唆し，ICTを用いた新たな自己調整学習の可能性を主張しています。

(3) 協調学習の支援

ICTの発展によって，時間や空間を超えて他者とともに学ぶことが可能となりました。テクノロジーを活用して学習者が相互にコミュニケーションをとりながら新しい知識やスキルを獲得したり，思考を深めたり，課題解決に取り組んだりする実践はCSCL（Computer Supported Collaborative Learning）とよばれ，1990年代に登場して以降，インターネット環境やデバイスの普及に伴い近年盛んに取り組まれています。

CSCLが登場した初期の代表的なシステムにナレッジフォーラム（Knowledge Forum）があります（Scardamalia & Bereiter, 1996）。このシステムは初等・中等教育の教室での知識構築活動を支援するためにデザインされており，学習者がそれぞれ作成したネットワーク上のノートを他の学習者が参照してコメントをしたり，類似のノート群をまとめたりすることができます。各学習者の思考を可視化し，それを踏まえた議論をとおして，学習者自身の知識を構築していくことができます。その後に登場したWISE（Web-based Inquiry Science Environment）プロジェクトでは，インターネットを駆使した大規模な学習プロジェクトが展開されました。WISEでは理科教育にかかわるさまざまなプロジェクトが用意され，学習者はウェブ上の教材を参照しながら自分の考えをまとめたり，インターネットを活用して教室外の学習者と共同したり，専門家の支援を受けたりすることができます（Slotta, 2002）。

このように学習内容全体を見渡し，他者の学びを参照できる環境をICTが提供することで，自分の現在の知識がどこに位置づけられるかを俯瞰すること

図６−１　教室内の学習者のノートを可視化するデジタルペンシステム

ができます。知識を個々の学習者内で閉じられたものとするのではなく，社会的な相互作用によってダイナミックに構築しようとする試みは，知識の習得のみならず，その活用を重視しアクティブラーニングを推進する現代の学習観に通じるところがあるでしょう。

さらに，他者とのやりとりをとおして自分の思考を振り返る活動は，メタ認知的スキルの習得を促します。髙橋ら（2009）は，教室内の学習者のノートの共有を可能とするデジタルペンシステムを開発し，これを活用した授業が児童・生徒の論理的な意見文の作成能力の伸長にどのような影響を及ぼすのかを検討しました。通信機能が搭載されたデジタルペンによって各学習者が作成したノートは，教授者のパソコンに集約されて提示されます（図6－1）。これを大画面に映し出すことで，教室内の全員がそれぞれの思考を観察することができます。このシステムを活用して，学習者が自分の思考を発表し他者の思考を観察する一連の授業を実施した結果，学習者の作成する意見文の質の向上がみられました。具体的には，意見文中の自分の主張を支持する客観的な根拠の記述数が増え，自分の考えをより説得的に伝える姿勢とスキルが育成されたことが考えられました（髙橋ら, 2009; Takahashi ら, 2009）。

ICTは単なるツールにすぎないので，例にあげたシステムを使わずとも協調学習によって学習者自身の思考を深化させ，メタ認知スキルを育成することはできます。一方で教室外の他者とのやりとりがいつでもできるという，空間や時間を超えての協調学習はICT導入ならではの利点になります。ICTを活用することで，予習や宿題等の家庭学習にも協調的な学習を取り入れることができ，授業外の学習の多様な展開も見込まれるでしょう。

(4) ICTを活用する際に求められる学習者の自己調整

これまで述べてきたようにICTの活用によっていつでもどこにいても，学習者の習熟度や興味関心に合わせた学習が可能になります。一方で，ICTによる学習ならではの自己調整も求められてきます。ここでは，自己調整理論の学習の予見，遂行，そして自己省察段階（Zimmerman & Moylan, 2009）のそれぞれにおいて，ICT活用ならではの自己調整をまとめていきます。

ICTを活用した学習の予見段階では目標設定や計画の自己調整が特に必要となります。**オンライン学習**の環境が整うことで，学習者はいつでもどこでも多様な学習コンテンツから選択して学ぶことができるようになりました。時間と空間の制約がなくなることはすなわち，学習者自身が計画を立てて自律的に学習を進める必要があることを意味しています。どのような目標を設定し，期日までにどのようなスケジュールで学習を進めていくかをより意識し，学習者の年齢や発達段階によっては，計画段階から支援をする必要があります。

遂行段階では，モニタリングや自己指導が特に必要となります。マルチメディア教材による学習は，多彩なアニメーション等に注意を奪われて「わかったつもり」になりがちです。さらに，動画は紙の教科書等に比べて情報量が多いため，学習者への処理の負荷もかかります。動画を視聴して満足してしまい，自分の理解度をモニタリングするという認知活動に容量が割けないこともあります。動画を短く区切って理解度を確認したり，自己説明を行ったり，巻き戻してわからないところを再度確認したり等，「わかったつもり」を乗り越えるように，マルチメディア教材の視聴方法をセットで指導することが求められます。

自己省察段階では学習ログの活用が有用です。学習者は自身の学習方法や効果的な方略使用についての振り返りが難しいため（Winne & Jamieson-Noel, 2002），ICTによる学習ログを活用することでより正確な評価が可能となります。ドリル形式のコンテンツの習熟度や苦手分野の把握だけでなく，たとえば

CSCLにおいてもどこで援助要請を行ったか，他者の意見をどれだけ参照したか等を振り返ることができます。使用した学習方略や学習に向かう態度等，学習行動の記録をICTとともに総合的に振り返ることは，個々に応じた効果的な学習方法を習得する手立てとなるでしょう。

児童・生徒向けの1人1台端末と，高速大容量の通信ネットワークの整備を前提とする「GIGAスクール構想」が実現され，端末を家庭にも持ち帰ることが可能になると，家庭学習の可能性が広がります。教師がいなくてもドリル学習へのフィードバックが可能となったり，予習や復習として動画の視聴を取り入れたりなど，学習効率の向上が見込まれます。さらに，各家庭でのネットワーク環境を整備することで，家庭にいながらのオンライン授業の実施が可能となります。一斉休校中の措置だけでなく，長期の入院によって学校に通えない場合や，不登校状態にある学習者も，在籍学級の授業に参加することができます。

ICTの活用によって学習の展開の可能性が広がる一方で，求められる自己調整の方法も自ずと変わってきます。多様な機能をもつタブレット端末を配布するだけでなく，それを自己調整しながら活用する方法をセットで教授することで，学校教育の場面を超えてさまざまな社会生活場面でICTとともに自律的に学習できる学習者を育成する一助となります。

3. 学び方を自己調整するためのICT

前節では，ICTの活用ならではの学習とそれに伴う自己調整について紹介してきました。このようにICTは学習全般にかかわる動機づけや理解，思考などを向上させる可能性をもちますが，一方で，個別の学習者の困難を解消する手段ともなり得ます。本節では，個々の学習者の学び方の選択肢を広げるICTの活用について紹介していきます。

(1) 学習に困難をかかえる児童・生徒

学習者にはそれぞれ能力に個人差がありますが，もともとの認知特性からどんなに努力しても基本的な読み書き計算が流暢にできるようにならない学習者が存在します。学習障害（Learning Disabilities: LD）とは，全般的な知的能力に遅れがみられないものの，聞く，話す，読む，書く，計算するまたは推論する能力のうち特定のものの習得と使用に著しい困難を示す状態をさします。LDは発達障害の一つとして分類されますが，自閉症スペクトラム障害（Autism Spectrum Disorder: ASD）や注意欠陥多動性障害（Attention Deficit Hyperactivity Disorder: ADHD）といったその他の発達障害をもつ学習者でも，視覚的な過敏性や注意の欠如により，紙に書かれた文字を目でうまく追えなかったり，字形を捉えるのが難しかったり，計算での数字の読み間違いや桁のそろえ間違いをしたりなど，自力での読み書き計算に著しい困難を示すことが少なくありません。通常学級の中には担任教員からみて，知的発達に遅れはないものの学習面または行動面に著しい困難を示す児童生徒が，発達障害の診断の有無にかかわらず6.5%，学習面のみに著しい困難を示す児童生徒が4.5%いることが報告されています（文部科学省, 2012a）。

近年，障害のある子どもが障害のない子どもと等しく学ぶ機会を得ることをめざすインクルーシブ教育システムの構築が推進され（文部科学省, 2012b），多様な教育的ニーズをもつ児童・生徒が通常学級でともに学ぶ環境の整備が求められています。上述したような自力での読み書き計算という基礎的なスキル（ここでは基礎リテラシーとします）の習得に特異的に困難をもつ児童・生徒を通常学級での学習に参加させるためには，個々の教育的ニーズを満たす工夫が必要となります。ICTの活用は読み書き計算のスキルを補助し，特別な教育的ニーズをもつ学習者の通常学級での学習への参加を促す可能性をもっています。

(2) 訓練アプローチと代替アプローチ

読み書き計算の**基礎リテラシー**の習得に困難を示す学習者に対して，ICTの活用以前に，他の学習者と同程度の基礎リテラシーの習得をめざして教育的な治療や訓練を行う「訓練アプローチ」の実施を試みる教授者は多くいます。たしかに，訓練アプローチによって読み書き計算の流暢性は少しずつ向上することはあります。しかし，発達障害等によりもともとの認知特性に偏りのある学習者にとってはその効果はわずかであり，定着しないことも多くあります。訓練に時間を割いている間に，他の学習者は思考，判断，表現等のより高次の学習へと進んでしまうために，学力の差，さらには学習への意欲の差がどんどん広がっていきます。訓練アプローチは，学習者の特性に適したものであれば基礎リテラシー習得の初期段階にある児童に有効であることもありますが，どんなに訓練してもその効果がわずかである場合には，学習者の学習意欲や自己効力感の低下を招くことにもなりかねません。

学習者の基礎リテラシーを訓練によって習得させるのではなく，その機能をICTによって補おうとするアプローチは「**代替アプローチ**」の考え方となります。教科書を自力で読む代わりにその音声を聞く，文字を自力で書く代わりにタイピングや音声入力を使う，自力で計算をする代わりに電卓や計算ソフトを活用すること等，基礎リテラシーはICTの活用によって容易に代替することができます。学習への特異的な困難をもつ児童生徒の学習をICTによって支援することは，欧米では「合理的配慮（reasonable accommodation）」の一手段として一般化されています（中邑, 2007）。合理的配慮とは，国連の定める「障害者の権利に関する条約」において「障害者が他の者と平等にすべての人権及び基本的自由を享有し，又は行使することを確保するための必要かつ適当な変更及び調整であって，特定の場合において必要とされるものであり，かつ，均衡を失した又は過度の負担を課さないもの」（文部科学省「障害者の権利に関する条約（抄）」より）と定義されています。どんな学習者であっても学ぶ権利を等しく享有するために，適当な変更や調整をすることを促すものとなります。日本においても2016年4月より「障害を理由とする差別の解消の推進に関する法律」（通称，障害者差別解消法）が施行され，公立学校を含む行政機関における合理的配慮の提供義務が課されています。また，合理的配慮の適用対象に「発達障害を含む」ことも明記されています（橋本, 2016）。

読み書き等の困難さを理由に合理的配慮の提供を求めると，「では音読（もしくは漢字の書き取り）の宿題をなくしましょう」といった対応がなされる場合があります。しかし，合理的配慮の提供とは，このように学習の機会を減じたり，個に応じて学習カリキュラム自体の変更を行ったりすることをさすわけではありません。自力での読みが困難であれば読み上げ音声を聞くことで課題の情報にアクセスする等，その学習カリキュラムにアクセスする方法を変更・

調整して教育参加の制限を最小化する努力をすることをさします（平林, 2017）。ICTによって学習者の基礎リテラシーを代替するアプローチは学習場面における合理的配慮の提供と親和的であり，これによって通常学級のカリキュラムへの参加が可能になる学習者が少なからず存在します。

インクルーシブ教育システムの推進が進み，障害の診断の有無にかかわらず特異的な学習ニーズをもつ児童・生徒が多数在籍するであろう今後の通常学級では，合理的配慮の提供の枠を超えて，読み書き計算を自力で行うか，ICTを活用するかを，誰もが選択できることが理想です。髙橋らは一連の研究によって，基礎リテラシーの代替アプローチが有効である児童が通常学級内に10％程度いることを明らかにしています（Takahashiら, 2020; 髙橋・平林, 2019; 平林・髙橋, 2019）。髙橋らは公立小学校の通常学級に在籍する児童を対象に，読み・書き・計算の課題を自力で行う場合と，補助をつけて行う場合との成績を比較しました。読みの課題では，説明的な文章を自力で読む場合と，他者の読み上げ音声が提示されながら読む場合の内容理解の成績が比較されました。書きの課題では，学年相当の漢字の書き取り課題と，選択式回答をする課題の正答率が比較されました。計算の課題では，制限時間1分の簡単な四則演算課題を自力で行う場合と，計算機を使って行う場合の比較がされました（Takahashiら, 2020）。図6－2～6－4に示したとおり，特に読みと計算の平均正答率は自力課題のほうが補助ありのものを上回る結果となりました。これらの結果はすべての児童にとって，ICTの活用による代替アプローチが有利に働くわけではないことを示しています。ただし，注目すべきことに，同学年集団内での成績の順位が補助の有無で大きく変動する学習者が一定数存在しました。自力課題と比べて補助あり課題の学年内偏差値が10以上上昇した児童は，読みでは13.3％，書きでは6.3％，計算では8.3％いました。これらの児童は基礎リテラシー習得に困難をもっており，ICT活用等の代替アプローチによって高次の学習への参加が促進されることが考えられます。

ICTの活用による基礎リテラシーの代替アプローチがすべての学習者の学習を促進するわけではありません。重要なことは，ICTによる機能の代替という手段を許容し，それぞれの学習者が自分の学び方を自律的に選択してより高次の学習にアクセスできる環境を設定することです。ICTの活用それ自体が学習

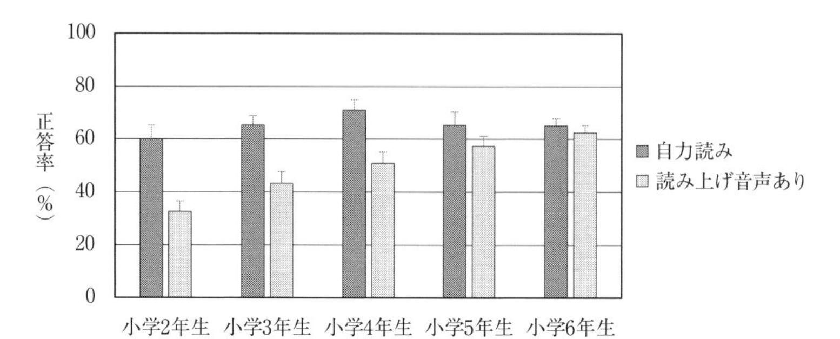

図６－２　自力で読む課題と，読み上げ音声ありの課題の成績の比較
（Takahashi ら, 2020 をもとに作成）

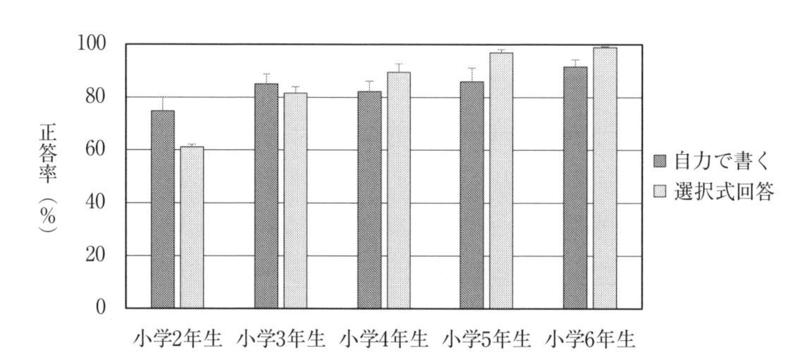

図６－３　漢字を自力で書く課題と，選択式回答する課題の成績の比較
（Takahashi ら, 2020 をもとに作成）

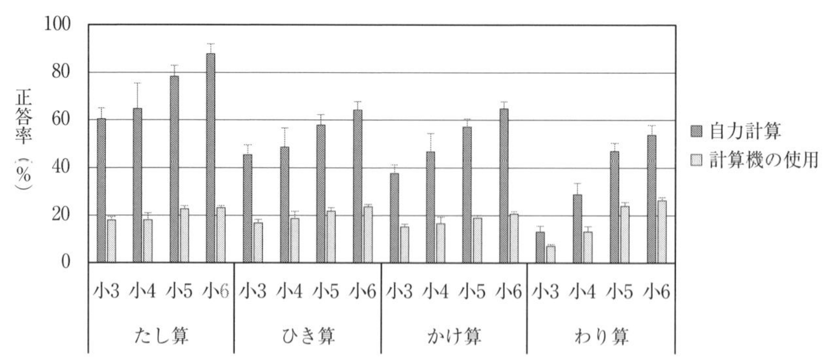

図６－４　計算を自力で行った課題と，計算機を使用して行った課題の成績の比較
（Takahashi ら, 2020 をもとに作成）

を促進するのではなく，個々の学習者の学びを自己調整するための選択肢を広げてくれるのです。

(3) 読むことを自己調整する

ICTの活用によって，学習者が自分の学び方を自己選択する可能性を示した実践もあります。髙橋ら（2011, 2012）は，読みを支援する電子書籍端末ソフトTouch & Readを開発し，通常学級に導入して児童の活用方法と学習効果を検討しました。Touch & Readを使用すると，タブレット端末の画面上に指でタッチされた文節がハイライトされ，その文節の読み上げ音声が提示されます。ピンチアウトの機能によって文字を簡単に拡大することができます。日本語の読み困難の原因は，文字に注意を向けて認識する視知覚の処理に困難があるもの，文字を音韻に変換する過程に困難をもつものの2種類に大別されますが（中邑, 2007），前者は画面の拡大と文節のハイライトによって，後者は読み上げ機能によって対応することができます。

髙橋ら（2011, 2012）は，Touch &Readを搭載したタブレット端末をある公立小学校の通常学級の全員に配布して国語の授業を受けてもらい，児童の使い方を観察しました。タブレット端末にはTouch & Read以外に教科学習にかかわるアプリケーションは搭載されていなかったため，拡大や文字の読み上げができる以外は紙の教科書と大きな違いはありません。最初は目新しさからタブレット端末で授業を受けていましたが，授業が進むうちに教室内の約3分の2の児童が紙の教科書の使用に切り替えていきました（髙橋ら, 2012）。児童にインタビューしたところ，タブレット端末上だと目的のページを探しづらいこと，また，書き込みができないこと等により紙の教科書のほうが使いやすかったという意見が得られました。

一方で，Touch & Readを使い続けた児童もクラスに10名程度（約3分の1）いました。彼らの多くは，事前に実施した読解にかかわる認知機能の簡便な検査の成績が低く，読みに困り感をもっていました。事前の検査では，読み困難の原因となる視知覚と音韻処理の認知機能を評価するものでしたが，視知覚に困難があると評価された児童はTouch & Readの拡大とハイライトの機能を多用し，音韻処理に困難があると評価された児童は読み上げの機能を活用してい

図6－5　電子教科書と紙の教科書を使用する児童が混在する教室

たことが観察と学習のログから明らかとなりました（髙橋ら, 2011）。ICTを活用しながら，文章の理解に到達するまでの手段を学習者それぞれが自己調整していることが考えられます。

ここで重要なのは，紙の教科書を使用するか，Touch & Readを搭載したタブレット端末（電子教科書）を使用するか，また，電子教科書をどのように使用するかを学習者が選択できる環境を設定したことです。教科書が紙であるかデジタルであるかは学習の本質ではなくただの手段です。国語の授業の大きな目的である文章理解という本質に到達するためには，まず書かれている文字の情報にアクセスすることが必要となります。この情報へのアクセスの手段を学習者がそれぞれ自己選択することが，学び方を自己調整する一歩になり得ます。学習者それぞれが学びやすい方法を選択できるような，たとえば電子教科書と紙の教科書を使用する児童が混在できる図6－5のような環境を設定することが，学び方を自己調整できる学習者の育成につながるのではないでしょうか。

4．ICTを活用して自律的に学ぶ

本章では，教育場面にICTを導入することによって可能になる学習と，それに伴う自己調整について説明してきました。第2節では，マルチメディア教材やオンライン学習など，ICTならではの学習方法を紹介し，それによって特に必要とされる学習の計画や学習中のセルフモニタリング等の自己調整について検討しました。第3節では，代替アプローチの観点から学び方の選択肢を広げるICTの可能性にふれました。これはICTの活用によって可能になる新しいタイプの自己調整学習になります。

「ICTを教育に導入する」というと，これまではテレビモニターや電子黒板等，教授者が使うICTをイメージすることが多かったのではないでしょうか。これらももちろん学習者の理解を大きく助けるツールとなりますが，自己調整学習の観点から考えると，ICTの利用主体は教授者ではなく学習者となります。これまでに述べてきたように学習者が使うICTにはさまざまな機能が搭載されており，そのこと自体が学習の促進につながります。しかし，それよりも重要なことは学習の選択肢が増え，学習者がそれを選ぶことができるようになることではないでしょうか。教室内全員に同じタブレット端末を配布しても，学習者の興味や特性によってその利用方法を選択できることができます。学習者それぞれに**個別最適な学習**を提供できるという側面は，教授の効果は学習者の適性によって異なるという**適性処遇交互作用**（Aptitude Treatment Interaction: ATI）の概念にもつながります。

タブレット端末等の学習者用のICTの導入によって学習の選択肢が増え，学習者がそれぞれに学びやすい方法を選択できるという利点が生まれる一方で，新たな課題も浮かび上がってきます。第2節でもふれたように，インターネットを活用すれば多様なマルチメディア教材に簡単にアクセスして学習を進めることができますが，学習者は多様な選択肢の中から，いつ，何を，どのように学習するのかを一つずつ選択する必要に迫られます。学習の自由度が高くなることで，時間管理や学習内容の決定，学習者自身の興味関心や特性の把握等，これまで以上に学習をより自律的に調整する余地が生まれます。ICTの活用は学校教育場面に限ったものではなく，現代社会では常に必要とされます。自己の特性を把握して自分の長所を伸ばし，短所を補うICTの活用方法を学校教育場面で身につけさせることは，生涯にわたって自律的に生活できる市民を育てることにつながります。

自律的に学び続ける学習者を育てることはいつの時代でも教育の大きな目的の一つとなります。一方で，その目的に到達するまでの手段は，技術の発展と社会生活で求められるスキルの変化に伴って柔軟に調整する必要があります。ICTは学びを自己調整するための手段として大いに活用できることでしょう。

キーワード

マルチメディア教材，オンライン学習，学習ログ，個別最適な学習，適性処遇交互作用，代替アプローチ，基礎リテラシー

本章のポイント

- マルチメディア教材による学習は，学習者の興味・関心をひき，文書や静止画だけでは伝わりづらかった情報を伝えることができる。一方で学習者は多彩なアニメーション等の視聴で「わかったつもり」になりがちになるため，モニタリングや内省等の自己調整がより一層求められる。
- ICTによる学習コンテンツの多様化によって，いつ，どこで，どのように学習を遂行するかを学習者自身が決定する必要に迫られる。オンライン学習を実施する場合には，学習計画を立てる支援も視野に入れる必要がある。
- 学習ログの活用によって，各学習者それぞれの個別最適な学びが提案される。自己調整方略の活用の程度も学習ログからより正確な見積もりが可能である。
- 学習に特異的な困難をもつ児童生徒はICTを活用することで，学習の基礎リテラシーを代替したり補ったりすることができる。それによって，思考・判断・表現等のより高次の学習への参加の機会が与えられる。

ブックガイド

- **『学習環境のイノベーション』山内祐平（東京大学出版会，2020）.**
  ――テクノロジーを活用したさまざまな学習の展開について紹介している。
- **『学校でのICT利用による読み書き支援：合理的配慮のための具体的な実践』近藤武夫（編著）（金子書房，2016）.**
  ――合理的配慮や代替アプローチを理論的に説明し，ICTの利用による学習支援について実践事例をとおして紹介している。

- 『デジタル社会の学びのかたちVer.2：教育とテクノロジの新たな関係』コリンズ，A.・ハルバーソン，R.（著），稲垣　忠（編訳）（北大路書房，2020）．
  ――ICTの導入によって何ができて教育はどう変わるのかをアメリカの取り組みをとおして紹介し，日本の教育におけるICT導入の課題を議論している。

引用文献

グリフィン，P.・マクゴー，B.・ケア，E.（編著），三宅なほみ（監訳）（2014）．21世紀型スキル：学びと評価の新たなかたち　北大路書房．

橋本創一（2016）．教育心理学に基づく特別支援教育の研究動向2015：実践と研究におけるエフォートとアジェンダ　教育心理学年報，55，116-132.

平林ルミ（2017）．特別支援教育における合理的配慮の動向と課題：学習障害のある子どもにおけるICT活用の現状に焦点をあてて　教育心理学年報，56，113-121.

平林ルミ・髙橋麻衣子（2019）．児童の基礎リテラシーの習得度合いと代替手段の可能性（2）：「計算」の代替について　日本教育心理学会第61回総会発表論文集，p. 290.

Jamet, E., & Le Bohec, O. (2007). The effect of redundant text in multimedia instruction. *Contemporary Educational Psychology*, 32, 588-598.

国立教育政策研究所（2019）．OECD生徒の学習到達度調査（PISA2018），2018年調査補足資料（生徒の学校・学校外におけるICT利用）．https://www.nier.go.jp/kokusai/pisa/pdf/2018/06_supple.pdf（2021年5月24日閲覧）

松河秀哉・北村　智・永盛祐介・久松慎一・山内祐平・中野真依・金森保智・宮下直子（2007）．データマイニングを活用した学習方略フィードバックシステムの開発　日本教育工学会論文誌，31，307-316.

Mayer, R. E. (2003). The promise of multimedia learning: using the same instructional design methods across different media. *Learning and Instruction*, 13, 125-139.

Mayer, R. E., & Johnson, C. I. (2008). Revising the redundancy principle in multimedia learning. *Journal of Educational Psychology*, 100, 380-386.

文部科学省（2012a）．通常の学級に在籍する発達障害の可能性のある特別な教育的支援を必要とする児童生徒に関する調査．https://www.mext.go.jp/a_menu/shotou/tokubetu/material/__icsFiles/afieldfile/2012/12/10/1328729_01.pdf（2021年5月24日閲覧）

文部科学省（2012b）．共生社会の形成に向けたインクルーシブ教育システム構築のための

特別支援教育の推進（報告）．https://www.mext.go.jp/b_menu/shingi/chukyo/chukyo3/044/houkoku/1321667.htm（2021年5月24日閲覧）

文部科学省（2020）．新型コロナウイルス感染症対策のための学校の臨時休業に関連した公立学校における学習指導等の取組状況について．https://www.mext.go.jp/content/20200421-mxt_kouhou01-000006590_1.pdf（2021年5月24日閲覧）

Moreno, R., & Mayer, R. E. (2002). Verbal redundancy in multimedia learning: When reading helps listening. *Journal of Educational Psychology*, 94, 156-163.

中邑賢龍（2007）．発達障害の子どもの「ユニークさ」を伸ばすテクノロジー　中央法規出版．

Scardamalia, M., & Bereiter, C. (1996). Computer support for knowledge-building communities. In T. Koschmann (Ed.), *Computers, cognition, and work. CSCL: Theory and practice of an emerging paradigm* (pp. 249-268). Lawrence Erlbaum Associates.

Slotta, J. D. (2002). Partnerships in the Web-based Inquiry Science Environment (WISE). 認知科学, 9, 351-361.

総務省（2020）．基本データと政策動向　令和2年版情報通信白書．https://www.soumu.go.jp/johotsusintokei/whitepaper/ja/r02/html/nd252110.html（2021年5月24日閲覧）

Takahashi, M., Inuzuka, M., Kawaguchi, H., Maki, A., & Nakamura, K. (2009). The effects of evaluating others' ideas on crafting persuasive essays with the information sharing system using "digital pen". In proceedings of the 13th Biennial Conference of the European Association for Research on Learning and Instruction.

髙橋麻衣子・巖淵　守・河野俊寛・中邑賢龍（2011）．児童の読み困難を支援する電子書籍端末ソフトTouch & Readの開発と導入方法の検討　認知科学，18，521-533.

髙橋麻衣子・巖淵　守・中邑賢龍（2012）．タブレットPCをベースにしたデジタル教科書による小学生の読解学習支援：読みパターンのログの分析から　電子情報通信学会技術研究報告，112，223-227.

髙橋麻衣子・平林ルミ（2019）．児童の基礎リテラシーの習得度合いと代替手段の可能性（1）：「読み」の代替について　日本教育心理学会第61回総会発表論文集，p. 289.

Takahashi, M., Hirabayashi, R., & Nakamura, K. (2020). How can we assess children' basic academic skills? The possibility of "corrected academic skills" via an alternative approach. In proceedings of the 42nd Annual Meeting of the Cognitive Science Society.

髙橋麻衣子・川口英夫・牧　敦・嶺　竜治・平林ルミ・中邑賢龍（2009）．児童の論理的な読み書き能力を育む思考の相互観察活動：デジタルペン黒板システムを使用した授業実践から　認知科学，16，296-312.

Winne, P. H., & Jamieson-Noel, D. (2002). Exploring students' calibration of self reports about study tactics and achievement. *Contemporary Educational Psychology*, 27, 551-572.

Winne, P. H., Nesbit, J. C., Kumar, V., Hadwin, A. F., Lajoie, S. P., Azevedo, R., & Perry, N. E. (2006). Supporting self-regulated learning with gStudy software: The Learning Kit Project. *Technology Instruction Cognition and Learning*, 3, 105-113.

Zimmerman, B. J. (2008). Investigating self-regulation and motivation: Historical background, methodological developments, and future prospects. *American Educational Research Journal*, 45, 166-183.

Zimmerman, B. J., & Moylan, A. R. (2009). Self-regulation: Where metacognition and motivation intersect. In D. J. Hacker, J. Dunlosky, & A. C. Graesser (Eds.), *The educational psychology series. Handbook of metacognition in education* (pp. 299-315). Routledge/Taylor & Francis Group.

第Ⅱ部

大学生・成人の自己調整学習の支援

第7章 大学生に必要な自己調整学習スキルの育成

伊藤崇達（九州大学）

1. 自己調整学習と大学教育

(1) 自己調整学習スキルとは

本章では，大学生に必要な自ら学ぶスキルについて，育成の視点から述べていきたいと思います。心理学では，効果的な学習の進め方や工夫のことを**学習スキル**（learning skill）や学習方略（learning strategy）という用語で，これまでにたくさんの研究が行われてきました（辰野, 1997; 市川, 2004）。一般的に，学習スキルというと，ノートの取り方のように外に現れる行動面が強調されることが多いように思われます。一方で，学習方略の用語を用いる場合は，思考の進め方や記憶の仕方のように，内面での処理のプロセスに着目することが多いようです。しかしながら，これらはあまり区別をすることなく使われる表現でもあり，スキルと表現すると，指導や支援によって習得ができるというニュアンスが出ますので，本章では，学習スキルと表現していくことにします。

大学教育での学習場面を主に想定していますが，身につけるべきスキルは，高等専門学校の学生や同世代ですでに社会に出ている人たちにも通じるテーマとして，説明していきたいと思います。主体的に学びを進めるスキルである「自己調整学習スキル」に焦点を当てていきますが，それは生涯学習社会に生きる私たちにとって必須のスキルではないかと考えます。OECD（経済協力開発機構）は，Education 2030プロジェクトを通じて，未来の学習者に求められるキー・コンピテンシー（資質・能力）について検討を進め，2018年に中間報告を公表しています（Organisation for Economic Co-operation and Development, 2018）。この報告の中でも，学びを自ら調整する力やそうしたスキルを身につける必要性についてふれられています。

(2) 大学での学びに求められるもの

大学教育は，それまでの学校教育とどのように異なるでしょうか。それぞれの大学の学風や，学部，専攻による違いはもちろんありますが，いろいろな場面で，学習者に自己調整が求められるのではないでしょうか。大学教育では，講義，演習，実験，実習，ゼミナール，フィールドワーク，インターンシップなど，多彩なスタイルを通じて学びを進める力が求められます。卒業までに取得する単位を見通して，必修科目や選択科目などを考慮し，カリキュラムを自らデザインしなければなりません。

自己調整学習は多くの次元からなる複合的な現象です（Schunk & Usher, 2013）。どのような次元で学習者自身が自己選択や調整を行っているかが重要です。自己調整の次元としては，「動機」，「方法」，「時間」，「物理的環境」，「社会的環境」などがあげられています（Schunk & Usher, 2013）。これらの次元をもとに，大学と高校での学びの特徴の主な違いについて，表7－1にまとめてみました。大学教育になると，学びには広がりと自由度の大きさがみられるようになり，ほとんどの次元で，自己調整が必要になることがわかります。

表7－1　自己調整の次元からみた大学と高校での学びの特徴の主な違い

自己調整の次元	大学での学びの主な特徴	高校での学びの主な特徴
動機	卒業後の進路が動機を大きく規定する。興味・関心に従って科目を履修できる自由度もある。一方で，キャリアを踏まえた動機もさまざまである	大学入試が動機を大きく規定する。そのうえでの将来のキャリア・イメージに基づく動機が多様にある。必修科目がほとんどを占める
方法	講義，演習，実験，実習，ゼミナール，フィールドワーク，インターンシップなど，多彩な学びのスタイルからなる。自己選択の余地も大きくなる	学校による違いもあるが，主として教科書を使った講義スタイルが中心になっている。近年は，アクティブ・ラーニングの導入が進みつつある
時間	時間割から自ら組む必要があり，卒業までのカリキュラムをデザインすることが求められる。学業のほかに正課外の活動も多く，時間管理が必要になる	時間割をはじめとしたカリキュラムは学校によってほぼ定められている。学業が生活の中心であり，規則正しく進む
物理的環境	キャンパスの中のさまざまな学びの空間，環境，設備に身を置いて学ぶ。キャンパスの外のフィールドで学ぶ機会もある	所属するクラスがあり，決められた教室で過ごすことが大半になる。座席も決められてあり，そこで学ぶ
社会的環境	科目ごとに構成メンバーは多様に異なり，緩やかな対人ネットワークの中に置かれる。学びのパートナーには広がりがあり，自由度も大きい	所属するクラスないしクラブ活動での人間関係が中心になり，流動性はあまり大きくない

多くの次元で自己調整を要する大学での学びは，自己調整学習スキルを向上させる最適の場であり，また好機でもあるといえます。実社会に出れば，さらに学びの自由度は大きなものとなります。アクティブ・ラーニングが深く浸透しつつある大学教育において，自らの学びを調整するだけでなく，他者の学びをいかに調整するかといった側面も重要になります。自己調整学習における調整（regulation）の概念は拡張しつつあり（Hadwin ら, 2018; Schoor ら, 2015 など），理論の進展は教育現場の要請とも連動してきています。本章では，この発展しつつある自己調整学習の理論について，みていくことにします。

(3) 自己調整学習と社会的な調整

ここでは，まず，自己調整学習にまつわる3つの重要な調整の概念について，確認しておくこととします。

自己調整　自己調整学習（self-regulated learning: SRL）とは，メタ認知，動機づけ，行動の面で，自らの学習過程に能動的に関与しつつ進められる学習のことです（Zimmerman, 1986）。また，学びの先を見通す「予見」のフェーズ，学びを深め進めていく「遂行／意思コントロール」のフェーズ，学びの振り返りを行う「自己省察」のフェーズを，学習者が主体となって，循環的かつ螺旋的に展開していくことです（Zimmerman & Schunk, 2001, 2011）。

共調整　共調整（co-regulation）とは，主に二者関係の調整プロセスをさします。そして，調整の担い手が，自己にあるのか，他者ないし集団にあるのか，そのダイナミックな移行のプロセスに焦点を当てた概念です（Hadwin ら, 2011, 2018）。人とのかかわり合いを通じて，調整をお互いに肩代わりしたり，できなかったりといった，その変化の様相を表しています。

社会的に共有された調整　社会的に共有された調整（socially shared regulation）とは，メンバーとのやりとりをとおして，メタ認知的なモニタリングやコントロールなどの調整機能が集団全体として共有されている状態を表します。チームとして，同じ目標に向かって動機づけられており，また，メンバーの中で学習スキルが共有されており，一体となって実践がなされているような状態のことです。社会的に共有された調整は，協働による主体的な学び合いについて心理学の見地から説明を試みる有力な理論です。本章の第4節においてさらに詳しく取り上げたいと思います。

2. 大学教育において自己調整学習を促す：コース全体を通じた実践

(1) コースの開始において自己調整を促す

海外でも日本でも，大学の教育改革が進んでいます。自己調整学習に関する研究もこうした動向に寄与しようとしています。大学の授業は，通常，15回からなるコースで設定されています。Nilson（2013）は，自己調整学習の理論と実証に基づき，コースの全体を通じて，主体的に学ぶ学生を育てる実践論を提案しています。このような包括的な指導のモデルは，ほかではみられないものであり，ここにそのエッセンスを紹介したいと思います。

表7－2にコースの開始にあたって自己調整学習を促す実践の具体例を示しています。「コースの目標についての論述」,「コースでA評価を獲得する方法についてのブレーンストーミング」は，自己調整学習の予見のフェーズで行われる目標設定とプランニングを促す手立てです。「自己調整学習スキルの自己評価」では，たとえば，次のようなスキルが取り上げられています。本当に学ぶ必要のあることは何かを考える「プランニング」スキル，問題に対して想定できる解答をいくつか考えておく「モニタリング」スキル，学んだことを要約してまとめてみる「評価」スキル，理解しやすいように絵や図式を描く「情報管理」スキル，うまく学べないときに別の方法を用いる「修正」スキルなどです。

表7－2　コースの開始にあたって自己調整学習を促す実践の具体例

コースの開始	自己調整学習を促す課題や活動
コースの目標についての論述	なぜこの授業科目をとっているのか，自分の目標は何かについて論述を求める
コースでA評価を獲得する方法についてのブレーンストーミング	たとえば，学生がグループになり，A評価を得るための効果的な方法についてブレーンストーミングを行う。これは，目標とともに効果的な手段を計画する活動である
自己調整学習スキルの自己評価	メタ認知的活動質問紙やメタ認知的気づき質問紙を実施する。人はいかに学ぶかに関する質問を行う。どのくらい自己調整ができるようになったかを記録できる準備をする
知識に関する調査票	授業で扱う課題や問いに対して，どのくらい対応できる自信があるかを事前に調査しておく。ここには，授業科目の全体にわたって，とりわけ重要な内容やスキルが含まれる

「知識に関する調査票」では，たとえば，授業全体で扱う200項目に及ぶ知識のリストを提示し，自信の程度の評定を求めます。これは，その場で解答を求めるものではなく，コースの全体で学ぶことの見通しをもたせることを目的としたものです。コースの終了時点でも，再び調査を行い，知識を深め，成長したことの実感を支えます。これは，自己調整学習と連携した事前の評価（本章の第3節のCA:SRLモデルを参照）の資料ともなります。

(2) コースの進行とともに自己調整を促す

次に，コースの進行中において自己調整学習を促す実践の具体例の一部を表7－3に示します。

「内省的作文」とは，振り返りを通じて，読解や視聴することの自己調整を促す論述課題です。学生がメタ認知による遂行／意思コントロールを確実に働かせるよう，導くことを意図しています。「活性化された知識の共有」は授業

表7－3　コースの進行中において自己調整学習を促す実践の具体例

コースの進行中	自己調整学習を促す課題や活動
内省的作文	読み物やビデオ，音声教材をどのようにメタ認知的に処理し，反応しているのかについて自らに気づかせる。これらの経験の前，最中，後に自己観察と振り返りを求め，自己調整を促す
活性化された知識の共有	授業のはじめにペアで，知っていることと知らないことに気づかせる。授業で何を聞くべきかについて意識を高める
ペアレビュー	授業のまとめの活動として，ペアで行うもの。お互いに授業の内容を思い出し，誤りなどを修正する
ミニッツ・ペーパー	メタ認知的スキルの育成を目的とし，手短に書くことを求める課題のこと。体験の意味や個人的意義について振り返らせる
真正で曖昧なメタ課題	多様な解決方法があり得る現実の複雑な課題に取り組む。課題解決のみならず，解決プロセスそのものをメタレベルで記述する。質の高い自己調整学習を求めるものである
学生によるテスト問題の作成	個人ないし小グループで，多肢選択式などの客観式の小テストや試験問題を作成する活動である
試験中の自信の評定	それぞれの問題に対して自信の程度を評定し，自己効力感を支え，自己省察を促す。メタ認知的判断の正確さを評価の資料とすることもできる
小テストの後の添削と振り返り	小テストの課題をやり直すだけでなく，どこを間違ったのか，どのような準備をしたのか，次回に向けてどうしたらよいかについて考える
テストの分析	採点後に試験問題の詳細な振り返りと分析を行う。理解不足，誤解，不注意，未完了など，誤答の原因を分析していく

の冒頭で行われ，「ペアレビュー」，「ミニッツ・ペーパー」は授業のまとめとして行われる実践で，自己調整学習のサイクルを円滑に駆動します。「真正で曖昧なメタ課題」は，解が一つとは限らない複雑な課題です。実社会の現場においてなされている問題解決プロセスに迫る課題であり，メタレベルでの意識を高めます。「学生によるテスト問題の作成」，「試験中の自信の評定」，「小テストの後の添削と振り返り」，「テストの分析」は，いずれもテストにまつわる活動です。大学教育で，テストは，教師主導でなされることがほとんどではないでしょうか。これらの活動は，可能な限り学生にも主導権をもたせる試みであり，まさに自己調整学習者を育てることを意図した実践になります。

(3) コースの終了において自己調整を促す

コースの終了にあたって自己調整学習を促す実践の具体例としては，表7－4のようなものが提示されています。

Nilson（2013）は，コースの開始や途中のみならず，コースの終了時も，自己調整学習スキルを育成する重要な機会であると捉えています。たとえば，「『私はこの授業科目でどのようにしてA評価を獲得したのか』のレポート」は，かなりユニークな実践だと思います。通常のレポートとは異なり，自らの

表7－4　コースの終了にあたって自己調整学習を促す実践の具体例

コースの終了	自己調整学習を促す課題や活動
「私はこの授業科目でどのようにしてA評価を獲得したのか」のレポート	コースの開始においても実施していることが望ましいが，自分の学習スキルの優れた点を評価し，自己効力感を得て，これまでの学習プロセスの全体について振り返りを行う
自己調整学習スキルの自己評価	メタ認知的活動質問紙やメタ認知的気づき質問紙を実施する。人はいかに学ぶかに関する質問を行う。どのくらい自己調整ができるようになったかを確認する
知識に関する調査票	授業で扱う課題や問いに対して，どのくらい対応できる自信を高めたかを事後に調査する。授業科目の全体にわたって，とりわけ重要な内容やスキルがここには含まれる
「将来の活用法」をまとめるレポート	コースで学んだ概念やスキルのうち最も重要なものを3つ取り上げて確認する。なぜ重要と考えたのか，今後どのように活用しようと考えているのかについてレポートにまとめる
これから受講する人たちに向けての手紙	コースで成功するための方法や悩みに陥りやすい点を，のちにコースを受講する学生に向けてアドバイスする。次にコースを受講する学生に手紙を読ませて，自己調整学習の好循環の確立を図る

学びのプロセスについて，相当に深い内省を促す内容になるものと思われます。ほかにも，「『将来の活用法』をまとめるレポート」や「これから受講する人たちに向けての手紙」も，主体的に学び続ける姿勢を促す実践であり，自己調整学習のサイクルをさらに進展させる試みです。大学教育において，ここまで徹底して，コースの全体を通じて学生の自己調整を促す課題や活動が取り入れられることはあまりないように思われます。Nilson（2013）は，成績評価のあり方についても詳細な提案をしており，自己調整学習の成立の鍵を握ることを明らかにしています。次節では，この評価にまつわる問題について考えていくことにします。

3．評価を通じて自己調整学習を育成する：CA:SRLモデルをもとに

（1）自己調整学習と教室の評価

自己調整学習研究では，自己評価がもたらす影響については盛んに実証がなされてきましたが，教員が担う評価のプロセス全体との関係について，体系的かつ実証的な検討はこれまで十分とはいえなかったかもしれません。そうした課題を踏まえて，ChenとBonner（2019）は，図7－1のような「CA:SRL」という新たな理論的な枠組みを提案しています。ここでは，この**CA:SRL（教室の評価：自己調整学習）モデル**に従って，自己調整学習と評価の関係のあり方について捉えて直していきたいと思います。

「教室の評価（classroom assessment）」の目的は，教員と学生が，学習と指導に関する情報を得ることです。教室の評価は，頭文字をとって「CA」とよばれます。教員は，学習の成果について，個人と集団に関する情報を，フォーマルかつインフォーマルなかたちで収集します。フォーマルな評価の典型的な例は，定期試験を実施して成績をつけることです。一方，インフォーマルな評価の例としては，普段の授業の中で，教員が学生に対して質問をし，やりとりを通じて学習内容の理解度を確認していくような活動があげられます。

教員はCAから得られた情報をもとに，指導内容や指導方法を修正していきます。そして，学生をはじめとし，保護者や社会に向けて，教育の成果を伝えていくことになります。学生にとっては，自らの知識や理解を深めたり，学習

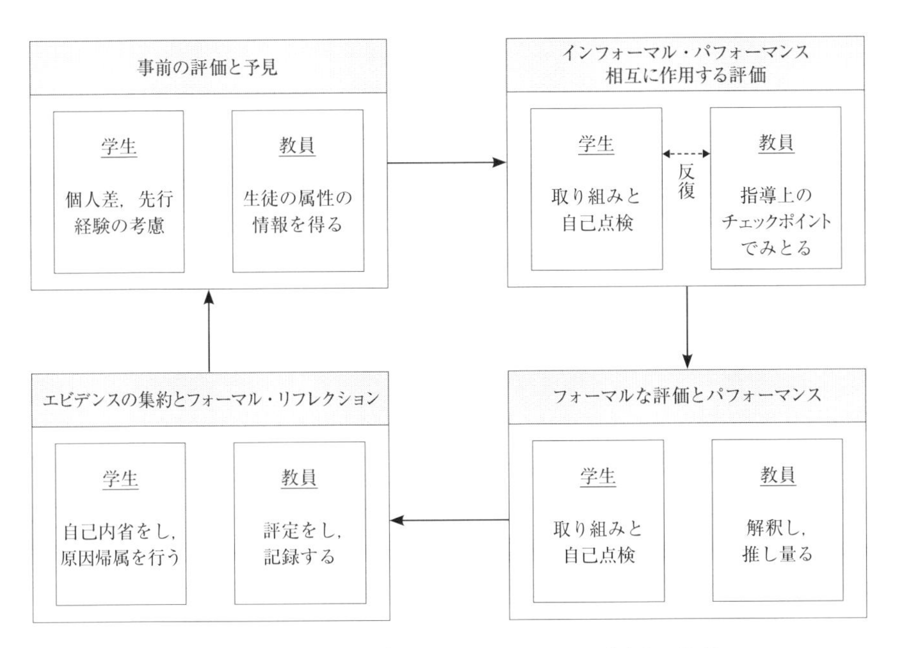

図7－1　CA:SRLモデル (Chen & Bonner, 2019をもとに作成)

スキルを改善したりするにあたって，CAが重要な手がかりとなります。

これまでSRL（自己調整学習）とCAの理論と実践が接点をもつことはほとんどなかったのではないかと，ChenとBonner（2019）は指摘しています。数少ない例外として，A*f*Lとよばれる「学習のための評価（assessment for learning)」があります。A*f*Lは，管理や記録のための評価ではなく，学生の学びを支えることを第一義とした評価のことです。学生が主体的に学ぶことを直接的に支えることが可能となる評価ではありますが，これはCAのプロセスの一側面にすぎない点に注意が必要です。CA:SRLモデルは，A*f*Lも含め，評価のプロセスの全体に，自己調整学習のサイクルを位置づけようとする試みになります。

Lawsonら（2018）は，自己調整学習が教室においてほとんど教えられていないのではないかと指摘しています。自己調整学習が明示的に指導されていなければ，学生たちは，自己流のスタイルで，学習スキルを身につけていくことになります。効果の乏しいスキルを用い続けることで，学習不適応に陥る可能性があります。生涯学習が求められる時代において，社会に出てからも自己調整学習スキルは必要であり，大学教育において確かな指導とよりよい実践が求められるようになっています。

ChenとBonner（2019）は，こうした教育上の課題を乗り越えていくために，CAのプロセス全体と自己調整学習のサイクルとを統合した新たな実践の理論モデルを提案しました。図7－1に示すように，CAも自己調整学習も反復かつ循環するシステムです。教室における評価にまつわる活動の文脈のすべてに，自己調整学習のサイクルを位置づけ直していくことで，本来の意味で自立した学習者を育てていくことをめざします。CA:SRLは4つのステージからなり，これらについて順にみていきたいと思います。

(2) CA:SRLモデルの4つのステージ

ステージ1　まず，ステージ1では，教員が教える内容・領域の基準を設定し，評価の計画を立てます。とりわけ個別の社会的な文脈に適したものに焦点化していきます。教員には，学生の属性やニーズをうまく汲み取ることが求められ，そうすることで，学生のプランニングや動機づけを支えていくことになります。事前の評価と連動した動機づけとしては，できそうだという自己効力感や興味を喚起することが重要となります。このような実践は，自己調整学習の予見のフェーズを始動することになります。学生は自らの先行経験を考慮して，学習活動に入る準備を進めます。

ステージ2　ステージ2では，指導を進めるとともに，A*f*L，すなわち，「学習のための評価」が行われます。自己調整学習としてみると，遂行／意思コントロールのフェーズに相当します。学生は活動に取り組み，その都度，自己点検を試みます。教員は，インフォーマルな評価によって，指導の効果を確かめながら，学生のパフォーマンスを引き出していきます。発問や話し合い，グループワーク，小レポートの提出などを通じて，学生の自己調整学習の様子をつかみます。指導上のチェックポイントで絶えず学生の様子をみとりつつ，教えと学びが一体となって繰り返されていきます。

ステージ3　ステージ3では，指導の終了時点において，フォーマルな評価を行います。学生は，教員から手助けやヒントがない状態で，課題に取り組みます。自力での遂行／意思コントロールが求められ，まさに自己調整する力が試されます。定期的に実施されるフォーマルな評価は，学生が真に成し遂げたことが何であるかを明確にしてくれます。

ステージ4　ステージ4では，学生の学習に関するパフォーマンスについて，総括を行います。自己調整学習の視点に立つと，自己省察のフェーズに相当します。学習の成果としてのエビデンスを集約し，教員の責任で評定を行います。成績として記録に残すことが最も典型的な方法で，当然のことながら，そこには厳格な公平性が求められます。学生の側の主な活動としては，自己評価と原因帰属を行うことです。うまく学ぶことでき，それは自分の能力や努力によるものだという原因帰属は，ポジティブな動機づけを高めていきます。フォーマルな評価の後，自らの自信の程度を判断することは，次の予見のフェーズでの自己効力感につながり，そして，循環的に，その後の自己省察を導いていくことになります。

(3) ステージが進行するために必要なこと

Chen と Bonner（2019）は，これらのステージが進行していくうえで，3つの心理的な作用が求められると指摘しています。それは，「推し量る」,「相互的にフィードバックを行う」,「活かす」の3つです（図7－2を参照)。まず，評価の実践は，「推し量る」プロセスです。ペーパーテストや発言内容といった目に見える部分での評価のみならず，微妙なしぐさや表情から学生の内面までをも，深く推し量る力量が必要になってきます。そのためには，教員と学生との共調整が不可欠になります。共調整を通じた学生とのかかわり合いから，評価に関する豊かな情報を得て，深く「推し量る」力量を高めていくことが教員には求められます。

2つ目の「相互的にフィードバックを行う」は，学生が何を学んでいるかについての情報を提供することです。フィードバックは，学生，仲間，教員から多面的に得られるもので，また，相互に作用するものであるという見方が特に重要です。学生の一人ひとりが，活動の主体となり，意図的にフィードバックを活用していく姿勢が，自己調整学習には欠かせません。教員は，フィード

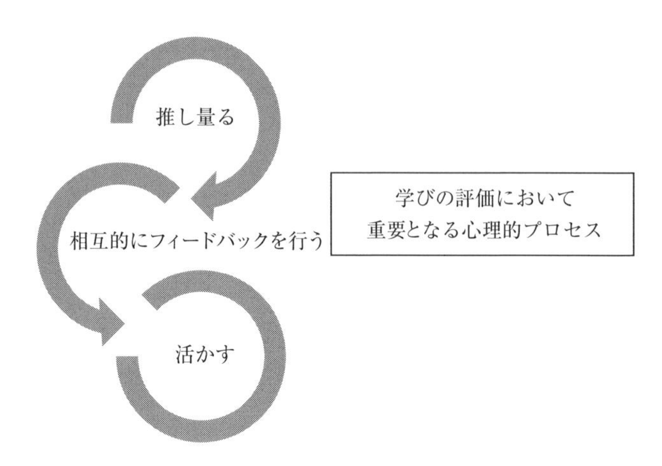

図7－2　CA:SRLモデルにおいて重要となる心理的作用

バックを通じて，学生たちが自己評価をしたり仲間どうしで評価し合ったりできるよう，スキルの育成をめざします。

3つ目の「活かす」とは，教員が評価から得た情報をもとに，指導を改善し，学習を促していくことです。まさに「学習のための評価」の実践です。そして，学生自身も評価の情報を活かしていくことが，自己調整学習を支えます。ここでも，教員と学生が共調整によって学習に関与することが重要です。評価を活かすことは，学生のポジティブな動機づけを促し，学習に向かう態度を形成することになるのです。

自己調整学習の成立を確かなものにするために，CAを捉え直していくことが求められます。CAのプロセス全体を通じて，自己調整学習のサイクルを実現していく実践が，今後ますます重要になってきます。その際，共調整や社会的に共有された調整という側面が鍵を握るはずです。次節では，協働に基づく学び合いの文脈に焦点を当てて，社会的に共有された調整がどのような役割を果たすのかについて，さらに考えていきたいと思います。

4. 協働における社会的に共有された調整

(1) 社会的な調整プロセスとしての自己調整学習

自己調整学習は，社会的文脈から影響を受け，また同時に，社会的文脈に対して影響を及ぼす社会的なプロセスであります。学習の調整は，あたかも入れ子状の構造をなし，社会的な状況に深く根差し，複雑なプロセスをたどりながら，展開していきます。調整の社会的な様態がどのようなものであるかについて，実証的な研究が試みられてきています。協働によって成り立つグループワークでは，とりわけ社会的に共有された調整（Hadwinら，2011，2018）が，学習の深まりを規定する重要な役割を果たすことになります。

(2) COPES構造に基づく社会的に共有された調整の枠組み

COPES構造は，自己調整学習の基盤となるメカニズムで，WinneとHadwin（1998）が提唱したものです。条件（conditions），操作（operations），成果（products），評価（evaluations），基準（standards）の頭文字をとってCOPESとよばれ，主体的な学習における情報処理の流れを明示しています。ある条件のもとで，情報の操作がなされ，成果が生み出されていきます。また，同じ条件のもとで，基準が設定されて，評価がなされ，成果がもたらされていきます。加えて，WinneとHadwin（2008）は，自己調整学習を4つのフェーズからなるものと仮定しています。これらのフェーズは，緩やかなかたちでつながりをもち，循環しながら展開していきます。まず，フェーズ1は，「課題を理解すること」です。学習者が主体となって，課題について認識したり解釈したりします。フェーズ2は，「目標設定とプランニング」です。課題に関して何を達成するのか，個人の目標を立てます。そして，目標を成し遂げるために，どのような方略によって取り組むのか，計画を立てることになります。フェーズ3は，「課題に取り組む」です。目標に照らして，必要となる方略を柔軟に実行していきます。課題に対して操作や処理を行い，どのような成果が得られているか，自己モニターし，基準をもとにした自己評価を行います。必要に応じて，目標や課題への取り組みを修正していきますが，これは，フェーズ4における

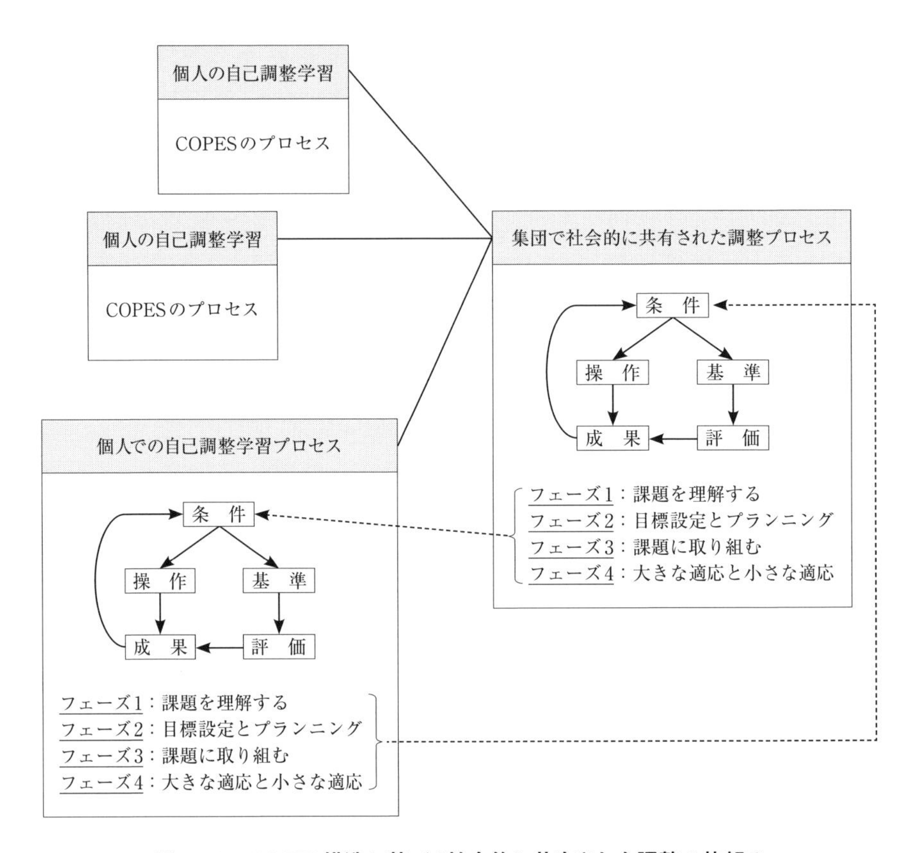

図7－3　COPES構造に基づく社会的に共有された調整の枠組み

メタ認知的コントロールに相当します。現在，取り組んでいる課題で，自らの学習を最適化することを「小さな適応」とよび，将来の課題遂行に役立つような変更を加えていくことを「大きな適応」とよびます。

Hadwinら（2011, 2018）は，WinneとHadwin（2008）の理論を拡張し，社会的に共有された調整について，新たな説明を試みています。図7－3のように，この枠組みでは，協働によるグループワークに取り組む際にも，自己調整学習のフェーズが循環して駆動するものと捉えています。個人やグループで課題に取り組むごとに，新たな調整のサイクルが動き始めるのです。グループワークのセッション内で，調整のフェーズは更新されていき，そして，セッションを超えて，調整のサイクルは展開していくことになります。

グループワークは，チームワークのもとで，4つのフェーズが緩やかなかたちで進行し，循環していきます。フェーズ1では，協働で取り組む課題について認識と解釈が共有できるようにやりとりを行います。フェーズ2では，課題の条件，文脈，目標とする成果について，グループで確認をします。そして，目標，基準，計画について共有できるようにやりとりを行います。フェーズ3では，協働しつつ課題に取り組みますが，さまざまな方略を柔軟に取り入れながら進めます。自己調整学習に関する研究では，認知，対人・感情，行動，動機づけの各側面において，効果的に学習を進める方略の存在が明らかにされています。方略は，グループのメンバーに分かちもたれ，協働によって形成されていきます。グループで，活動のモニターと評価がなされ，フェーズ4として，課題に取り組むプロセスや成果について，適宜，修正や変更を加えていきます。これらの調整を通じて，チームの意思決定がなされていくことにもなります。

(3) COPES構造における3つの条件

前項で述べたようにCOPES構造は，認知プロセスを重視した自己調整学習の理論で，集団レベルの調整を概念化するのに適しています。それぞれのフェーズでの選択や成果は，内的条件，環境的条件，対人的条件と深くかかわり合いをもつことで，学習の調整を可能にしたり，あるいは，反対に制約がかかったりします。

Hadwinら（2018）によれば，これらの「条件」は，「自己の条件」，「課題と文脈の条件」，「集団の条件」といいかえることができます。「自己の条件」とは，自分について考えている内容のことで，「課題と文脈の条件」とは，状況について考えている内容です。「集団の条件」とは，私たちについて考えている内容で，協働学習における調整ではとりわけ重要な条件になるかと思います。これらのさらに具体的な内容について，表7－5に示しておきます。

COPES構造があることで，調整が状況に根差したものとなります。調整は，過去経験や信念とともに，現在の状況における個人／社会・歴史／文脈の特

表7－5　COPES構造における3つの条件

3つの条件	条件の内容
自己の条件	領域に関する知識，過去経験，習熟度，自己効力感，感情などについての自己認知からなる。協働する活動場面であれば，グループでの役割や経験についての自己認知も含まれる
課題と文脈の条件	リソース，テクノロジー，時間，課題の困難度と複雑さ，集団の規模と構成，集団が有する専門的知識などの認知からなる
集団の条件	集団についての知識や信念で，協働学習の文脈に固有の条件のこと。集団内の個人としての強みと弱み，能力や習熟度に加えて，集団力学，規範，風土，生産性などの認知からなる

徴に深く根差したものとなります。図7－3のように，それぞれのフェーズの成果が，次の調整のフェーズやサイクルの「条件」となっていきます。場面を超えて，個人と集団の経験とパフォーマンスが向上していき，社会・歴史的なデータベースが豊富となり，その後に続く調整の中で活かされていきます。自己調整学習，共調整，社会的に共有された調整の3つのモードは，決して閉じた系ではなく，相互に影響を及ぼし合い，循環的で再帰的なかたちで，調整が展開することを仮定しています。グループのあるメンバーの自己効力感が低下すれば，その個人の条件が変容するとともに，共調整と社会的に共有された調整の条件も変化することになります。そうすると，調整の基本メカニズムであるCOPES構造のプロフィールも，個人，仲間，集団レベルで異なってくることになります。こうした重層的な見方で，学生どうしの学び合いの調整の様相を捉えていくことがきわめて重要になります。

(4) 大学教育の今後に向けて

前節と本節で述べてきたCA:SRLモデルやCOPES構造のように精緻な理論モデルに基づくことで，大学での主体的な学びの実践に関する実証的な検討が可能になります。また，ともに主体的に学び合う力について，より妥当な測定・評価を行うための拠り所ともなります。今後，Nilson（2013）の提案をもとにするなどして，それぞれの大学の特質も考慮しながら，さらなる実践を積み重ねていかなければなりません。

現在，大学教育では「学校から仕事への移行（トランジション）」のあり方が議論されています（舘野ら，2016など）。大学生は卒業後に，多様な仕事の現場に入っていくことになります。変化が著しく予測が困難な現代社会において「生き抜く力」が求められています。どのような仕事の現場においても，何らかのかたちで他者と協働しながら学び続ける姿勢が問われていると思います。自己調整学習の知見を手がかりに，大学教育のあらゆる場面を通じて，自らの学びを調整するスキルを高めるのみならず，他者の学びの調整をも支えることのできるスキルの育成を進めていくことができればと思います。

キーワード

学習スキル，自己調整，共調整，社会的に共有された調整，CA:SRLモデル，COPES構造

本章のポイント

- 自己調整の次元としては，「動機」，「方法」，「時間」，「物理的環境」，「社会的環境」などがある。大学での学びはすべての次元において自己調整が必要で，自己調整学習スキルを向上する最適の場といえる。
- 大学での授業の全体，すなわち，コースの開始，進行中，終了において効果的に自己調整学習を促すことができる。さまざまな教授方法が提案されてきており，実践の蓄積が求められている。
- 教室の評価の実践と自己調整学習のサイクルをリンクさせることが重要である。確かな自己調整学習の成立をめざすCA:SRLモデルは，そうした試みの一つである。
- 協働による主体的な学び合いを説明する有力な心理学理論に，COPES構造に基づく社会的に共有された調整がある。COPES構造は，条件，操作，成果，評価，基準からなる情報処理の流れで，自己調整学習の基盤となるメカニズムである。

ブックガイド

- **『学生を自己調整学習者に育てる：アクティブラーニングのその先へ』ニルソン，L. B.（著），美馬のゆり・伊藤崇達（監訳）（北大路書房，2017）.**
  ――本章の第2節でエッセンスについて述べたが，自己調整学習の実証研究を踏まえ，大学教育での豊富な授業実践の事例が紹介されている。
- **『グループディスカッション：心理学から考える活性化の方法』西口利文・植村善太郎・伊藤崇達（金子書房，2020）.**
  ――グループディスカッションが社会のいろいろな場面で取り入れられてきているが，本書では，心理学の視点から実りある対話を主体的に進めるためのヒントが提示されている。

引用文献

Chen, P. P., & Bonner, S. M. (2019). A framework of classroom assessment for learning and self-regulation. *Assessment in Education: Principles, Policy & Practice*. https://doi.org/10.1080/0969594X.2019.1619515

Hadwin, A. F., Järvelä, S., & Miller, M. (2011). Self-regulated, co-regulated, and socially shared regulation of learning. In B. J. Zimmerman & D. H. Schunk (Eds.), *Handbook of self-regulation of learning and performance* (pp. 65-84). Routledge.

Hadwin, A. F., Järvelä, S., & Miller, M. (2018). Self-regulation, co-regulation, and shared regulation in collaborative learning environments. In D. H. Schunk & J. A. Greene (Eds.), *Handbook of self-regulation of learning and performance* (pp. 83-106). Routledge.

市川伸一（2004）．学ぶ意欲とスキルを育てる：いま求められる学力向上策　小学館.

Lawson, M. J., Vosniadou, S., Van Deur, P., Wyra, M, & Jeffries, D. (2018). Teachers' and students' belief systems about the self-regulation of learning. *Educational Psychology Review*, 31, 223-251.

Nilson, L. B. (2013). *Creating self-regulated learners: Strategies to strengthen students' self-awareness and learning skills.* Stylus Publishing, LLC.（ニルソン，L. B.（著），美馬のゆり・伊藤崇達（監訳）（2017）．学生を自己調整学習者に育てる：アクティブラーニングのその先へ　北大路書房）

Organisation for Economic Co-operation and Development (2018). The future of education and skills: Education 2030. http://www.oecd.org/education/2030/E2030%20Position%20Paper%20(05.04.2018).pdf（2021年5月24日閲覧）

Schoor, C., Narciss, S., & Körndle, H. (2015). Regulation during cooperative and collaborative learning: A theory-based review of terms and concepts. *Educational Psychologist*, 50, 97-119.

Schunk, D. H., & Usher E. L. (2013). Barry J. Zimmerman's theory of self-regulated learning. In H. Bembenutty, T. J. Cleary, & A. Kitsantas (Eds.), *Applications of self-regulated learning across diverse disciplines: A tribute to Barry J. Zimmerman* (pp. 1-28). Information Age Publishing.（シャンク，D. H.・アッシャー，E. L.（2019）．バリー・J・ジマーマンの自己調整学習理論　ベンベヌティ，H.・クリアリィ，T. J.・キトサンタス，A.（編），中谷素之（監訳），自己調整学習の多様な展開：バリー・ジマーマンへのオマージュ（pp. 1-36）　福村出版）

舘野泰一・中原　淳・木村　充・保田江美・吉村春美・田中　聡・浜屋祐子・高崎美佐・溝上慎一（2016）．大学での学び・生活が就職後のプロアクティブ行動に与える影響　日本教育工学会論文誌，40，1-11.

辰野千壽（1997）．学習方略の心理学：賢い学習者の育て方　図書文化社.

Winne, P. H., & Hadwin, A. F. (1998). Studying as self-regulated learning. In D. J. Hacker, J. Dunlosky, & A. C. Graesser (Eds.), *The educational psychology series. Metacognition in educational theory and practice* (pp. 277-304). Lawrence Erlbaum Associates.

Winne, P. H., & Hadwin, A. F. (2008). The weave of motivation and self-regulated learning. In D. H. Schunk & B. J. Zimmerman (Eds.), *Motivation and self-regulated learning: Theory, research, and applications* (pp. 297-314). Lawrence Erlbaum Associates.

Zimmerman, B. J. (1986). Becoming a self-regulated learner: Which are the key subprocesses? *Contemporary Educational Psychology*, 11, 307-313.

Zimmerman, B. J., & Schunk, D. H. (Eds.) (2001). *Self-regulated learning and academic achievement: Theoretical perspectives*. Lawrence Erlbaum Associates.（ジマーマン，B. J.・シャンク，D. H.（編著），塚野州一（編訳）（2006）．自己調整学習の理論　北大路書房）

Zimmerman, B. J., & Schunk, D. H. (Eds.) (2011). *Handbook of self-regulation of learning and performance*. Routledge.（ジマーマン，B. J.・シャンク，D. H.（編），塚野州一・伊藤崇達（監訳）（2014）．自己調整学習ハンドブック　北大路書房）

第8章 第二言語の自己調整学習

佐藤礼子（東京工業大学）

「第二言語」とはあまりなじみのないことばかもしれませんが，母語の次に言語を学んで身につけることを「第二言語を習得する」といいます。Ellis（1997）によると，この「第二言語」は母語に続いて2番目に習得する言語だけでなく，3番目や4番目に習得する言語も意味します。ほかにも，「2番目によくできる言語」という解釈をすることもあります。日本国内で第二言語を学ぶ中で圧倒的に多いのは英語ですが，ほかに中国語，韓国語，フランス語，ドイツ語なども学ばれています。海外へ目を向けると，日本語も多くの国で第二言語として学ばれています。もちろん国内でも，外国籍住民や外国人留学生，外国にルーツをもつ児童生徒，そして海外滞在から戻ってきた帰国生もさまざまなかたちで日本語を学んでいます。このような場合を考えると，母語が一番得意な言語であるとは限りませんし，第二言語が外国の言語（外国語）であるとも限りません。

第一言語（多くの場合は母語）と第二言語の習得の違いを考えてみましょう。第一言語は乳幼児のうちから家族や周りの人からことばのシャワーを浴びてゆっくりと身につけていきます。一方で，第二言語を学習する場合の多くは，教室で外国語の教科として先生に教えられ学習をとおして身につけていきます。第一言語の習得に失敗することはまれな例を除いてありませんが，第二言語や外国語の習得には個人差があり，大変難しいことでもあります。

ある言語でのコミュニケーションができるようになるためには，途方もない数の語を覚え，聞き取れない音を聞いたり発音したりしなければなりません。そして，新しい文字やつづり方を覚え（日本語の場合は，ひらがな・カタカナ・漢字），適切な文法を使いこなせることも必要です。本章では，習得までにある程度の時間がかかるという**第二言語習得**の特徴を踏まえて，自己調整学習との関係から第二言語の学習を考えていきます。

1. ことばを学ぶとは

(1) 第二言語の習得に影響するもの

第一言語の能力にはあまり大きな差はみられませんが，第二言語の能力には人によって大きな個人差がみられます。第二言語能力の個人差はさまざまな要因によると考えられているのですが（表8－1），まず，外的要因の側面をみると，学習することばが話される環境に住んでいるかどうか（自然習得環境／教室環境），そのことばを教室で教師から学んでいるかどうか（第二言語環境／外国語環境）などの**言語環境**（linguistic environment）から大きな影響を受けます。教える人がどのようであるか，どのような学習事項や技能を学ぶかも影響します。

学習者の内的要因に目を向けると，学習者の一般的特性と社会的に影響を受けるものとに分けることができます。まず，学習者の一般的特性として，

- 学習を始めた年齢や学習時の年齢
- 知力や言語適性（音声への敏感さ，文法への敏感さ，記憶力）が高いか
- 学習するときの知覚の特徴（視覚・聴覚優先など）である学習スタイル
- 学習する言語が第一言語と似ているどうかという第一言語の影響
- 人とのやりとりを好むかなどの性格の特徴

表8－1　第二言語習得に影響する主な要因

<table>
<tr><th>外的／内的</th><th colspan="2">要因</th></tr>
<tr><td>外的要因</td><td colspan="2">・言語環境（自然習得環境／教室環境，第二言語環境／外国語環境）
・教える人，学習事項／教材</td></tr>
<tr><td rowspan="2">内的要因</td><td>一般的特性</td><td>・年齢
・知力
・言語適性（音声への敏感さ，文法への敏感さ，記憶力）
・学習スタイル（視覚・聴覚・動作・触覚型，曖昧さ寛容度など）
・第一言語と第二言語の類似性
・性格（外向性／内向性，自尊心，不安，抑制，果敢性〈risk-taking〉，共感など）</td></tr>
<tr><td>社会的に影響を受ける要因</td><td>・肯定的態度，動機づけ
・学習方法，学習方略</td></tr>
</table>

が要因となります。認知傾向や性格によって会話が得意であったり読解が得意であったりという違いがあることがあります。一方の社会的に影響を受ける要因として，

- 第二言語への肯定的態度や動機づけがあるか
- 効果的な学習方法や学習方略をもっているか

があげられ，これらの要因が絡み合い作用することで上達に差があるといわれています（Brown, 2000; Dörnyei, 2005; Larsen-Freeman & Long, 1991など）。つまり，第一言語や年齢や言語適性は学習者の一般的特性であるため変えることが難しく，学習者や教師が変えることができるものは，動機づけと学習方法といえます。

(2) 第二言語学習と動機づけ

言語習得の成否を決める重要な要因であると考えられている動機づけに着目してみましょう。第二言語学習の動機づけとしてよく知られている概念に，GardnerとLambert（1972）が提唱した**統合的動機づけ**（integrative motivation）と**道具的動機づけ**（instrumental motivation）があります。「統合的動機づけ」とは，目標とする言語（たとえば，英語）を話す人々やその文化を好意的に受け止めて，その人たちの集団（community）の一員として自分も参加したいという気持ちのことです。つまり，英語を話す人々の社会や文化に興味をもつ人は，英語の学習に成功しやすいということを意味します。一方の「道具的動機づけ」は，英語ができたらいい成績がとれる，就職に有利であるというように，英語を目的達成のための道具として捉えるような学習動機です。この2つの動機づけは異なっているようにみえますが，実際は重なり合う部分があり，多くの場合一人の人間に両者が同居していると考えられています（村野井, 2006）。

Dörnyei（1994, 2001）は第二言語学習の動機づけを言語・学習者・学習場面の3つのレベルにまとめています（表8－2）。①「言語レベル」は言語や文化に対してどのような価値観や態度などをもっているかをさし，統合的動機づけや道具的動機づけが含まれます。②「学習者レベル」には，学習への自信や不安，言語使用への不安などの個人的な特性が含まれます。③「学習状況レベル」は，授業，教師，学習集団に関する要因などが含まれます。

表8－2　第二言語習得の動機づけの構成要素

レベル	特徴	構成要素
言語レベル	第二言語の言語・文化への知的／実用的価値。第二言語に対する態度	・統合的動機づけ ・道具的動機づけ
学習者レベル	学習目的の達成に影響する個別の学習者の特性	・達成への欲求 ・学習への自信 ・言語使用への不安 ・自己効力感 ・原因帰属 ・第二言語能力の認知　など
学習状況レベル	学習場面に特有の動機づけ要素	・授業の要素（教材やシラバス，授業の進め方への興味，期待，満足） ・教師の要素（教え方やフィードバックの仕方，人柄，教師への親和動機など） ・学習集団の要素（グループ活動，助け合いや競い合い，クラスの目標志向性）

（Dörnyei, 1994; 2001をもとに作成）

英語を例として動機づけの面でほかの教科と異なっている点を考えてみましょう。まずは，英語が話されている国の文化や社会への興味や好意的な態度が，英語の力の上達や学習の継続に影響するということです。ちなみに，この統合的動機づけについての指摘は1960年代からなされているのですが，近年では，英語はある国で話されている言語というよりも国際語という側面が強くなっています。英語が主に話されている国に関心をもつというより，世界とかかわることを求める態度や異文化や外国人への態度など，英語を使うことで世界の人とコミュニケーションしたいという国際的志向性（international posture）をもつことが英語学習に影響があるといわれています（Yashima, 2002）。

(2) ことばを嫌いにならないための教師の支援

もう一つの第二言語学習に特徴的な点は，英語を聞いたり話したり，読んだり書いたりするときには不安が高まりやすいということです。英語の授業では，失敗への不安を抱えながら，ほかの学習者の前で声を出したり言語活動を行ったりする機会が多く，そのためほかの教科の学習とは性質の異なる緊張感があるといわれます（Dörnyei, 2001）。

表8－3　よいフィードバック

よいフィードバックは,
1. 何がよい成果か（目標, 評価の基準, 目標の基準）を明確化します
2. 学習の自己評価（振り返り）ができるようになるよう促します
3. 学習者の学びについての質の高い情報を伝えます
4. 教師や学習者仲間と学習について対話するよう励まします
5. 肯定的な動機づけ信念や自尊心を向上させます
6. 実際の能力と期待する能力との差をせばめる機会をつくります
7. 指導の具現化に役立つ情報を教師にもたらします

（Nicol & Macfalane-Dick, 2005, 筆者訳）

第二言語を学習したり使ったりしているときに表れる不安や心配, そのような不安から生じる緊張や焦りのことを**言語不安**（language anxiety）といいます（外国語不安や第二言語不安といういい方もあります）。このような言語不安は第二言語の学習や継続を妨げる要因になりかねないと指摘されています（元田, 2005）。Horwitz ら（1986）は, 第二言語を学ぶ教室で生じる不安を「コミュニケーション不安」,「テスト不安」,「否定的評価に対する不安」に分類しています。

さて, 第二言語の学習がいやになった経験は誰にもあると思います。Falout と Maruyama（2004）の日本の高校生への調査では, 70%を超える学習者がこれまでに英語を嫌いになったことがあると答えました。英語能力で比べたところ, 英語能力が低い学習者は高い学習者と比べて, 2倍以上の割合で英語が嫌いだと回答し, 約4分の1の学習者が中学2年生から英語が嫌いになったと答えました。英語能力が低い学生にとって, 動機づけを妨げる要因となったのは, 英語学習への自信のなさ, 英語そのものや英語学習が好きかどうか（第二言語への態度）, 授業の内容や進み具合が自分に合っているかどうか, 先生の教え方や英語能力でした。自由記述からは, 英語の能力にかかわらず, 自分の英語の成績やできばえにがっかりしたこと, 教科内容や進度, 教師への失望, そして語彙が多すぎることでやる気をなくしたことがわかりました。

教師が学習者の自己調整学習に影響を与える方法として**フィードバック**があります。表8－3によいフィードバック（Nicol & Macfarlane-Dick, 2005）をまとめました。フィードバックには学習者に対して, 学習の成果を明確化させる, 自己評価を促す, 学習を促したり集中させたりする, 動機づけを高める, 教師

が学習者の状況を把握する機会となるなどの機能があることがわかります。

Tsuchiya（2018）は，学習者の目標形成に影響し，動機づけを下げないようにする方法として，形成的フィードバックを提案しています。形成的フィードバックとは，学習者の目標，目標に対する現状，目標達成の方法に対する情報で，できるだけ頻繁に与えるものとされています。英語が苦手な大学生に英語を音読させてフィードバックを与える取り組みを続けた結果，学習者がなんとなく感じていた自己効力感が確証に変わり，自己調整学習が促されたと報告しています（Tsuchiya, 2018）。何らかの課題に取り組むときに自分はうまく実行できると感じることを**自己効力感**（self-efficacy）といいます。自己効力感をもつことは，「能力を伸ばそうとする学習活動への参加を促す」（Zimmerman, 1995）と指摘されています。

2. 第二言語の習得と自己調整学習

(1) 第二言語の習得と学習方法

Huang（2008）は英語を8年以上学んだ経験のある台湾の大学生を対象に，動機づけと英語能力（読解，聴解，会話）について調査しました。調べられた6種類の動機づけ（内的目標志向，外的目標志向，学習価値，学習信念，自己効力感，テスト不安）の中で，自己効力感だけが英語能力と関連することが見出されました。第二言語の学習には，長い期間かかるため，学習に参加することを促す役割を果たす動機づけが，最終的な英語能力の習熟に影響を与える可能性が高いと解釈されました。学習方略について質問したところ，「努力の調整」と「時間と学習の管理」についての学習方略が英語能力と関係がみられましたが，そのほかの認知方略（リハーサル，精緻化，組織化，批判的思考，メタ認知的自己調整，協働学習，援助要請）では英語能力との関係はみられませんでした。長期的な視点でみた第二言語語能力の熟達には，学習方法をよく知っていることよりも，学習を比較的長期間にわたって管理し自己調整しようとすることがより強く影響する可能性があります。このような点も，第二言語の学習の特徴なのかもしれません。

(2) できるという気持ちと語彙の学習

一つのことばを話すためには，たくさんの単語がわかっていて使えなければなりません。単語を知っているということは単に意味がわかるというだけではなく，形，コロケーション（連語や慣用句など），用いられる場面（親しさ，職業など）による違いなど，さまざまな知識をもつことをさします。そのため，語彙の学習は意味を記憶するだけの単純作業とはいえず，習得には時間がかかります。

水本（2011）は，大学1年生を対象として英語の語彙学習方略と自己効力感との関係を調査しました。語彙学習方略については，語彙学習について自由に記述させました。自己効力感について，「私は自分なりの方法で語彙学習を行い，語彙を覚えることができる」と質問して，「はい」，「どちらともいえない」，「いいえ」の3つのうちどれかを選ばせました。分析の結果，自己効力感があると回答した参加者は，方略を用いながら効率的な語彙学習に取り組む様子がみられました。自己効力感について「どちらともいえない」という回答の参加者は，繰り返したり書いたりするなどの量や時間に着目した努力重視の語彙学習を行うという特徴がありました。一方で，自己効力感がないと回答した参加者は「言われているからやる」という受動的な特徴があることがわかりました。自己効力感が語彙学習においても重要な役割を果たすという結果から，水本は，語彙指導の際には自己効力感を高める工夫を盛り込むべきであると指摘しています。

Tseng と Schmitt（2008）は語彙学習には動機づけが重要と指摘し，Dörnyei（2005）の「プロセス重視の動機づけモデル」（表8－4）に基づいて，語彙学習

表8－4　動機づけのプロセスモデル

段階	機能	影響するもの
行動前の段階	行動意図の形成 行動の開始	目標のあり方，課題価値，目標とする言語や目標言語話者への態度，自己効力感，信念や方略，利用できる支援や妨害
行動中の段階	行動中の評価 行動のコントロール	学習経験，自律性，教師の介入，クラスでの報酬や目標，ほかの学習者，自己調整
行動後の段階	帰属の形成 精緻化方略 プランニング	帰属のバイアス，自信や自己価値，フィードバック，褒め，成績

（Dörnyei, 2005をもとに作成）

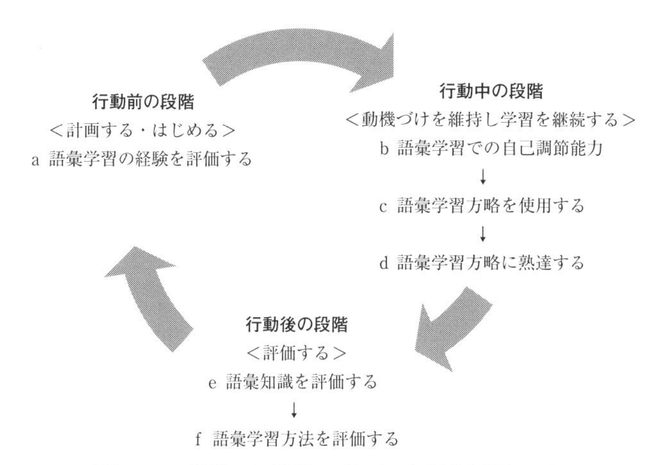

図８－１　動機づけ理論に基づいた語彙学習モデル
（Tseng & Schmitt, 2008をもとに作成）

をモデル化しようと試みました。Dörnyeiの動機づけモデルは，動機づけは課題に取り組むとき・授業中・学期中のように時が経つにつれて変動すること，学習段階によっても変動すると考えることが特徴です。これからする行動に注意を向ける「行動前の段階」，行動の評価とコントロールをする「行動中の段階」，成功や失敗がどうして起こったかを考えたり次の計画を考えたりする「行動後の段階」の3段階で分けて整理されています。語彙学習を例に，TsengとSchmitt（2008）の示したモデル（図8－1）に従って，語彙がどのように学習されるかを考えてみましょう。「行動前の段階」では，(a) 語彙学習の経験を評価して，語彙学習を計画し始めます。その次の「行動中の段階」に進むと，(b) 語彙学習の自己調節能力を用いながら，(c) 語彙学習方略を使用し，その結果として，(d) 語彙学習方略も熟達します。これらをとおして，動機づけが維持され学習が継続されます。「行動後の段階」では，(e) 語彙知識が得られたかを評価し，(f) 語彙学習方法がうまくいったかを評価します。うまく学習ができたと評価した場合には，行動前の段階に戻って学習を続けるというサイクルが確認されています。

語彙の学習に終わりはないため，折にふれて学習を継続することが求められます。新しい語を覚えられたかどうかを自分で把握しておくこと，学習方法を試して自分に合った学習方法を見つけることが大切です。そして何より，学習がうまくできたという成功体験を積み重ねて，やればできると思えることが学習の継続につながります。

3. 第二言語習得と自己調整学習の支援

(1) 第二言語を仲間と学ぶ

Schunk と Zimmerman（1996）は，自己調整は社会的経験と自らの経験から生じると指摘しています。自己調整学習者を育成するためには，学習者が自分の学習過程への意識を高める経験を積むことが必要です。そして，経験を通じて得られた気づきを，どのように自分のものにするか（内化するか）が重要です。ここからは，第二言語学習の中からいくつかの場面（発音，発表，ICT〈情報通信技術〉を用いた学習）を取り上げ，第二言語習得と自己調整学習を支援する指導がどのようにつながるかを考えていきましょう。

自己調整学習を促す支援として，「モデリング（modeling）」，「足場づくり（scaffolding）」，「仲間のサポート」があります（Hadwin ら，2011）。教室内でこれらを支援する活動として，これまでに協働学習や問題解決について対話できるようなグループ学習を設定することが提案されています（Bruer, 1993; 舘岡，2005 など）。このように，学習に複数の視点を取り入れることや自分以外の人がいることによって，ほかの人がしたことでも自分にとってのフィードバックとなり，自分に不足している点を学ぶことができます。ほかの学習者とかかわりながら学習を進めることは，自分の学習のプロセスや方法を振り返ることになるのです。

第二言語の学習では言語を学ぶという特性上，ほかの人と一緒に言語活動をしたりコミュニケーションをとったりすること自体が学習目的となり，練習となります。このような点からも，授業において仲間とかかわりながら学ぶ相互学習や協働学習を行いやすいといえます。

(2) 発音のモニタリングと学習支援

発音というのは，個人差が大きいうえに，自分では到達度がみえにくい能力です。初めて習った音声を発音するためには，舌の位置や口の開け方，音の高さや強さなどを調整する必要があるのですが，これまで意識したことのない部分を意識的に動かすのは難しいことです。小河原（1997）の調査では，音の聞き取りが正しくできたとしても発音が正しくできるとは限らなかったそうです。

一方で，自分の発音を正しく評価できる学習者ほど，発音能力が高い傾向がみられました（小河原, 1997）。発音の学習では，モデルとなる音声があるので到達目標は比較的明確なのですが，自分が発した音声やアクセントの正確さ（モデル音声との違い）を自分で評価することは簡単ではありません。自分の発音を自分で正しく評価できるようになるにはどうすればよいでしょうか。

小河原（2009）は，中級レベルの日本語を学ぶ学生に4週間にわたって一日20分間の発音学習を行いました。学習には3つの段階がありました。

(1) 知らない学習者の発音をテープで聴いて評価する。

(2) 自分の発音を聞いて自己評価する。

(3) クラスで自分の発音とほかの学習者の発音を評価する。

自分の発音を評価することへの抵抗感を減らしクラスメートを過度に意識せずに発音を評価できるようになるために，知らない学習者の発音を評価することから取り組みました。学習場面を分析したところ，ほかの学習者の発話を注意して聞く，発音について第一言語で話し合う，話し合いをもとに自分でも発音を試す様子がみられました。クラスで学習する場合，個人指導と比べて学習者一人ひとりが発話する機会は少なくなりますが，ほかの学習者の発音を評価したり発音の方法についてやりとりしたりすることが，発音についての評価の基準を考えるきっかけや手段になり，それらが結果的に発音の変化に結びついたと考えられました。

房（2010）は，個人学習と学習者どうしの話し合いを組み合わせる方法で，12週間にわたる発音学習を行いました（図8－2）。授業外の個人学習では，発音学習に加えて，発音の録音と学習日記（方法，気づき，自己評価とその理由）を書かせました。授業での話し合いでは学習者が自分たちの考える発音方法を比較し，その方法が有効かどうかを試して，自分の考えた方法を修正することをめざしました（ピア・モニタリング活動）。これらの活動をとおして，個人学習で考えた発音に関する考えが，教室でのほかの学習者と話し合う活動をとおし

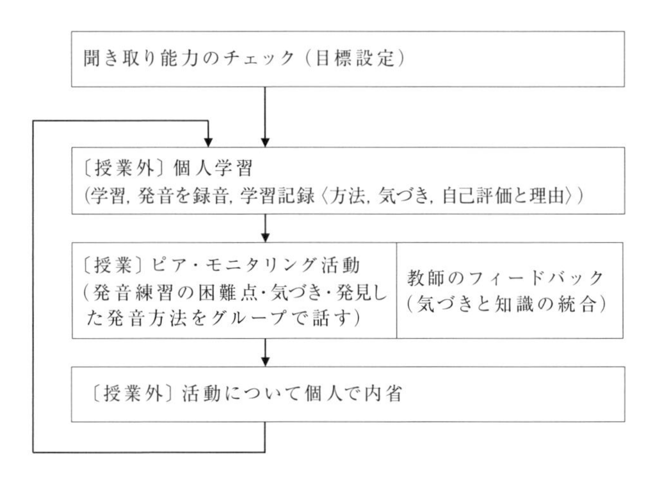

図８−２　発音学習の流れ（房，2010をもとに作成）

てより詳しく正しいものになるプロセス（精緻化するプロセス）が報告されています。発音できるようになるには，発音を習得するための方法を身につけて発音の**モニタリング**と試行を続けていくこと，つまり学習者が発音についての自己調整学習スキルを身につけることが重要です。また，正しく発音できたという成功体験が，授業のあとも継続して練習したり自分の発音をチェックしたりする行動につながったそうです。

また，仲間と一緒に学ぶことの意義も指摘されています。発音方法について相互教授するときの話し合いでは，学習者どうしだからこそつまずいている部分を共有でき，互いに理解しやすい表現で方法を教え合えたと分析されました。舌や口の動かし方をどう感じるかは人によって異なるため一つの言い方では伝わらないことも多いのですが，話し合いでは学習者たちが自分なりの多様な表現を用いて発音方法を説明したので，聞いている学習者は自分にとって理解可能な方法を選択できたそうです。仲間とともに学習することの役割は，試行錯誤を含んだ学習プロセスを対話によって言語化することでそのプロセスを意識化することにあり（Zimmerman & Kitsantas, 2002），困難を乗り越えながら努力する姿（コーピング・モデル）を観察することからよい学習成果を得られるといわれています。

(3) 発表の学習と自己評価

スピーチや発表では，ことばの正確さだけでなく，発表にふさわしいことば遣いや表現，発表の内容や構成，提示資料，話し方，非言語表現（表情，身ぶり，態度）など，さまざまな要素に配慮しなければなりません。また，聞き手の興味・関心や理解度を予想し，話す内容や話し方を調整することも求められます。発表で大切なことの多くは第一言語を含めたどの言語で発表するときにも共通するでしょう。必要となる技能が多様であるため，学習者の能力や特性によって克服しなければならない技能も多様で複合的となります。このような特徴をもつ発表の技能を高めるには，学習者が自分で状況をモニタリングし，うまくいくように工夫できるようになることが重要となります。

発表を評価することをとおして，発表への自己モニタリングを促そうとする試みについて紹介します。衣川ら（2004）は，学習者が「発表」と「質問・応答」の評価基準をつくり，その基準を使って自分の発表を評価する実践によって，モニタリングの基準を意識化させようとしました。まず「いい口頭発表とは」,「いい質疑応答とは」という問いに対して思いついたことを紙に書き出して，書き出した項目をグループで話し合って評価基準を共有しました。そのあとでもう一度学習者が個別に自分のための評価基準を作成して，発表を行い，自分の発表を自己評価しました。活動での気づきを分析した結果，評価基準を参照しながら発表を準備したことがわかりました。「質問・応答」についても評価基準を作成したことで，聞き手を意識する視点がもてたそうです。一方で，学習者自身が作成した「評価基準」そのものが不十分な場合，モニタリングが促されにくいことがわかりました。特に，態度や表情のような非言語的側面は意識されにくかったそうです。また，モニタリング基準は明確化されるだけでは十分ではなく，学習者自身によって整理され構造化されることが必要と指摘されています（衣川, 2010）。

授業において学習者のモニタリングの質が高まるような仕組みづくりはどのようにすればよいでしょうか。佐藤（2015）は，日本語学習者のグループ発表を対象とした実践で,「評価基準の作成」,「グループ発表」,「相互評価」,「発表への振り返り」を行いました。クラスで話し合って作成した相互評価の基準は次の5項目でした。

表８－５　グループでの振り返りの記述例

評価項目	記述例
内容のおもしろさ	「身近な製品から技術を紹介したのは興味深かったと思う」 「たくさん伝えたいことがあるけど，多すぎと思って削った」
構成	「細かい部分の説明が足りなかった（テーマを選んだ理由，～の説明）」 「～をまとめていなかったのは問題点」
資料	「構成とデザインが統一できなかった」 「引用情報の提示が適切だった」
表現力	「スピードも声も適切だった」 「原稿を見すぎた」 「身ぶり手ぶりがよかった」
聞き手との交流	「意識していたと思う」 「聞き手と目を合わせなかった」 「最後の質問のところを除いて，発表の途中ではほとんどなかった」

注：評価基準に含まれていたことばに下線を付した。　（佐藤，2015をもとに作成）

(1) 内容のおもしろさ（興味深さ，内容の充実，テーマに合っている）
(2) 構成（論理性がある，話の流れがよい，目的と考察が一致している）
(3) 資料（構成，デザイン，重要な情報がある，わかりやすい，引用情報の提示が適切）
(4) 表現力（声の大きさ，話すスピード，態度）
(5) 聞き手との交流（聞き手を意識しているか，質疑応答が適切か）

発表直後に学習者が個別で書いた発表の振り返りとその後のグループで振り返りをしたコメント内容を比較しました。発表直後の振り返りでは，準備不足や時間超過への反省（「正直準備不足だと思った」，「時間がたりなくてちょっと残念だった」），発表の流れや構成への言及（「論理性はたぶん足りないと思う」，「構成が少しはっきりしない」），日本語表現への反省（「緊張して間違いがいっぱい出た」）など，反省点の記述がほとんどで内容は具体的でありませんでした。

その後，相互評価の得点を示してグループで発表の振り返りを行ったところ，表8－5のように「何が工夫されていたか」，「どうすればよかったか」など具体的な内容が記述されました。反省点だけでなく，自分たちのよかった点や工夫したり注意したりした点についての記述もみられました。記述の中に，評価項目で用いたことばが使われていたことから（表8－5下線部），評価項目を思い出しながら振り返りを行ったことがうかがえました。個人での内省では否定的な感情に傾いていたところを，仲間と一緒に評価得点を見ながら振り返ることで，結果に満足する部分を見つけて肯定的な評価をすること，ネガティブな結果を自分の能力不足にではなくより具体的な方法にあると考えることが観察されました。

学習者のモニタリングの質が高まるような仕組みづくりとして，学習者が評価の基準をわかっていて，それをもとに評価する経験を積むことが必要で，仲間との学びによって自己調整学習がさらに促されるといえるでしょう。

(3) ICTを用いた自己調整学習の支援

近年さまざまなかたちでICTを用いたオンライン学習が行われるようになっていますが，教師がいない場面で自律的に学習できるかどうかがその成否に大きくかかわります。学習者が自分自身で学習を行わなければならない場面においては特に，自己調整学習の能力が学習成果とかかわるといえるでしょう。

教室学習とオンライン学習を融合させたかたちとして，知識習得やクイズなどをオンライン学習で行い，ディスカッションや練習をクラスに集まって行うなどの2種類の学習方法を併用するブレンディッド・ラーニング（blended learning）が取り組まれています。Abeら（2018）は，大学生の英語学習での自己調整学習を促すことを目的として，ブレンディッド・ラーニングを行いました。プレゼンテーションと英語能力の向上を目的とするコースでした。学生は，授業の前に自宅でビデオ講義を視聴してオンラインでクイズに答える反転学習（flipped learning）を行い，教室授業ではオンラインでつながった海外の学生と一対一で30分間話し合う活動を行いました。オンライン学習において自己調整学習を支援するためのシステムとして，作成物や振り返りを容易に出力，Webページを自分に適した仕様に変更，eポートフォリオを用いて課題を把握できるシステムが構築され，グループでの共同作業を促す仕組みや学習の経過をほかの学生の比べる機能なども盛り込まれました。このような反転学習の結果，学習者の英語能力が向上したことが示されました。反転学習での動機づけと自己調整学習について検討したところ，自己効力感が高い学生は，課題をより深いレベルで理解したいと考える傾向があったそうです。さらに，メタ認知的方略の使用を分析した結果，オンラインのビデオ講義においても，トピックについて深く考え，リハーサル，体制化，精緻化，批判的思考にかかわる方略を利用したことがわかりました。教室の外で自律して学ぶ能力を身につけるためにも，教室学習とオンライン学習を組み合わせた学習を経験することが，今後より一層重要になるでしょう。

4. 第二言語の学習と教師の役割

ここまで第二言語を学ぶことと自己調整学習とのかかわりについて考えてきました。語の記憶や学習，発音へのモニタリング，読む・話すなどの4技能の学習で，自分に合った学習の方法を知っていて，自分はやればできると思えることが学習への取り組み方に影響することが示されています。ここからは第二言語習得で教師がどのような役割を果たすことができるかについて考えていきましょう。

教師の役割にはさまざまなものがありますが，動機づけを維持するためには，①成功体験を与えて，やればできると思わせること，②学び方を教えること，③励ましやフィーバックを与えること，④学習や言語使用への不安を下げることが大切だそうです（Dörnyei, 2001）。言語学習を妨げる言語使用への不安を軽減させるためには，まずは安心できるクラスの雰囲気をつくることが必要です。たとえば，過度に正確さを求めるようなクラスや間違うことを恥ずかしいと思う雰囲気のあるクラス，あるいは，ほかの学習者よりもとびぬけて下手であったり上手であったりすることが悪い意味で目立ってしまう雰囲気のあるクラスでは，安心してことばを発することができなくなります。学習において間違いに気づくことは重要ですが，間違いに注目するばかりではなく，できたことに気づかせるようなフィードバックや学習するプロセスに意識を向けるようなフィードバックをしていくことこそが教師の役割だといえるかもしれません。たとえ高校生や大学生以上の成人の学習者であっても，「いいですね」，「そのやり方でいいですよ」，「前よりよくなっていますね」とことばでフィードバックしたり，目線を合わせたりうなずいたりするなどのしぐさでの非言語的なフィードバックをすることもいいでしょう。学習の最中にこまめに励ましやフィードバックをすることが，学習者の言語使用への不安を低減し，やる気や自信を高めることにつながります。

学習は社会的に意味のある活動の中で動機づけられるといわれますが，学習者間での学び合いを支援することも教師の役割といえます。仲間と学び合う場を設定することで，自分に合った学び方を身につけるように促すことも期待できます。言語を学ぶときにも，教師のサポートや仲間のサポートを含めた社会的な環境の影響を考えるとよいでしょう。

キーワード

第二言語習得，言語環境，統合的動機づけ，道具的動機づけ，言語不安，フィードバック，自己効力感，モニタリング

本章のポイント

- 第二言語をどの程度習得できるかには個人差がある。その要因には，言語環境などの外的要因に加えて，学習者のもつ一般的特性（年齢，言語適性など）や社会的に影響を受ける要因（動機づけ，学習方略など）がある。
- 第二言語習得には時間がかかるため，第二言語への興味や好意的な態度などの統合的動機づけや自己効力感をもつことが学習の継続や最終的な上達に影響する。
- よいフィードバックをすることで，学習目標の形成を促したり，学習への取り組みを促したり，学習への動機づけを高めることができる。
- 言語スキルの習得には，学習者が自分自身の理解度や産出した内容を評価する基準がわかっていて，それをもとに評価できることが重要である。仲間と学習の経験を積むなど，仲間との学びも有効である。

ブックガイド

- 『第二言語習得から見た効果的な英語学習法・指導法』村野井仁（大修館書店，2006）.
  ――第二言語習得理論に基づいた指導が第二言語習得に与える影響を紹介している。
- 『ひとりで読むことからピア・リーディングへ：日本語学習者の読解過程と対話的協働学習』舘岡洋子（東海大学出版会，2005）.
  ――読みの過程での問題を明らかにし，仲間との読解について紹介している。

引用文献

Abe, Y., Hood, M., & Elwood, J. A. (2018). Self-regulated learning and culture in the flipped EFL classroom with ICT. *Journal of the Japanese Society of Engineering Education,* 66(5), 62-68.

房　賢嬉（2010）．韓国人中級日本語学習者を対象とした発音協働学習の試み：発音ピア・モニタリング活動の可能性と課題　日本語教育，144，157-168.

Brown, H. (2000). *Principles of language learning and teaching*. Prentice-Hall.

Bruer, J. T. (1993). *Schools for thought: A science of learning in the classroom*. MIT Press.

Dörnyei, Z. (1994). Motivation and motivating in the foreign language classroom. *Modern Language Journal*, 78, 273-284.

Dörnyei, Z. (2001). *Motivational strategies in the language classroom*. Cambridge University Press.

Dörnyei, Z. (2005). *The psychology of the language learner: Individual differences in second language acquisition*. Lawrence Erlbaum Associates.

Ellis, R. (1997). *Second language acquisition*. Oxford University Press.

Falout, J., & Maruyama, M. (2004). A comparative study of proficiency and learner demotivation. *The Language Teacher*, 28(8), 3-9.

Gardner, R. C., & Lambert, W. (1972). *Attitude and motivation in second language learning*. Newbury House.

Hadwin, A. F., Järvelä, S., & Miller, M. (2011). Self-regulated, co-regulated, and socially shared regulation of learning. In B. J. Zimmerman, & D. H. Schunk (Eds.), *Handbook of self-regulation of learning and performance* (pp. 65-84). Routledge.

Horwitz, E. K., Horwitz, M. B., & Cope, J. (1986). Foreign language classroom anxiety. *The Modern*

Language Journal, 70(2), 125-132.

Huang, S.-C. (2008). Assessing motivation and learning strategies using the Motivated Strategies for Learning Questionnaire in a foreign language learning context. *Social Behavior and Personality: An International Journal*, 36(4), 529-534.

衣川隆生（2010）．モニタリングの基準の意識化を促進させるための協働学習のあり方　日本語教育方法研究会誌，17（1），36-37.

衣川隆生・黄　美慶・金原奈穂（2004）．評価基準の内在化を目標とした口頭発表技能養成の授業　日本語教育方法研究会誌，11（2），10-11.

Larsen-Freeman, D., & Long, M. H. (1991). *An introduction to second language acquisition research*. Longman.

水本　篤（2011）．自己調整語彙学習における自己効力感の影響　関西大学外国語学部紀要，5，35-56.

元田　静（2005）．第二言語不安の理論と実態　渓水社.

村野井仁（2006）．第二言語習得から見た効果的な英語学習法・指導法　大修館書店.

Nicol, D., & Macfarlane-Dick, D. (2005). Formative assessment and self-regulated learning: A model and seven principles of good feedback practice. *Studies in Higher Education*, 31(2), 199-218.

小河原義朗（1997）．発音矯正場面における学習者の発音と聴き取りの関係について　日本語教育，92，83-94.

小河原義朗（2009）．音声教育のための授業研究：発音指導場面における教室談話の分析　日本語教育，142，36-46.

佐藤礼子（2015）．日本語学習者のグループ発表における評価の観点の意識化に関する検討　日本語教育方法研究会誌，22（1），56-57.

Schunk, D. H., & Zimmerman, B. J. (1996). Modeling and self-efficacy influence on children's development of self-regulation, In K. Wentzel & J. Juvonen (Eds.), *Social motivation: Understanding children's school adjustment* (pp.154-180). Cambridge University Press.

舘岡洋子（2005）．ひとりで読むことからピア・リーディングへ：日本語学習者の読解過程と対話的協働学習　東海大学出版会.

Tseng, W., & Schmitt, N. (2008). Toward a model of motivated vocabulary learning: A structural equation modeling approach. *Language Learning*, 58, 357-400.

Tsuchiya, M. (2018) The effects of a teacher's formative feedback on the self-regulated learning of lower-proficiency Japanese university learners of English: A qualitative data analysis using TEM, *Annual Review of English Language Education in Japan,* 29, 97-112.

Yashima, T. (2002). Willingness to communicate in a second language: The Japanese EFL context. *The Modern Language Journal*, 86(1), 54-66.

Zimmerman, B. J. (1995). Self-efficacy and educational development. In A. Bandura (Ed.), *Self-efficacy in changing society* (pp. 202-231). Cambridge University Press.

Zimmerman, B. J., & Kitsantas, A. (2002). Acquiring writing revision and self-regulatory skill through observation and emulation. *Journal of Educational Psychology*, 94(4), 660-668.

第9章　自己調整学習をスポーツへ応用する

藤田　勉（鹿児島大学）

スポーツをしている誰もが早くうまくなりたい，あるいは早く強くなりたいと思っていることでしょう。しかし，パフォーマンスの向上には，厳しい練習を長期にわたり続けること，また，がむしゃらに練習をするよりも質の高い練習を熟考して計画的に実行することが必要です。他の領域と同様，スポーツでも自己調整学習が応用されており，パフォーマンスの向上にその有効性は示されています。

また，スポーツに限らず，各領域で自己調整学習の有効性は示されていますが，いずれもその領域内で議論が展開されています。しかし，私たちの生活の中には，さまざまな活動があり，実際にはそれら複数の活動を同時遂行しています。スポーツをする大学生であれば，学業，アルバイト，就職活動等，他の活動と自己調整しながら生活をする必要があります。また，社会人として働くようになり，スポーツの目的が健康の維持増進になっても，仕事，家族サービス，子育て等があり，一つの活動だけで生活をすることはありません。それぞれの活動を切り離さずに自己調整学習を考えることは，自己調整学習の可能性を広げ，また，人生設計を自己調整するという観点からも有意義と考えます。

そして，自己調整学習は，学習者の能動的な取り組みに焦点が向いてしまいますが，周囲の社会環境からも大きな影響を受けます。自己調整学習の方略は，学習者がその有効性を認識していなければ使用しても効果がありません。つまり，有効性を認識していない学習者に対して，それを伝える存在が必要になります。したがって，選手に自己調整学習の方略使用を促すには，指導者が有効性を認識することが先であり，それを選手に伝えていくことが自己調整学習者を育てることになるのです。

そこで本章では，自己調整学習をスポーツへ応用することについて，①スポーツパフォーマンスの向上（目標設定，動機づけ，イメージ法，呼吸法），②スポーツと他の活動の同時遂行（情熱，セルフコントロール，グリット，ライフスキル，健康の維持増進），③スポーツ指導者の役割（指導への情熱，エンパワリングコーチング，自己調整学習者を育てる社会環境）という3つのトピックから考えてみたいと思います。

1. スポーツパフォーマンスの向上

(1) 目標設定

目標設定（goal setting）は，心理的スキルの技法の一つとして古くから知られています。ここでは，杉原（2003）により示された目標設定の方法と原則の中から，いくつか例をあげながら解説していきます。目標設定とは，到達したい目標を決めることだけではなく，自己分析により現状を知り，その現状から練習時間と目標達成までの期間を考慮し，挑戦的で実現可能性の高い目標を決めて，その目標達成に向けた練習計画を立て，練習を実行し，その結果を評価するプロセスのことです（図9－1）。

目標設定は自己分析から始まります。何をめざすのかを決めるだけでは，目標達成までにかかる時間を把握できないため，期間を決められません。自己の現実を知ることにより，何が不足しているのかが明確になり，何を目標として，どのような練習をどのくらいの期間で実施するのかという見込みが立っていくのです。現実的な自己分析ができなければ，その後の練習計画は非現実的なものとなってしまいます。

目標を設定する際は，期間内に達成するべき優先順位の高い下位目標を3～4つ程度あげて，その中から実現可能性の高い目標から取り組むことが有効で

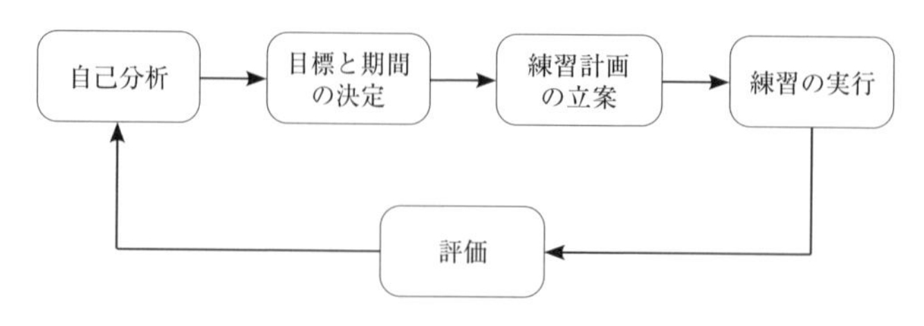

図9－1　目標設定のプロセス

す。一番難しい目標から取り組むほうが達成感も高まりそうですし，それが達成できれば残りの目標は簡単に達成できると考えられるかもしれませんが，それは効率的ではありません。たとえば，大学1年生が卒業するまでに到達したい目標に対して，優先順位の高い下位目標を3つあげたとします。もし，一番難しい目標から取り組んだ場合，目標達成に要する時間は，他の2つよりも長くかかるはずです。その難しい目標を達成するのに3年間費やしてしまったら，他の2つにとりかかる時間はほとんどありません。

もし，1年間で実現が可能な目標から取り組んでいけば，次の目標達成に2年間かかっても，3年間で2つの目標を達成することになり，4年目には3つ目の目標に取り組むことができます。実現可能性の高い目標から取り組むのは，達成経験を得ることにより自己効力感を高めることをねらいとしています。自己効力感の高まりは，次の目標へ向かう期待を増大させ，より積極的な行動へと動機づけを促します。

下位目標を設定する際は，目標を数値化できるものを選定するのがよいでしょう。ここでは，バスケットボールの得点能力について，一試合の平均得点を10点から18点にすることを到達したい目標に設定する例をあげてみます。得点能力の向上という到達したい目標に対して，シュート成功率の向上，フィジカル面の強化，状況判断能力の改善を下位目標に設定します。その中で実現可能性の高い下位目標として，フィジカル面の強化を選択します。そして，このフィジカル面の強化に向けて，スピード，パワー，ジャンプ力の改善をめざすトレーニングを計画します。

フィジカル面の強化について，スピードであれば，50 m走の記録を6.5秒から6.1秒にする等，秒が目標の指標になります。また，パワーであれば，ベンチプレスの記録を100kgから130kgにする等，kgが目標の指標になります。そして，ジャンプ力であれば，垂直飛びの記録を70cmから100cmにする等，cmが目標の指標になります。このように目標を数値化できると，下位目標の達成について評価がしやすくなります。評価がしやすくなれば，現在の練習計画をそのまま進めていくのか，それとも練習計画を立て直すのかというように，練習計画の採用について可否の判断ができるようになります。

目標設定で得られる効果は，自己効力感が高まることでスポーツへの関与をより積極的にさせることのほかに，入念な練習計画を立てることから練習の質を高めることになります。このことがパフォーマンスを効率的に向上させることにつながっていくのです。しかし，目標を達成するには，数年以上の長期にわたり継続していく必要があります。どんなに効率のよい練習方法があったとしても，続かなければ成果に結びつきません。効率のよい練習方法によって，パフォーマンスを向上させることが達成経験となり継続を支えますが，パフォーマンスの向上には時間がかかります。したがって，長期にわたり継続していく動機づけが重要になってきます。

(2) 動機づけ

目標を設定して，計画を立てて練習を実行し，評価するプロセスの中で，計画どおりに進まないことや失敗を経験することは多々あります。そこで問題となるのが，ドロップアウトです。スポーツにおける動機づけの意義とは，積極的な行動を促すことに加えて，ドロップアウトせずに継続していくことにあります。

スポーツの継続を支える動機づけにおいて，有能感が重要な役割を担っています（Roberts, 2012)。有能感とは，できることを実感している程度，つまり，個人の認知なのですが，競争の場面では現実的なパフォーマンスが直接的に有能感へ影響します。勝敗を決める状況では敗者が決まり，勝つことができたとしても，1番にならない限りは必ずどこかで負けを経験します。そのため，勝てないときでも有能感を維持する方法が必要になります。そこで，有能感の高さではなく，有能感の種類に着目したのが，達成目標理論（Nicholls, 1989）です。この理論は，有能感の捉え方が異なる課題志向性と自我志向性という2種類の達成目標志向性とよばれる心理的傾向が，認知，感情，行動にそれぞれ異なる影響を及ぼすという仮説です。

課題志向性（task orientation）とは，有能感の評価基準を努力の量として捉える心理的傾向のことです。課題志向的な人は，勝敗にかかわらず全力を尽くすことにより有能感を維持することができます。一方，自我志向性（ego orientation）とは，有能感の評価基準を他者との比較として捉える心理的傾向のことです。自我志向的な人は，他者より優れることで有能感を維持します。

この場合，実際のパフォーマンスが他者より優れていることをさしますが，他者より少ない努力でパフォーマンスを実行することでもあります。これは，努力する必要があるのは他者より優れていないからという解釈からきています。したがって，自我志向的な人にとって，努力しないことは他者より優れている証なのです。

有能感が得られている状況では課題志向性あるいは自我志向性のどちらでも問題ありません。しかし，有能感の維持が困難になると，課題志向性は努力を続けることができる一方で，自我志向性は努力を避けるようになります。なぜなら，他者より優れることで有能感を得たいにもかかわらず，それが叶わないというギャップが生じるからです。この状況の中で努力を続けることは他者より優れていないことを認めることになります。そうなると，自我志向性にとって努力を避けることが有能感を維持する方法となります。しかし，努力を避けることは，パフォーマンスの向上を遠ざけることとなり，再び，他者との比較から有能感の維持が困難になり，さらに努力を避けるようになってしまいます。この繰り返しにより，継続しようとする動機づけが低下し，ドロップアウトしてしまうのです。

それでは，有能感の維持が困難な場合は，どうすればよいのでしょうか。自己調整学習には，援助要請（help-seeking）という他者に援助を求める方略があります。その中には，望ましい援助要請とそうでない援助要請があります。自律的援助要請（autonomous help-seeking）は，自ら解決策を見出すための手がかりを得ようとする方略のことで，望ましい援助要請といえます。また，依存的援助要請（dependent help-seeking）とは，他者に頼って解決策を直接的に得ようとする方略のことで，あまり望ましい援助要請とはいえません。そして，援助要請回避（avoidance of help-seeking）は，解決することをあきらめて援助を要請しない方略のことで，望ましい援助要請ではありません。

有能感の維持が困難な場合は，自律的援助要請ができるように課題志向的な傾向を高めることが望ましいのですが，簡単なことではないようです。課題志向的になるか自我志向的になるかは，11歳前後で決まると考えられています（Nicholls, 1989）。また，年齢が高いほど，援助要請を回避すること（藤田, 2012）や自律的援助要請ができるのは課題志向的な人であること（藤田, 2017）が示唆されています。したがって，年齢が高くなると，自我志向的な人は，有能感の維持が困難になった場合，援助を要請することに抵抗を感じると思われます。なぜなら，できないことに援助を要請するのは，優れていないことを他者に告げることになるからです。しかし，できないから援助要請しないことを積み重ねることは有能感の低下につながります。そうかといって，「できないことがあったら，質問してね」ということばかけは，自我志向的な人の有能感を傷つけることになるかもしれません。そのような場合は，援助要請したくなる雰囲気をつくりだすことやコミュニケーション方略を使って援助要請を巧みに引き出す工夫を考えていく必要があるでしょう。

(3) イメージ法

新しいスキルを習得するとき，どうすれば，うまくできるかをイメージすると思います。このときに，どのようにして身体を動かすのかをイメージすることによりスキルを習得しようとする技法をメンタルプラクティス（mental practice）とよびます。メンタルプラクティスを用いる際には，観察者として自分をイメージするのではなく，自分自身の視点から一人称的なイメージをすることが有効です（杉原, 2003）。メンタルプラクティスの利点は，激しい身体運動が伴わないため，身体的な負担が少ないことです。しかし，メンタルプラクティスを実践する際には，まったく身体を動かさないよりも，身体の向きや姿勢を実際の動きに近づけたほうがイメージと筋運動感覚の結びつきを強固にし，学習の効率を上げます。たとえば，バスケットボールのレイアップシュートの習得をメンタルプラクティスで実践するならば，ボールを持って座っているよりも立っているほうが，また，単にボールを持って立っているよりもレイアップの姿勢をとるほうが鮮明なイメージができ，効率的にスキルを習得することができます。

メンタルプラクティスでスキルの習得に効果があるのは，実現可能な動きのイメージに限られています。つまり，イメージできることは，その動きが実現可能であることを意味している反面，できない動きをイメージすることはきわめて難しいということです。できない動きをできるようにするための練習ですから，実際に動いて練習することが最も効果的であり，それを補足する技法と

表9－1　メンタルプラクティスとイメージトレーニング

技法	目的	イメージの視点	イメージの対象
メンタルプラクティス	スキルの習得	一人称的	自分自身の動き
イメージトレーニング	覚醒水準のコントロール	三人称的	全体的な雰囲気
		一人称的	対人的な雰囲気

してメンタルプラクティスを取り入れるという考え方がよいでしょう。

イメージ法には，メンタルプラクティスのほかにも，メンタルトレーニング（mental training）の技法であるイメージトレーニング（image training）もあります。メンタルプラクティスも広義にはメンタルトレーニングに含まれますが，杉原（2003）は，メンタルトレーニングの狭義な定義として，覚醒水準を最適な状態にコントロールできるようにし，実力を最大限に発揮できるようにする訓練であるとしています。つまり，イメージトレーニングの目的は，覚醒水準を最適な状態にコントロールできるようにすることになります。いいかえれば，気分を落ち着かせるのかあるいは興奮させるのかをイメージによって自己調整するということです。

メンタルプラクティスとイメージトレーニングは，イメージするという点で共通していますが，目的が異なります。メンタルプラクティスでは，スキルの習得を目的として意図する動きを一人称的にイメージしますが，覚醒水準をコントロールするという目的からすると，イメージトレーニングは三人称的なイメージが有効になります。三人称的なイメージとは，自分の姿を周囲から観察しているようなイメージのことです。たとえば，試合会場にいる自分を観客席から見ているようなイメージです。それにより試合会場の雰囲気を全体的にイメージして，その場の雰囲気をつかむことを促します。もちろん，一人称的なイメージが必要なこともあります。この場合でも，動きのイメージではなく，対戦相手やチームメイト等，その場の雰囲気をイメージします（表9－1）。イメージをして雰囲気をつかむことができたとしても，気分を落ち着かせることあるいは興奮させることは難しいかもしれません。その場合には，呼吸法を併用することが効果的です。

(4) 呼吸法

呼吸法もイメージトレーニングと同様にメンタルトレーニングの技法の一つです。呼吸法の目的には，気分を落ち着かせるためのリラクセーションと気分を興奮させるサイキングアップがあり，目的によって方法が異なってきます。リラクセーションを目的とした場合は，呼吸を落ち着かせるようにします。具体的には，息を吸った時間（たとえば，5秒）の倍の時間（たとえば，10秒）をかけて，ゆっくり吐いていきます。これを腹式呼吸で繰り返し行うことにより副交感神経が優位になり，気分を落ち着かせることができます。サイキングアップを目的とした場合，興奮状態に導く必要があるため，呼吸を速くする工夫が必要になります。具体的には，座ったまま呼吸だけを速くするよりも，少し激しい身体運動をすれば，呼吸は速くなりますので，少し強めのウォーミングアップをすることで効率よく呼吸を速めることができます。

重要なことは，目的をはっきりさせることです。落ち着くためなのか，興奮させるためなのかがわからなければ，呼吸法の効果は得られません。また，先に述べたように，イメージトレーニングの際に呼吸法を用いることも効果的です。試合会場の緊張する雰囲気をイメージでつかむことができれば，それに対して，リラクセーションしたいのか，サイキングアップしたいのかを決めて，目的に応じた呼吸法を使うのがよいでしょう。

効果的なイメージや呼吸もトレーニングによって身につけられるスキルです。つまり，日頃の練習から呼吸法やイメージ法を実践していくことが効果をもたらすのです。その場だけのおまじないのように使っても効果はありません。メンタルトレーニングには，実力を最大限に発揮できるようにすることと，人として成長することという2つの方向性があります（杉原, 2003）。メンタルトレーニングは何をもって効果があったのかということが不明確です。したがって，効果がない技法も信じ込んでしまえば効果があったと思ってしまうこと，また逆に，効果がある技法であっても信じて実践しなければ効果が表れないのです。専門家の指導を受けていない限り，何を目的としてメンタルトレーニングをするのか，また，どのような技法を使うのかは，選択する選手あるいは指導者に委ねられます。このようなことからメンタルトレーニングには人として成長することが求められているのです。

2. スポーツと他の活動の同時遂行

(1) 情熱

スポーツに**情熱**（passion）を注ぐことは目標達成に必要な条件です。しかし，生活の中にはほかにも重要な活動があります。プロスポーツ選手でさえ，スポーツをしていれば，他のことを怠ってもよいということはありません。つまり，スポーツをしながらも，他の活動との同時遂行は避けられないのです。Vallerandら（2003）は，調和的情熱（harmonious passion）と執着的情熱（obsessive passion）という2種類の情熱が，認知，感情，行動へもたらす影響について仮説を立てました。これを情熱の二元モデル（Dualistic Model of Passion）とよびます。以下，調和的情熱と執着的情熱の特徴に加えて，スポーツと勉強を例にして情熱の二元モデルで説明します。

調和的情熱にとって，当該活動は外的報酬を伴わない自由意志によるものであるため，行動の自己調整が可能です。その結果，当該活動と他の活動との調和を図ることができます。一方，執着的情熱にとって，当該活動は外的報酬への衝動に駆られるため，行動の自己調整が困難になります。その結果，当該活動に執着して他の活動を怠ってしまいます。たとえば，大学生がスポーツと定期試験に向けた勉強を同時遂行することを2種類の情熱で説明すると，以下のようになります。情熱が調和的である人は，スポーツへの取り組みが熱心でありながらも，定期試験に合わせて計画的に勉強します。つまり，スポーツと勉強を自己調整しながら生活を送ることができます。それに対して，情熱が執着的である人は，スポーツへの取り組みが熱心になりすぎて，勉強を同時遂行することができません。その結果，定期試験に対する不安をかかえ，その不安はスポーツをすることへの動揺としても表れてきます。つまり，スポーツと勉強を自己調整できずに葛藤をかかえて生活を送ることになります。

スポーツと勉強に加えて，ギャンブルをする人がいるかもしれません。特にギャンブルへの情熱が執着的である人は，そのときに優先するべきことを先延ばしにして生活に支障が出るかもしれません。執着的情熱は，ネガティブ感情を引き起こすだけでなく，ギャンブルの頻度も高いという結果が示されています（Vallerand ら，2003）。ネガティブ感情をかかえつつもギャンブルを続けていると，勉強どころか，スポーツさえも台無しになってしまいます。やるべきことがあるときには，そちらに優先して取り組まなければなりません。そのためには，セルフコントロール（self-control）によって控えるべき行動を自制し，また，グリット（grit）によって気が進まないことに対してもやり抜く力を発揮することが必要になってきます。

(2) セルフコントロール，グリット

体力と学力に正の相関があることは多くの調査で示されています（たとえば，Castelli ら，2007）。この領域間の関係は興味深いところですが，体力あるいは学力のどちらかを高めれば，もう一方も高まるという単純な因果関係にしてしまうのは非科学的です。スポーツパフォーマンスがセルフコントロール（Englert, 2016）やグリット（Larkin ら，2016）と関係があること，また，学業成績がセルフコントロール（Galla & Duckworth, 2015）やグリット（Duckworth & Quinn, 2009）と関係があることは知られています。これらのことを踏まえると，体力と学力の相関が意味することは，相互に影響し合っているのではなく，セルフコントロールやグリットのような特性的な要因が体力と学力の相関関係を支えていると解釈するのが妥当であると考えられます。つまり，特性的な要因を訓練することによって，スポーツと勉強は両立可能であることを示唆しています。

スポーツに専念しながらも，他にするべきことがあるときには計画的に行動したいものです。計画的に行動するには時間管理（time management）のスキルが必要です。時間管理はセルフコントロールの行動的側面として考えられています（齋藤，2011）。もちろん，スポーツと勉強の時間管理だけでなく，SNS（Social Networking Services）等，生活の中にあるさまざまな誘惑に負けないためにもセルフコントロールは重要な役割を担っています。また，やり抜こうする力がなければ，スポーツと他の活動を同時遂行することはできません。そのときに必要なのがグリットです。Duckworth ら（2007）は，目標達成にはセルフコントロールの他にグリットが必要であることを提案し，多くの研究成果を発表しています。

スポーツのスキルが習得されたとしても，自動的に他の活動のスキルも習得されることはないため，複数の活動を同時遂行する経験をとおして，セルフコントロールとグリットを身につけていくという考え方をもつことは重要です。たとえば，サッカーの試合中に理不尽な反則をされても苛立つ感情をセルフコントロールすることはすばらしいことですが，そのセルフコントロールはそのまま勉強をするための時間管理のスキルにはなりません。勉強するための時間管理のスキルを習得するには，やりたいスポーツを一時的に控えるためにセルフコントロールするといったように，両者を同時遂行する経験をとおして身につけていくことが必要になります。

(3) ライフスキル

スポーツと学業の関係と同様，スポーツとライフスキル（life skills）の関係も単純ではありません。Schunk と Zimmerman（1998）は，厳しい生活環境の中でも高い学力を身につけた事例をあげて，それらが自己調整学習によるものであると推察しています。しかし，それは単に学力を高める自己調整学習を実践してきたというよりは，厳しい生活環境の中で問題へ対処する能力であるライフスキルを身につけ，それに加えて学力を高める自己調整学習を実践した結果であると思われます。たとえば，時間管理のスキルは，学業の側面だけでなく，厳しい生活環境の中で養われたライフスキルにも関連していると考えられます。

自己調整学習は，選択された一つの活動（たとえば，勉強）の範囲内で議論されていますが，時間管理のスキルは，その活動の範囲内で使用する方略というよりは，生活の中にその活動をどう組み込むかという方略です。時間管理はそれぞれの活動の時間を配分することであり，勉強の時間を増やせば，他の時間が減ることでもあります。スポーツと勉強の時間を管理することは，どちらか一方のみで考えることができない表裏一体の関係にあり，さらにそのことは生活の中にある活動すべてと関係するといえます。つまり，複数の活動に共通した時間管理を自己調整していくことがスポーツと他の活動の同時遂行を可能にするのです。

それでは，スポーツで養われた礼儀が他の活動においてもライフスキルとして発揮されるのでしょうか。残念ながら，そう簡単なことではないようです。礼儀のようなスキルは環境に応じて適切な対処が要求されるため，異なる環境下では，その環境に応じた礼儀の訓練を受ける必要があります。たとえば，運動部活動に取り組む大学生は，武道場，体育館，陸上競技場等の体育施設に出入りする際，一礼することがあります。しかし，それが大学に入構するときや教室へ入るときにそうするわけではありません。また，部活動の指導者に挨拶をしても大学の授業担当教員にそうするわけではありません。

各概念にはさまざまな立場があるため，簡単に整理することはできないかもしれませんが，たとえば，生きる力のような総合的な上位概念を仮定するとすれば，セルフコントロールやグリットは，主に行動の量的側面を規定する下位概念であり，領域間に部分的な共通性があるため，複数の活動の同時遂行によって訓練できることがあるように思えます。しかし，ライフスキルは，主に行動の質的側面を規定する下位概念であり，その領域に応じた特殊性の高いスキルが必要とされるため，その環境下に応じた訓練が必要になると思われます。ライフスキルは，セルフコントロールやグリットと同様に非認知能力（noncognitive skills）として分類されていますが，少し異なった側面があるのかもしれません。

(4) 健康の維持増進

社会人として働くようになれば，健康の維持増進を目的としてスポーツをする人が多くなってきますが，仕事，家族サービス，子育て等があり，学生時代とは比べものにならないくらい時間管理は難しくなります。また，時間をつくれたとしても，何をどのように，どのくらい実施すればよいのかを考えることは簡単なことではありません。そこでスポーツを継続していくことの困難さを経験することになります。この問題を解消する可能性をもつのが，快適自己ペース運動です（橋本・斉藤, 2015）。快適自己ペース運動とは，その名のとおり自分自身にとって快適と感じるペースで運動をする方法です。運動処方の立場では，相対的運動強度（たとえば，最大心拍数の60%の心拍数で運動する等）をベースにプログラムが考えられます。しかし，相対的運動強度によるプログラムを実施者が好むとは限りませんし，継続という観点から提供されているものでもありません。一方，快適自己ペース運動は主観的運動強度によって自分で実行する内容を決めることができます。

橋本・斉藤（2015）は，研究成果を積み重ねた結果，人それぞれに快を感じる主観的なパーソナルテンポがあること，快適と感じる強度での運動がポジティブ感情の獲得につながること，ポジティブ感情の獲得は運動への動機づけを高めて継続につながることを明らかにしました。快適自己ペース運動の研究では，「自分の心とからだと相談しながら，快適と感じる（不快と感じない）ペースで，ランニングあるいはウォーキングをしてください」といった教示が与えられるだけです。この方法は，運動強度を自己調整できるため，心肺機能に無理な負担はかからず，ケガの防止にもなります。つまり，効率的に健康を維持増進することができるのです。

快適さを獲得するために運動強度を自己調整するスキルが身につくまでには，ある程度の時間が必要になるかもしれません。別の考え方として，健康の維持増進を目的とする活動を選択するという視点があってもよいと思います。たとえば，ヨガは激しい身体運動を伴うスポーツではありませんが，行為自体がリラクセーションを目的としています。つまり，ヨガのスキルの習得は直接的にリラクセーションのスキルの習得につながるのです。もちろん，スキルの習得には時間がかかりますが，そのプロセスさえもリラクセーションであるため，健康の維持増進という目的に合う身体活動といえます。

3. スポーツ指導者の役割

(1) 指導への情熱

目標を達成するためには，選手の情熱に加えて指導者の情熱も欠かせません。スポーツに情熱を注ぐ指導者は，選手を目標達成へ導くための指導やその準備のために時間的な投資をします。その中で新しい指導法を学ぶために文献を購入することや講習会に参加することもあるでしょうし，選手を食事に連れていくこともあると思います。つまり，金銭的な投資もしていることになります。さらには，人生をスポーツ指導に捧げるといっても過言ではないほどに心理的な投資をする方もいると思います。これらのことから，スポーツに情熱を注ぐ指導者の生活の大半はスポーツで占められているため，そこでの経験は直接的に生活に影響し得ることになります。

このような中，指導への情熱の方向性を間違えば，選手を目標達成へ導くどころか，逆効果になることもあります。特に，情熱が執着的な指導者は，成果を得ることが自身の生活を支える報酬になります。そのため，成果が得られないと，ネガティブな感情をかかえることになります。そして，ネガティブな感情をかかえながらも，成果を得ることに執着し，強制的に選手を動かそうとします。それが行きすぎると，体罰という方法を選択するようになると考えられます。しかし，そこまで執着することに何のメリットがあるのでしょうか。

Vallerand（2015）は，これまでの情熱研究を概観し，情熱が執着的な人は，ウェルビーイングが低く，仕事への葛藤やバーンアウト傾向が高いことを報告しています。このことは，スポーツ指導にも同じことがいえると思います。つまり，スポーツに執着的な情熱を注いで指導することは，選手を壊すだけでなく，指導者自身の生活も台無しにすることになります。一方で，スポーツに調和的な情熱を注ぐ指導者から教わる選手は，指導者から自律性支援を受けているという認知が高く，自律的な動機づけも高いことが示されています（Lafrenièreら，2011）。つまり，選手と同様に指導者も調和的情熱でいることが有意義なスポーツ指導を実践することができるのです。

(2) エンパワリングコーチング

古くからスポーツ指導者のコーチング行動の研究は多くなされてきました。その中でも，リーダーシップ研究は有名です。スポーツ心理学では，リーダーシップ研究の影響を受けながらも独自に研究成果が積み重ねられ，選手の動機づけに影響を及ぼす社会環境が構造化されるようになりました。その一つが達成目標理論に基づく動機づけ雰囲気（motivational climate）です。この動機づけ雰囲気には，指導者，仲間，親というそれぞれの視点があり，課題志向性を促す課題関与的雰囲気と自我志向性を促す自我関与的雰囲気で構成されています（Duda, 2001）。また，自己決定理論（Deci & Ryan, 1985）の立場からも，指導者による自律性支援が選手の心理的欲求の充足や自律的な動機づけに影響を及ぼすことが示されてきました（Standage & Ryan, 2020）。

表9－2　エンパワリングコーチングとディスエンパワリングコーチング

コーチング行動	下位概念	指導者の言動	選手への影響
エンパワリング（選手に権限を付与する）	自律性支援	選手の意思決定を尊重する	自律的な動機づけ ウェルビーイング
	課題関与	個人レベルの上達や努力を称賛する	
	関係性支援	選手との関係を良好に保つ	
	構造	根拠のある説明をわかりやすく伝える	
ディスエンパワリング（選手の権限を剥奪する）	統制	選手に強制させる	統制的な動機づけ イルビーイング
	自我関与	選手間の比較を過度に強調する	
	関係性阻害	選手との関係に気を配らない	

しかし，動機づけ雰囲気も自律性支援も選手が指導者をどう思っているかという視点からの研究であり，具体的にどういう指導法が有効であるかということについて説得力がありませんでした。そこで，**エンパワリングコーチング**（Duda, 2013: Empowering Coaching^{TM}）とよばれる，指導者の視点から選手の潜在能力を最大限に引き出すための指導法が提案されました。この指導法は，選手に権限を付与するにより，心理的欲求を充足させ，自律的な動機づけとウェルビーイングを高めることを意図しています。具体的には，自律性支援，課題関与，関係性支援，構造という4つの下位概念で構成されています。自律性支援とは，選手の意思決定を尊重することです。課題関与とは，選手個人レベルの上達や努力を称賛することです。関係性支援とは，選手との関係を良好に保つことです。構造とは，選手に根拠のある説明をわかりやすく伝えることです。一方で，選手の権限を剥奪する指導として，統制，自我関与，関係性阻害という下位概念で構成されるディスエンパワリングコーチングがあります。統制とは，選手に強制させることです。自我関与とは，選手間の比較を過度に強調することです。関係性阻害とは，選手との関係に気を配らないことです（表9－2）。

Smithら（2016）は，指導者，観察者，選手を対象として，エンパワリングコーチングを評価する尺度（指導者による自己評価，観察者による指導者の評価）と動機づけ雰囲気尺度（選手による指導者の評価）を使って調査した結果，各尺度間には低い正の相関があるか，無相関という結果が示されました。このことは，指導者自身で評価した行動と観察者および選手の評価の一致度が低いことを示唆しています。つまり，選手のために良かれと思ってとっている指導者の行動は，周囲からみればそうでもない可能性があるということです。また逆からみれば，選手本人はがんばって取り組んでいても，指導者はそう評価していない可能性があるということです。

(3) 自己調整学習者を育てる社会環境

指導者が選手に及ぼす影響は大きなものです。なぜなら，選手のリクルート，練習計画の立案，試合出場メンバーの選抜，作戦・戦術の選択，チームの方針等に決定権があるからです。これらの決定権が選手に与えられている場合もありますが，スポーツは個人種目でさえ，チームやクラブといった集団で行われることが多いため，全体を見渡せる存在が必要になり，結果として指導者がその役割を担うことになります。このことからも，スポーツにおいて自己調整学習者を育てるために指導者の存在は欠かせないのです。しかし，指導者が自己調整学習の有効性を選手に伝えようとしても，選手がどのように受け取っているのかは，実際のところ，わからないのです。それでは，どのようにすれば，自己調整学習者を育てる社会環境が構築されるのでしょうか。

まずは，どの選手にどの方略が必要なのかを指導者が把握することです。集団で行われることが多いスポーツですが，すべての選手に必要な方略と選手それぞれに必要な方略があると思います。選手に有効性を認識してもらうには，その選手に対応した方略を見つける必要があります。次に，なぜ，使用する方略が有効であるのかを選手に説明し，理解してもらうことです。選手それぞれに対応した方略が見つかっても，それらの方略に，それぞれどのような効果があるのかを説明できなければ，選手に理解してもらうこともできません。そして，指導者の行動を評価する重要な他者（たとえば，専門家等）の存在が必要になります。先に紹介したSmithら（2016）の研究では，指導者による自己評価と観察者による指導者の評価の一致度は低いものでした。したがって，指導者自身で自分の指導を振り返ることに加えて，重要な他者からフィードバックを得ることも，選手に自己調整学習を促せているかを知るうえで重要になります。

キーワード

イメージ法，呼吸法，達成目標，情熱，エンパワリングコーチング

本章のポイント

- 目標設定をする際，優先度の高い下位目標をあげ，その中で実現可能性の高い目標から取り組むことが自己効力感を高める。
- 自我志向性よりも課題志向性のほうがスポーツを長く継続できる。
- 執着的情熱よりも調和的情熱のほうがスポーツと他の活動の同時遂行を可能にする。
- 執着的な情熱によるスポーツ指導は，選手を壊すだけでなく，指導者の生活も台無しにする可能性がある。
- 自律性を支援し，努力することを奨励し，わかりやすい説明を心がけ，良好な人間関係を築くことが，選手の動機づけを高めるのに効果的な指導法である。

ブックガイド

- **『運動指導の心理学：運動学習とモチベーションからの接近』杉原　隆（大修館書店，2003）.**

  ――目標設定，メンタルプラクティス，メンタルトレーニングをわかりやすく解説している。

- **「スポーツに対する動機づけ」藤田　勉（『生涯スポーツの心理学』杉原隆（編著），福村出版，2011，pp. 121-131）.**

  ――スポーツ参加者の動機づけ，スポーツにおける離脱者と継続者，動機づけの理論について解説している。

- **「やる気と情熱のスポーツ心理学」藤田　勉（『子どもがやる気になるスポーツ指導』佐藤善人（編著），学文社，2018，pp. 10-19）.**

  ――情熱とエンパワリングコーチングについて解説し，実践への示唆を提案している。

引用文献

Castelli, D. M., Hillman, C. H., Buck, S. M., & Erwin, H. E. (2007). Physical fitness and academic achievement in third-and fifth-grade students. *Journal of Sport and Exercise Psychology*, 29, 239-252.

Deci, E. L., & Ryan, R. M. (1985). *Intrinsic motivation and self-determination in human behavior.* Plenum Press.

Duckworth, A. L., Peterson, C., Matthews, M. D., & Kelly, D. R. (2007). Grit: Perseverance and passion for long-term goals. *Journal of personality and social psychology*, 92, 1087-1101.

Duckworth, A. L., & Quinn, P. D. (2009). Development and validation of the Short Grit Scale (Grit-S). *Journal of Personality Assessment*, 91, 166-174.

Duda, J. L. (2001). Achievement goal research in sport: Pushing the boundaries and clarifying some misunderstandings. In G. C. Roberts (Ed.), *Advances in motivation in sport and exercise* (3rd ed., pp. 129-182). Human Kinetics.

Duda, J. L. (2013). The conceptual and empirical foundations of Empowering Coaching™: Setting the stage for the PAPA project. *International Journal of Sport and Exercise Psychology*, 11, 311-318.

Englert, C. (2016). The strength model of self-control in sport and exercise psychology. *Frontiers in Psychology*, 7, 314.

藤田　勉（2012）．中学生の体育授業における学業的援助要請の学年差と性差の検討　鹿児島大学教育学部教育実践研究紀要，22，29-35.

藤田　勉（2017）．小学校体育における達成目標志向性と学業的援助要請の関係　九州地区国立大学教育系・文系研究論文集，4，1-13.

Galla, B. M., & Duckworth, A. L. (2015). More than resisting temptation: Beneficial habits mediate the relationship between self-control and positive life outcomes. *Journal of Personality and Social Psychology*, 109, 508-525.

橋本公雄・斉藤篤司（2015）．運動継続の心理学：快適自己ペースとポジティブ感情　福村出版.

Lafrenière, M.-A. K., Jowett, S., Vallerand, R. J., & Carbonneau, N. (2011). Passion for coaching and the quality of the coach-athlete relationship: The mediating role of coaching behaviors. *Psychology of Sport and Exercise*, 12, 144-152.

Larkin, P., O'Connor, D., & Williams, A. M. (2016). Does grit influence sport-specific engagement and perceptual-cognitive expertise in elite youth soccer? *Journal of Applied Sport Psychology*, 28, 129-138.

Nicholls, J. G. (1989). *The competitive ethos and democratic education*. Harvard University Press.

Roberts, G. C. (2012). Motivation in sport and exercise from an achievement goal theory perspective: After 30 years, where are we? In G. Roberts & D. Treasure (Eds.), *Advances in Motivation in Sport and Exercise* (3rd ed., pp. 5-58). Human Kinetics.

齋藤正樹（2011）．時間管理としての行動の時間配分：価値割引の視座からのパフォーマンス・マネジメントの検討　立教大学心理学研究，53，41-53.

Schunk, D. H., & Zimmerman, B. J. (Eds.) (1998). *Self-regulated learning: From teaching to self-reflective practice*. Guilford Press.

Smith, N., Tessier, D., Tzioumakis, Y., Fabra, P., Quested, E., Appleton, P., Sarrazin, P., Pappaioannou, A., Balaguer, I., & Duda, J. (2016). The relationship between observed and perceived assessments of the coach-created motivational environment and links to athlete motivation. *Psychology of Sport and Exercise*, 23, 51-63.

Standage, M., & Ryan, R. M. (2020). Self-determination theory in sport and exercise. In G. Tenenbaum & R. C. Eklund (Eds.), *Handbook of Sport Psychology* (4th ed., pp. 352-378). John Wiley & Sons.

杉原　隆（2008）．新版 運動指導の心理学：運動学習とモチベーションからの接近　大修館書店．

Vallerand, R. J. (2015). *The psychology of passion: A dualistic model*. Oxford University Press.

Vallerand, R. J., Blanchard, C. M., Mageau, G. A., Koestner, R., Ratelle, C., Léonard, M., Gagné, M., & Marsolais, J. (2003). Les passions de l'âme: On obsessive and harmonious passion. *Journal of Personality and Social Psychology*, 85, 756-767.

第10章　大人が学び続けるためのシステムづくり

石川奈保子（早稲田大学）

子どものとき「大人になったら勉強しなくていいんだ」と思っていた人もいるのではないでしょうか。ところが，現代では社会の急激な変化に対応するため，私たちは生涯にわたって学び続ける必要に迫られるようになりました。大人，すなわち社会人が学ぶ方法は，独学，カルチャースクール，通信教育など数多くあります。その中から，本章では，eラーニング制大学通信教育課程（オンライン大学）について取り上げます。eラーニングの利点は「いつでもどこでも」学べることですので，忙しい大人の学習手段としてとても優れています。その一方で，学習環境の自由度が高いために簡単にサボれてしまいます。そこで，自己調整学習のスキルがとても重要とされています。大人の学びの特徴，インストラクショナルデザインの理論とeラーニングを提供する側の仕組みづくりについて，自己調整学習との関係から紹介します。

1.　大人の学びを取り巻く状況

(1)　日本における大学通信教育課程の整備とオンライン大学

現代ほど大人が学ぶこと，学び続けることが必要な時代はないでしょう。なぜならば，社会情勢や科学技術が加速的に変化しているためです。近年ではたとえば，買い物で電子決済を使おうとして頭を悩ませた方もいらっしゃるのではないでしょうか。若いときに得た知識や技能，常識が通用しなかったり，新しい技術や方法に適応しなければならなかったりする場面は，仕事や生活の中でたくさん出くわします。そういった細かなことに対処するために学ぶことは，私たちは日常的にしています。しかし，何かについて体系的に学びたい，専門知識を身につけたいと思い立つこともあります。そのようなときは，やはり私たちは「学校に行こうかな」と考えるのではないでしょうか。

生涯教育（lifelong education）という考え方が提唱されたのは1965年のユネスコ第3回国際成人教育会議ですから，今から50年以上前のことです。日本でも，1981年の文部省中央教育審議会第26回答申において「今日，変化の激しい社会にあって，人々は，自己の充実・啓発や生活の向上のため，適切かつ豊かな学習の機会を求めている」と**生涯学習**（lifelong learning）の必要性が言及されました（文部省, 1981）。

この流れを受けて，生涯学習の機会の整備の一環として，大学・大学院の通信教育課程が設置されてきました。2020年度時点で，通信教育を実施している大学は44校，大学院は27校あります（うち19校では大学・大学院を併置；文部科学省, 2020）。長らく大学通信教育の授業形態の主流は，印刷教材等による学習とレポート作成でした。しかし，1985年に放送大学でUHF（Ultra High Frequency：極超短波）方式の放送による授業が開始され，1994年に北海道情報大学の通信衛星を利用した授業配信の開始を経て，インターネット環境の整備が進んだ2000年代にはeラーニング（electronic learning）を利用する通信教育課程が増えてきました。

eラーニングとは，パソコンとインターネットを中心とするIT（Information Technology：情報技術）を活用した教育システムをさします。近年では，教材をインターネットで配信するWBT（Web Based Training）や，学習者のコンテンツ管理やスキル目標の設定，学習の進捗状況などを一元的に行う学習管理システム（Learning Management System: LMS）を使用したシステムが主流になっています（日本イーラーニングコンソシアム, 2020）。

卒業に必要な単位のほとんど，あるいはすべてをeラーニングで取得できる大学は，**オンライン大学**やインターネット大学とよばれています（日本イーラーニングコンソシアム, 2020）。2003年には早稲田大学人間科学部通信教育課程（通称「eスクール」），2004年には八洲学園大学，2007年にはサイバー大学，2010年にはビジネス・ブレイクスルー大学（通称「BBT大学」），2018年には東京通信大学が開校・開設されました。これらの大学は，忙しい社会人学生が自分の生活時間に合わせて学ぶ環境，大人のニーズに即した学部や学科を提供しています。なお，社会人学生とは，大学・大学院の学生のうち職に就いている人（定年退職者や学生になるために退職した人，主婦なども含む）をさします（文部科学省, 2019)。そして，オンライン大学には30～50代の人たちを中心に在籍しています。

オンライン大学では，学習管理システムをとおして授業が配信されます。LMSの各科目のページには，教員が用意したビデオや電子ファイル資料，学習を評価するための小テストやレポート課題の提出口，教員や学生同士が議論するための電子掲示板（Bulletin Board System: BBS）などのコンテンツが用意されています。教員は，学生の課題提出などの学習履歴やコンテンツ閲覧などの行動履歴が把握できます。科目の学習期間は大学によってさまざまで，各回1～2週間と細かく定められていたり，科目全体を学期の終わりまでに，というように中長期で定められていたりします。

特に学習期間が中長期に定められている場合，計画的にコツコツと学習を進められる学習者もいれば，期限ギリギリになってようやく手をつける学習者もいます。後者のような学習の先延ばし行動は，積み重なれば科目の受講や大学での学び自体をやめてしまうドロップアウト（dropout）につながります。教室授業に比べて，eラーニングはドロップアウト率が高いといわれています(Levy, 2007)。先延ばし行動を抑制し，学習を続けるには自己調整学習スキルが必須です。そのため，オンライン大学では，学生の自己調整学習を支援するためのさまざまな工夫がなされています。

(2) 大人が大学に入学する理由

日本の大人のうちどのくらいの人が学んでいるのでしょうか。生涯学習についての世論調査（内閣府, 2018）では，「学習したことがない」と答えた人が41.3%います。その理由として最も多くの人があげていることは「仕事が忙しくて時間がない」(33.4%）です。「家事・育児・介護などが忙しくて時間がない」(15.0%）も合わせると，学習の開始を妨げる要因として「時間がないこと」が大きな問題となっていることがわかります。「働き方改革」といわれてはや数年が経ちますが，日本人の働きかたと生涯学習の充実は密接な関係がありそうです。

そのような中，あえて大学や大学院で学ぶことを選ぶ人たちがいます。オンライン大学の卒業生たちへのインタビュー（関ら, 2014）では，オンライン大学への入学動機として，①特定の学問を体系的に学びたい，②弱点を克服するために能力やスキルを上げたい，③大学で学ぶことで新たな可能性を広げたい，という内的動機があげられています。また，④仕事や生活での問題を解決するための知識や手段がほしい，⑤仕事の質を向上させたり職域を拡大させたりしたい，といった外的動機もあり，これらのさまざまな動機が組み合わさって大学入学に至っていることが指摘されています。そして，入学動機の背景には，過去の学歴や転職といった何らかのライフイベントの影響があったことも示されています。

オンライン大学で学ぶ人たちは，仕事や生活で学ぶ必要性を感じて，学ぶ手段としてeラーニングを選択し，意欲的に学んでいます。

(3) 大人が大学で学べなくなる理由

せっかく大学に入学しても，すべての人が卒業まで学び続けられるわけではありません。従来型の通信教育課程の卒業率は2割程度，オンライン大学でも6割程度といわれています。

オンライン大学の社会人学生の学びの継続を妨げる理由として，以下の3点があげられています。①学習の遅れや理解不足などの学習困難，②十分な指導を受けられなかったり学友と接する機会が少なかったりする場合の不安や孤独感，自信喪失，③リストラや病気といった負のライフイベント，です（関ら，2014）。

大人，すなわち社会人学生の多くは，仕事，家事・育児といった社会的役割を担いながら学んでいます。よって，学習時間の捻出やそのための家族との役割調整は大きな課題です。現代の日本では，大学などで大人が学び直しをすることが評価されにくいという状況もあります。職場の理解が得られにくいことは，学習時間の捻出の問題にもつながっていきます（中村，2018）。

社会人学生の「大人」であるがゆえの学びにくさも指摘されています。たとえば，社会人経験者であるというプライドによって教員（自分よりも年下の場合もあります）からの指導を素直に受け入れられなかったり，経験に頼って自分を変えられなかったりといった柔軟性のなさは，学びの継続を妨げることが指摘されています（中村，2018）。

以上のように，社会人学生には若い学生に比べてさまざまな困難があります。自分の意志では避けられない困難もありますが，努力や工夫次第で克服できる困難もあるでしょう。私たちは学習がうまくいかなそうなとき，何かと言い訳をしてしまいます。それはセルフ・ハンディキャッピング（self-handicapping）といって，自己調整学習がうまくいっていない人がよくとる方略です（Zimmerman, 1998）。大人はどのような言い訳をしがちでしょうか。中村・向後（2019）は，「時間不足」，「老化」，「能力不足」，「体調不良」の4つをあげています。表10－1で得点が高いと「言い訳」が多いことになります。言い訳ばかりになっていないかチェックしてみてください。

表10－1　通信教育課程で学ぶ社会人学生のためのセルフ・ハンディキャッピング尺度

学習の場面であなた自身をどのように思っているかについて，ありのままにお答えください。（1. あてはまらない　2. ややあてはまらない　3. どちらともいえない　4. ややあてはまる　5. あてはまる）

1. 忙しくなければ，教える側の期待に応えられるだろう	1　2　3　4　5
2. うまく学習できないのは忙しいからであると思う	1　2　3　4　5
3. 時間があれば，もっと学習がはかどるだろう	1　2　3　4　5
4. 成績が悪いのは時間がないからだと思う	1　2　3　4　5
「時間不足」	合計　/20点
5. 注意力が散漫なのは，年を取ったせいであると思う	1　2　3　4　5
6. 若いときの集中力があれば，教える側の期待に応えられるだろう	1　2　3　4　5
7. 若いときの記憶力があれば，もっと成績が良くなるのにと思う	1　2　3　4　5
8. 学習がうまくいかないのは，若い時にくらべ計算力が落ちているからだと思う	1　2　3　4　5
「老化」	合計　/20点
9. 学習がしっかりできないのは，注意力が散漫なためだと思う	1　2　3　4　5
10. 学習がうまくいかないのは，集中力がないからだと思う	1　2　3　4　5
11. 文章力があれば，もっと楽に学習できるだろう	1　2　3　4　5
「能力不足」	合計　/15点
12. 学習に失敗するのは，体調が悪いからだと思う	1　2　3　4　5
13. 体調が悪くなければ，もっと学習できるのにと思う	1　2　3　4　5
14. 成績が悪いのは，肩こりや腰痛のせいだと思う	1　2　3　4　5
「体調不良」	合計　/15点
	合計　/70点

（中村・向後, 2019 をもとに作成）

2.　大人の自己調整学習とその支援

(1) 学びを促進する自己調整学習方略

大人は明確な目的に向けて学ぶことが多いため，学びたい気持ちはとても強く，それが学びの推進力となっています。しかし，学びを続けられない人がいるのはなぜでしょう。

eラーニングには同期型と非同期型があります。そして，特に自分のペースで学べる非同期型eラーニングの場合，学習時間が決められているわけではないので，学習者は自分で学習計画を立てて進めなければなりません。では，オンライン大学の学生は，どのような自己調整学習方略をとっているでしょうか。石川・向後（2017a）で以下の特徴があげられています。

大人の自己調整学習方略の特徴の1つ目は，学習計画を立てることを重視している点です。大人は仕事や生活の中で，スケジュールを立てることを日常的にしています。また，学習時間を捻出するために，課題の期限やテストの日から逆算していつ何をするかを細かく決めている人は多いようです。

特徴の2つ目は，学習内容をすでにもっている知識や自分の経験と結びつけてみる点です。入学動機にあったように，仕事や生活の中で直面している問題を解決するために学んでいる人は多くいます。つまり，大人の学びの目的は「覚える」ことではなく，仕事や生活に活かすことや自分の人生をよりよくすることです。ここが若い人がとる学習方略と違うところです。

もう一つの特徴は，大人の自己調整学習方略は変化しにくいという点です。大人が選ぶ方略は，すでに成功体験を長年積んできて自分に合っている（と強く思い込んでいる）方略です（Hofer ら, 1998）。よって，方略を変えることはなかなかしないようです。ほかの人がみてもその方略で学習がうまくいっているのであればよいのですが，そうではない場合もきっとあるでしょう。大人はかなり意識的に自分の学び方に向き合わなければ，自己調整学習スキルを向上させることはできないといえます。

表10－2では，自分がどのような自己調整学習方略を使っているかチェックできます。なお，学習方法を振り返ることで，自己調整学習方略を変更したり

表10－2　大学通信教育課程の社会人学生の自己調整学習方略尺度

大学での学習を進めるときに，あなたは以下のことについて，どれくらいあてはまりますか。(1. あてはまらない　2. ややあてはまらない　3. どちらともいえない　4. ややあてはまる　5. あてはまる)

1. 課題やテストがうまくできなかったときは，その理由を考える	1 2 3 4 5
2. 普段から学習内容に関連することをメモしておく	1 2 3 4 5
3. 期限を守れなかったときは，その理由を考える	1 2 3 4 5
4. 教員に質問できなかったときは，その理由を考える	1 2 3 4 5
5. 学習が計画的にできたかどうか振り返る	1 2 3 4 5
6. To Doリストを作成して，学習の優先順位を決める	1 2 3 4 5
7. どうすればもっと効率よく学習できるか考える	1 2 3 4 5
「学習方法を振り返る」 合計	/35点
8. 学習内容を理解するために，すでに知っていることと結びつけてみる	1 2 3 4 5
9. 講義で教員が伝えたいことは何か，考えながら授業をきく	1 2 3 4 5
10. 学習内容を理解するために，その内容に関わる自分自身の経験がないか思い出してみる	1 2 3 4 5
11. 集中して学習できる場所がある	1 2 3 4 5
12. 学習内容を理解するために，ノートを取ったりメモを作ったりする	1 2 3 4 5
13. 学習した内容を，仕事や生活にすぐに役立てるつもりでいる	1 2 3 4 5
「学習を工夫する」 合計	/30点
14. 学習していてわからないことがあったとき，大学の友人にたずねる	1 2 3 4 5
15. 大学の友人から，効率的な学習方法を教えてもらう	1 2 3 4 5
16. 課題がうまくできないときは，その理由を大学の友人にたずねる	1 2 3 4 5
「大学の友人にたずねる」 合計	/15点
17. 課題の期限やテストの日程にあわせて，今日はどこまで進めるか決める	1 2 3 4 5
18. 課題の期限やテストの日程から逆算して，学習の計画を立てる	1 2 3 4 5
19. 学習するとき，何時までにどこまで進めるか決める	1 2 3 4 5
20. 学習する時間帯を決めてある	1 2 3 4 5
「学習計画を立てる」 合計	/20点
21. 学習したあとに好きなことをする	1 2 3 4 5
22. 仕事，学習，プライベートの比重を決めている	1 2 3 4 5
23. 学習したあとのご褒美を用意しておく	1 2 3 4 5
「自分にご褒美を与える」 合計	/15点
合計	/115点

(石川・向後, 2017a をもとに作成)

増やしたりできることがわかっています（石川・向後, 2017a）。うまく学べていないと感じていたら，表10－2の「学習方法を振り返る」にあげられている行動をしてみると，よりよい学び方を見つけられるかもしれません。

(2) 学びを支えるメンター

オンライン大学の卒業生たちは，多くの困難がありながらなぜ学び続けられたのでしょうか。彼らはその理由として，メンターや教員との密接なやりとりと学友コミュニティでの交流をあげています（関ら, 2014）。

通信教育課程では，各自が自宅などで学んでいます。教室での授業と違って隣に同じクラスの人がいるわけではないので，孤独感を感じたり学習意欲が落ちたりする人もいます。不破ら（2007）では，オンライン大学院の学生の学習意欲が回復するためのサポートとして，履修が停滞している学生へのサポートメールの送信，全学生へのニュースレターの配信，学習管理システムへの情報交換用電子掲示板の設置，大学との多様な連絡方法の整備，先輩の紹介をしました。その結果，学生の修了率を約6割まで引き上げています。

わからないことがあるとき，通学課程の大学であればすぐに教員やクラスメイトに尋ねたり大学事務局に相談しに行ったりできます。一方，各オンライン大学には，学生からの質問・相談に「遠隔で」対応できる部署や役割が整えられています。その一つがメンター（mentor）です。学習者に継続的・心理的にサポートし学習の継続を促進する役割をもつ，学習者にとって信頼のおける助言者です（日本イーラーニングコンソシアム, 2007）。メンターは，教員などのインストラクターと役割分担しながら学習者を支援します。その役割には，学習内容に関する助言だけでなく，激励，進捗管理の支援，効果的な学習方法の提案なども含まれます（松田・原田, 2007）。たとえば，eスクールでは「教育コーチ」，サイバー大学やBBT大学では「ラーニングアドバイザー」とよばれています。学生にとってメンターからの適切な支援を得ることは，学習意欲の維持につながります。

非同期型eラーニングの学習者の態度（松田・原田, 2007）として，以下の3つのタイプがあげられています。「伝統的学習者タイプ」は，自律性が低く，メンターからのアドバイスを抵抗なく受け入れるものの，課題提出締め切りや学習期間の終了近くまでほとんど何もしないことがあります。「消費者的学習者タイプ」は，eラーニングの受講を商品の購入と同じように位置づけて，教育サービスとして高い品質を求めています。目的意識やモチベーションは高いものの，グループ学習や一律の進度強制に反発することがあり，社会人に多いタイプです。「個人嗜好的学習者タイプ」は，インターフェイスやインストラクターなどに対する学習者の個人的な好き嫌いが学習継続に重大な影響を与えます。

オンライン大学では「消費者的学習者タイプ」が多いと考えられます。オンライン大学の学生は，メンターが教員の代わりに専門的な内容をわかりやすく教えてくれたり，学習を促進させるようなアドバイスをしたりすることをとても重視しているようです（冨永ら, 2013)。つまり，メンターからの指導や助言を教育サービスと捉え，高い品質を求めていることがうかがえます。

メンターの重要な役割の1つ目は，学生をドロップアウトさせないことです。ドロップアウトが多いのは授業開始から1回目の課題提出の前後です（Xenosら, 2002)。また，オンライン大学の新入生は，学習に対して強い不安を抱いています（石川ら, 2013)。これに対してメンターは，適切なタイミングで学生に働きかけることが求められます。メンターが適切な支援をできるように，オンライン大学にはガイドラインが用意されています。

メンターの重要な役割の2つ目は，学生が学習ペースをつかみ，学習をスムーズに進められるよう助言することです。いいかえると，自己調整学習ができるよう支援することです。しかし，支援しすぎてしまうと学生がメンターに依存的になっていくという問題があります。

学習者が援助者に援助要請するかどうかには，援助要請を「利益」と考えるか「コスト」と考えるかがかかわっています（Newman, 1990)。オンライン大学の学生は援助要請の利益を「余計な時間をかけずに効率よく学習するのに役立つ」と考えていることが示されています（石川・向後, 2017b)。すなわち，援助要請を学習の失敗や停滞を回避するための方略として捉えているといえます。小・中学生を対象とした調査（Newman, 1990; Newman & Goldin, 1990; 野﨑, 2003）では援助要請の利益を「学習内容の習得に役立つ」と捉えていたのとはやや様子が違います。これには，オンライン大学の学生が学習時間の確保に苦慮していることが背景にあると考えられます。

援助要請は，学習の停滞を防いだりより深く学んだりする助けになります。しかし，ちょっとしたことでもメンターに逐一問い合わせていたら，メンターには負荷がかかり疲弊します。学生のほうは深く考えなくなるので学びの質は下がってしまうかもしれません。大人の自己調整学習者として，私たちはより適切に援助要請するべきでしょう。

(3) 学びを支え合う大学の友人

eラーニングの利点として，従来型の通信教育課程と比べて教える側と学ぶ側の双方向コミュニケーションが簡単に素早くできることがあげられます（松田・原田, 2007；図10－1）。具体的には，学習管理システム上に設置された電子掲示板に書き込むことで，ほかの受講生や教員，メンターとやりとりができます。自分の考えや調べたことを書き込んだり，ほかの受講生の書き込みを読んでそれに返信したりすることで，議論や交流ができます。

オンライン大学によっては，大学主催の懇親会や学生サークル活動などもあり，学生同士の交流が盛んになるような工夫がされています。そこで知り合ったほかの学生とのリアルな交流（大人なので飲み会も含まれます）が始まり，それを励みに学び続ける人も多いようです（関ら, 2014）。

オンライン大学において，ほかの学生との交流は学び方にも影響していることが

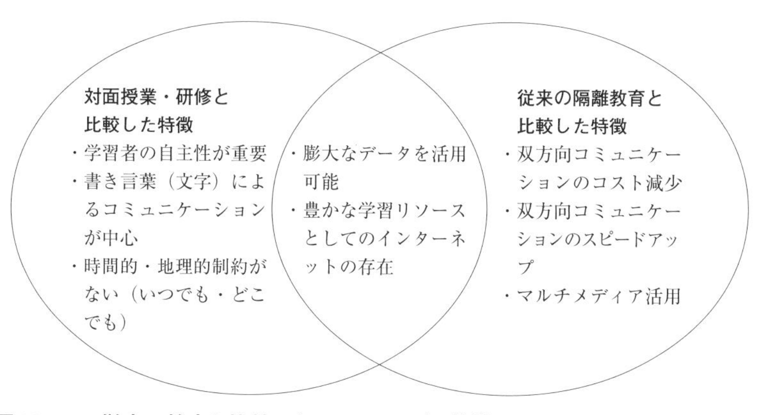

図10－1　従来の教育と比較したeラーニングの特徴（松田・原田, 2007をもとに作成）

とが明らかになっています。大学内に学習について相談できる友だちがいる学生は，より多くの自己調整学習方略を使っており，また，わからないことがあるときにメンターに質問できていることがわかっています（石川・向後, 2018）。学内の友だちと実際に会って話したり，FacebookやLINEなどのSNS（Social Networking Services）でやりとりしたりする中で，どんなふうに学びを進めているのかに関する情報交換も盛んにされていると考えられます。

とはいえ，ほかの学生と簡単に交流できることのデメリットもあります。たとえば，オンライン大学に入学したものの，一人でコツコツ学びたいタイプの人もいるでしょう。また，お互いの顔が見えない電子掲示板でのやりとりが苦手な人もいます。

eラーニングでは，コンピュータを介したコミュニケーション（computer-mediated communication: CMC）が多くなります。文字中心になりがちでジェスチャーや表情などの非言語情報が少ないため，相手に誤解を与えたり攻撃的になりやすかったりする問題があります（三浦ら, 2009）。かといって，メールや電子掲示板に絵文字が使われることは，年代が上になるほど不快に感じる人が多くなるようです（Nulab, 2018）。

オンライン大学は「通信教育課程＝一人でコツコツ学ぶもの」というイメージとは少し違います。しかし，ほかの学生や教員，メンターと盛んに交流したい人，一人でコツコツ学びたい人が，お互い尊重し合いながら学ぶようにしたいですね。

3.　大人の学びを支えるシステム

(1) 大人の学びの特性

ここで改めて，大人の学びの特性をまとめてみたいと思います。

成人教育学（Andragogy **アンドラゴジー**：成人の学習を援助する技術と科学）を発展させたKnowles（1980）は，大人の学び手（**成人学習者**：adult learner）の特性として以下の4点をあげています。

(1) 自己概念は，依存的なパーソナリティから自己決定的な人間のものになっていく。

(2) 人は経験をますます蓄積するようになるが，これが学習へのきわめて豊かな資源になっていく。
(3) 学習のレディネス（準備状態）は，ますます社会的役割の発達課題に向けられていく。
(4) 時間的見通しは，知識の応用の即時性へと変化していく。それゆえ学習への方向づけは，教科中心的なものから課題達成中心的なものへと変化していく。

子どもが遠い未来に備えて学ぶことが多いのに対して，大人は近未来の，ある具体的な目的のために学ぶことが多くなります。自らが社会人としての役割を果たす中で直面している課題を解決するために，必要に迫られて学んでいます。そのため，とても学習意欲が高く，粘り強さを発揮します。その一方で，自分の興味・関心が狭いために学習が一面的になりがちで，総合性や系統性を欠きやすい点に課題があります（渡邊, 2007）。

成人教育学では，大人が学ぶには自己主導型学習（self-directed learning）が重要であると主張されています。このことをご存じの方の中には「大人の学習なら自己調整学習じゃなくて自己主導型学習じゃないの？」と思いながら読み進めてきた方もいるかもしれません。自己調整学習との違いについてMerriamとBaumgartner（2020）は，自己主導型学習は自己調整学習よりもやや広い概念で，学習への責任を負うことをさす一方，自己調整学習は非常に方略的で，学習の達成を確実にするためのさまざまな認知的・メタ認知的プロセスを使うと述べています。

自己調整学習の研究は学校教育の中で発展してきました。学校では，教師が学習者に対して学習内容や課題の進め方，期限などを細かく指定します。学習者はそれをうまく進めるために自己調整をします。それに対して，大人の学びは学校以外の場で行われることのほうが多いでしょう。そのため，自分が何を学ぶか，どのように学ぶかを決める必要があります。この部分は「自己主導型学習」といえます。しかし，大学通信教育課程での学びは，大学に入学した時点で「自己調整学習」になります。なぜならば，大学が決めたカリキュラム，期限や評価方法に合わせて学習を進めていくからです。

(2) 大人の学びを設計するインストラクショナルデザイン

eラーニングは，Web上にビデオコンテンツを設置すれば成立するわけではありません。学習がうまくいくための緻密な設計があるからこそ，学習者は安心して効果的に学ぶことができます。

何かをうまく教えるための技術と科学を**インストラクショナルデザイン**（Instructional Design: ID）といいます（向後, 2015）。IDは**教育工学**という学問の中心領域です。教育工学（Educational Technology）は教育分野の諸問題に対し，問題解決を支援するための，知見，技術，道具などを体系的に提供する学問です（坂元ら, 2012）。

IDには，教育活動の「効果・効率・魅力」を高めるための工夫すべてが含まれます（鈴木ら, 2016）。「効果」とは学習成果のことで，学習者に実力がつくことです。「効率」とは学習者も教員も省エネであることを良しとします。たとえば，学習者は学びたい内容を短時間でできること，教員は過去に作成した教材や既存のテキストを活用して開発の効率化を図ることです。「魅力」は学習者が「楽しい」,「役に立った」という満足感を得て「さらに学びたい」と思うように工夫することです（松田ら, 2017）。

IDでは，対面授業にせよeラーニングにせよコースを設計して実施したら，そのコースを評価して修正し，より効果的で魅力的なコースにしていくことが大切とされています。その手順を示したものがADDIEモデル（アディ・モデル）です。分析・設計・開発・実施・評価のサイクルを回していくことが示されています（ガニエら, 2007；図10－2）。自己調整の循環モデルのサイクルと似ていますね。そして，学習者の到達テストは「学習者を評価」するためのものではなく，そのコースがよいものかどうかを評価するために使います。

またIDでは，若い人たちの学びと同じくらい，大人の学びを促すことを重視しています。それとともに，学ぶ人を自己調整学習者にすることをめざしています。表10－3はKnowles（1980）の大人の学びの特性と，それを踏まえた学習援助のポイントを示したものです（鈴木ら, 2016）。

近年提唱されているIDのモデルや理論に共通する要素について，Merrill（2002）はID第一原理（The First Principle of Instruction）として次の5つをあげています（鈴木・根本, 2011）。

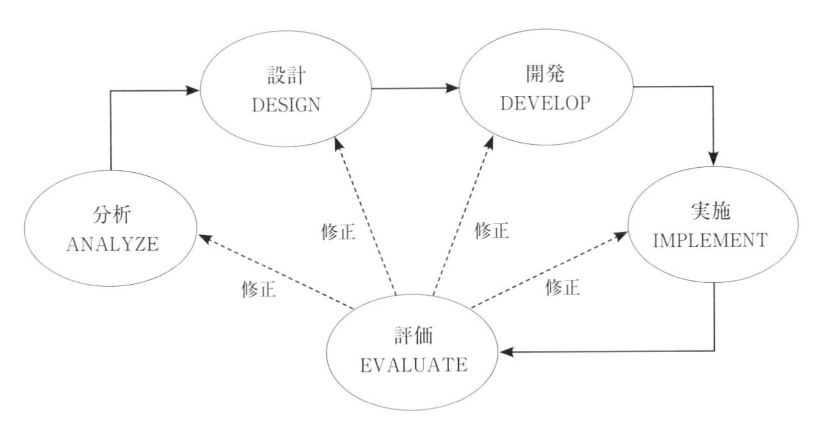

図10－2　ADDIEモデル（ガニエら, 2007をもとに作成）

表10－3　大人の学びの特性を生かした学習支援論

	大人の学びの特性	学習援助のポイント
自己概念	自己決定的・自己主導的であろうとする	自律的・自己決定的なニーズに応える必要がある
経験	経験が蓄積されていく	経験の多様さと豊さは学習のための資源となる
レディネス（準備状態）	社会的役割に関する発達課題の中から芽生える	生活や職業などに直接関わるテーマを選ぶ
方向づけ	生活中心あるいは問題領域中心であり，応用の即時性を求める	課題達成中心的なものへの移行が求められる

（鈴木ら, 2016 をもとに作成）

(1) 問題：現実に起こりそうな問題に挑戦する。
(2) 活性化：すでに知っている知識を動員する。
(3) 例示：例示がある（Tell meではなくShow me）。
(4) 応用：応用するチャンスがある（Let me）。
(5) 統合：現場で活用し，振り返るチャンスがある。

大人の学びの特性に寄り添った要素だと思いませんか。このように，IDは大人の学びをより効果的・効率的・魅力的にするための知見を提供しています。近年では，IDの知識をもったインストラクショナルデザイナーが日本全国で活躍しており，オンライン大学の学習システムに限らず，大学授業，企業内研修のeラーニングなどにもこのIDの知見が活かされています。

(3) 人の学びを拡張するICT

私たちは学ぶ手段が何であれ，自己調整学習のスキルを身につけていく必要があります。しかし，実際に独力で自己調整学習することはそれほど簡単なものではありません。せっかくパソコンやスマートフォンなどさまざまなICT（Information and Communication Technology：情報通信技術）機器が身近になったのですから，それらを活用しながら「自己調整」をしてもかまわないでしょう。

学習管理システムには，スケジュール管理をするためのカレンダー機能やリマインド機能などもついています。学習管理システムを通じて学習者をどのように支援すればよいかを検討する研究は盛んに行われています。たとえば，松田ら（2016）では，学習者が学習計画を立てる習慣づけを支援する「セルフ・レギュレータ」を開発しています。

eラーニングではメンターが学習者を支援してくれます。そのメンターの負担を軽減するための研究もされています。たとえば，齋藤ら（2012）では，学習者を自己調整傾向で分類し，学習者タイプ別にメンターがどのように支援したらよいかを指示してくれるメンター支援システムを開発しています。

2020年のコロナ禍で，多くの通学課程の大学がオンライン授業への転換を余儀なくされました。今後，生涯学習の手段として，また通学課程の大学においても授業形態の一つとして，オンラインでの学習は今より盛んに行われるようになるでしょう。ICTは，私たちの身体機能を拡張してくれます。私たちが忘れたくないことを手帳にメモするように，ICTもうまく活用することで，自己調整学習スキルを底上げさせることができるのです。大人だからこそ，そういったツールを賢く利用して，より充実した学びをしたいですね。

キーワード

生涯学習，アンドラゴジー，成人学習者，オンライン大学，インストラクショナルデザイン，教育工学

本章のポイント

- オンライン大学で学ぶ人たちは，仕事や生活の中で学ぶ必要性を感じて，学ぶ手段としてeラーニングを選択し，意欲的に学んでいる。
- 大人の自己調整学習方略の特徴は，学習計画を立てることを重視している点，学習内容を既有の知識や自分の経験と結びつけてみる点，方略が変化しにくい点である。
- オンライン大学での学びは一人でもできるが，メンターや教員とのやりとり，大学の友人との交流でさらに充実したものになる。
- インストラクショナルデザインは，大人の学びをより効果的・効率的・魅力的にするための知見を提供している。
- ICT機器を賢く利用することで，自己調整学習スキルを底上げすることができる。

ブックガイド

- **『18歳からの「大人の学び」基礎講座：学ぶ，書く，リサーチする，生きる』向後千春（北大路書房，2016）.**
  ——レポートの書き方，研究の進め方などの大学で学ぶためのスキル，大人がよりよく生きるためのスキルが紹介されている。
- **『学習設計マニュアル：「おとな」になるためのインストラクショナルデザイン』鈴木克明・美馬のゆり（編著）（北大路書房，2018）.**
  ——大学生（大人）としての学び方，自己調整学習者になる方法がインストラクショナルデザインの視点から紹介されている。
- **『インストラクショナルデザインの道具箱101』鈴木克明（監修），市川尚・根本淳子（編著）（北大路書房，2016）.**
  ——教える人が効果的・効率的・魅力的な教育コンテンツをつくるためのヒント集。IDの専門書を読む前にエッセンスを知ることができる。

引用文献

不破　泰・右代美香・國宗永佳・新村正明（2007）．e-Learningを用いた社会人遠隔学習における質保証への取組：学生サポートの実践と評価　メディア教育研究，3，13-23.

Gagné, R. M., Wager, W. W., Golas, K. C., & Keller, J. M. (2005). *Principles of instructional design, fifth edition.* Wadsworth/Thomson Learning.（ガニエ，R. M.・ウェイジャー，W. W.・ゴラス，K. C.・ケラー，J. M.（著），鈴木克明・岩崎　信（監訳）（2007）．インストラクショナルデザインの原理　北大路書房）

Hofer, B. K., Yu, S. L., & Pintrich, P. R. (1998). Teaching college students to be self-regulated learners. In D. H. Schunk & B. J. Zimmerman (Eds.), *Self-regulated learning: From teaching to self-reflective practice* (pp. 57-85). Guilford Press.

石川奈保子・向後千春（2017a）．大学通信教育課程の社会人学生における自己調整学習方略間の影響関係の分析　日本教育工学会論文誌，40，315-324.

石川奈保子・向後千春（2017b）．オンライン大学のメンターに対する学業的援助要請態度とつまずき対処方略　日本教育工学会研究報告集，JSET17-5，203-210.

石川奈保子・向後千春（2018）．オンライン大学で学ぶ学生の自己調整学習方略およびつまずき対処方略　日本教育工学会論文誌，41，329-344.

石川奈保子・向後千春・冨永敦子（2013）．eラーニングによる導入科目受講前後における社会人学生の学びに対する自信の変化　日本教育工学会論文誌，37，21-24.

Knowles, M. S. (1980). *The modern practice of adult education: From pedagogy to andragogy, revised and updated.* Cambridge Adult Education.（ノールズ，M. S.（著），堀　薫夫・三輪建二（監訳）（2002）．成人教育の現代的実践：ペダゴジーからアンドラゴジーへ　鳳書房）

向後千春（2015）．上手な教え方の教科書：入門インストラクショナルデザイン　技術評論社.

Levy, Y. (2007). Comparing dropouts and persistence in e-learning courses. *Computers & Education*, 48, 185-204.

松田岳士・原田満里子（2007）．eラーニングのためのメンタリング：学習者支援の実践　東京電機大学出版局.

松田岳士・根本淳子・鈴木克明（編著）（2017）．教育工学選書Ⅱ 第14巻　大学授業改善とインストラクショナルデザイン　ミネルヴァ書房.

松田岳士・山田政寛・合田美子・加藤　浩・宮川裕之（2016）．自己調整学習を支援するセルフ・レギュレータの開発と形成的評価　日本教育工学会論文誌，40，137-140.

Merrill, M. D. (2002). First principles of instructions. *Educational Technology Research and Development*, 50, 43-59.

Merriam, S. B., & Baumgartner, L. M. (2020). *Learning in adulthood: A comprehensive guide, fourth edition*. Jossey-Bass.

三浦麻子・森尾博昭・川浦康至（編著）(2009)．インターネット心理学のフロンティア：個人・集団・社会　誠信書房.

文部科学省（2019）．学校基本調査：令和元年度 結果の概要（高等教育機関）．https://www.mext.go.jp/b_menu/toukei/chousa01/kihon/kekka/k_detail/1419591_00001.htm（2020年5月6日閲覧）

文部科学省（2020）．学校基本調査：令和2年度 結果の概要．https://www.mext.go.jp/b_menu/toukei/chousa01/kihon/kekka/k_detail/1419591_00003.htm（2021年5月28日閲覧）

文部省（1981）．中央教育審議会第26回答申：生涯教育について．https://www.mext.go.jp/b_menu/shingi/chuuou/toushin/810601.htm#3（2020年5月6日閲覧）

内閣府（2018）．生涯学習に関する世論調査．https://survey.gov-online.go.jp/h30/h30-gakushu/index.html（2020年5月6日閲覧）

中村康則（2018）．非伝統的学生の学業継続に影響する阻害要因についての文献的考察　日本生涯教育学会年報, 39, 213-229.

中村康則・向後千春（2019）．通信教育課程で学ぶ社会人学生のためのセルフ・ハンディキャッピング尺度（SHS-ASCC）の開発　日本教育工学会論文誌, 42, 355-367.

Newman, R. S. (1990). Children's help-seeking in the classroom: The role of motivational factors and attitudes. *Journal of Educational Psychology*, 82, 71-80.

Newman, R. S., & Goldin, L. (1990). Children's reluctance to seek help with schoolwork. *Journal of Educational Psychology*, 82, 92-100.

日本イーラーニングコンソシアム（編）(2007)．eラーニング活用ガイド　東京電機大学出版局.

日本イーラーニングコンソシアム（2020）．用語集．https://www.elc.or.jp/keyword/s_index=ao（2020年5月6日閲覧）

野﨑秀正（2003）．生徒の達成目標志向性とコンピテンスの認知が学業的援助要請に及ぼす影響：抑制態度を媒介としたプロセスの検証　教育心理学研究, 51, 141-153.

Nulab（2018）．ビジネスコミュニケーションにおける絵文字の使用に関する意識調査 https://nulab.com/ja/press-release/pr-1812-backlog-soken/（2020年5月25日閲覧）

齋藤　裕・松田岳士・合田美子・山田政寛・加藤　浩・宮川裕之（2012）．自己調整学習サイクルの計画段階に注目したeメンタ負担軽減システムの開発と評価　日本教育工学会論文誌, 36, 9-20.

坂元　昂・岡本敏雄・永野和男（編著）(2012)．教育工学選書 第1巻　教育工学とはどんな学問か　ミネルヴァ書房.

関　和子・冨永敦子・向後千春（2014）．オンライン大学を卒業した社会人学生の回顧と展

望に関する調査　日本教育工学会論文誌，38，101-112.

鈴木克明（監修），市川　尚・根本淳子（編著）（2016）．インストラクショナルデザインの道具箱101　北大路書房.

鈴木克明・根本淳子（2011）．教育設計についての三つの第一原理の誕生をめぐって　教育システム情報学会誌，28，168-176.

冨永敦子・杉浦真由美・向後千春（2013）．eラーニング学習者が求めるメンタ資質とは何か　日本教育工学会第29回全国大会講演論文集，pp. 163-166.

渡邊洋子（2007）．成人教育学の基本原理と提起：職業人教育への示唆　医学教育，38，151-160.

Xenos, M., Pierrakeas, C., & Pintelas, P. (2002). A survey on student dropout rates and dropout causes concerning the students in the Course of Informatics of the Hellenic Open University. *Computers & Education*, 39, 361-377.

Zimmerman, B. J. (1998). Developing self-fulfilling cycles of academic regulation: An analysis of exemplary instructional models. In D. H. Schunk & B. J. Zimmerman (Eds.), *Self-regulated learning: From teaching to self-reflective practice* (pp.1-19). Guilford Press.

第11章　プロフェッショナルの学び：医療領域からの提案

松山　泰（自治医科大学）

個の能力が美化されがちな小説やドラマのためか（王, 2013），収入が安定した堅実な職業のイメージのためか（石原, 2015），医学部人気はますます高く，入学は狭き門となり，世間では医学部に入学する生徒は自己調整学習力が高いイメージをもっているかもしれません。しかしながら，壮絶な受験戦争を勝ち抜くには，ある意味で自力での学習を放棄し，有名進学校や塾などの教師の指導に依存する必要があります。その結果，「教えてもらう，与えてもらう学び」しか体験してこなかった学生が漠然とした医師のイメージを抱いて入学し（渡邊ら, 2018），受験勉強的価値を軸に幅が狭く深みのない枠で学習することが観察されます（Matsuyama ら, 2018, 2019）。

一方，医学の進歩は目覚ましく，知識の更新は速くなり，医師・医療職に対する社会の意識の変化とともに，多様なニーズに適応できる学びが求められるようになりました。今まさに自己調整学習が時代に即した生涯学習の基盤として注目されています（Sandars & Cleary, 2011）。西洋の能動的学習手法を転用して，日本の医学生に自己調整学習力を獲得させる試みがなされていますが，われわれは「能動性は外から与えられるものではない」（渡邊ら, 2018）という考えを支持し，異なるアプローチで自己調整学習力を涵養する方法を追究しました。本章では，学生個人が医療のプロフェッショナルになるという自覚，いわゆる“professional identity formation”（Cruess ら, 2014）に関連づけた，自己調整学習の教育方略を提案したいと思います。

1. 医学教育における到達目標の変化

現在，医学教育は大きな転換期を迎えています。従来の伝統的な医学教育は専門知識や技術を次世代に継承するのが目的でしたが，現在，知識は誰でも情

表11－1　医師として求められる基本的な資質・能力

1. プロフェッショナリズム
人の命に深く関わり健康を守るという医師の職責を十分に自覚し，患者中心の医療を実践しながら，医師としての道（みち）を究めていく。
2. 医学知識と問題対応能力
発展し続ける医学の中で必要な知識を身に付け，根拠に基づいた医療〈EBM〉を基盤に，経験も踏まえながら，幅広い症候・病態・疾患に対応する。
3. 診療技能と患者ケア
臨床技能を磨くとともにそれらを用い，また患者の苦痛や不安感に配慮しながら，診療を実践する。
4. コミュニケーション能力
患者の心理・社会的背景を踏まえながら，患者およびその家族と良好な関係性を築き，意思決定を支援する。
5. チーム医療の実践
保健・医療・福祉・介護および患者に関わる全ての人々の役割を理解し，連携する。
6. 医療の質と安全の管理
患者および医療者にとって，良質で安全な医療を提供する。
7. 社会における医療の実践
医療人として求められる社会的役割を担い，地域社会と国際社会に貢献する。
8. 科学的探究
医学・医療の発展のための医学研究の必要性を十分に理解し，批判的思考も身に付けながら，学術・研究活動に関与する。
9. 生涯にわたって共に学ぶ姿勢
医療の質の向上のために絶えず省察し，他の医師・医療者と共に研鑽しながら，生涯にわたって自律的に学び続ける。

（文部科学省, 2017から引用）

報として手に入る時代ですし，テクノロジーの進歩が著しく，技術は日々更新されるものとなりました。専門知識や技術は医師の能力の一部であり，医療の職務において卓越した結果を生み出す態度や価値観なども含めた統合的能力，いわゆる「**コンピテンシー**」を獲得させることが今後の医学教育の目標です。表11－1は文部科学省（2017）が医学教育モデル・コア・カリキュラム改訂版で示した「コンピテンシー」の9項目です。注目すべきは「9. 生涯にわたって共に学ぶ姿勢」で，「絶えず省察し」,「他の医師・医療者と共に研鑽し」,「自律的に学び続ける」ことを医師の能力の一つとみなし，教育の到達目標に掲げたところです。

さて，従来の伝統的な医学部のカリキュラムは，教員が一般教養，基礎医学，臨床医学の順に講義主体で授業し，その後，病棟で臨床実習を行う構造が一般的でした。教員が何を教え（教育者中心），何の知識を提供し（情報志向

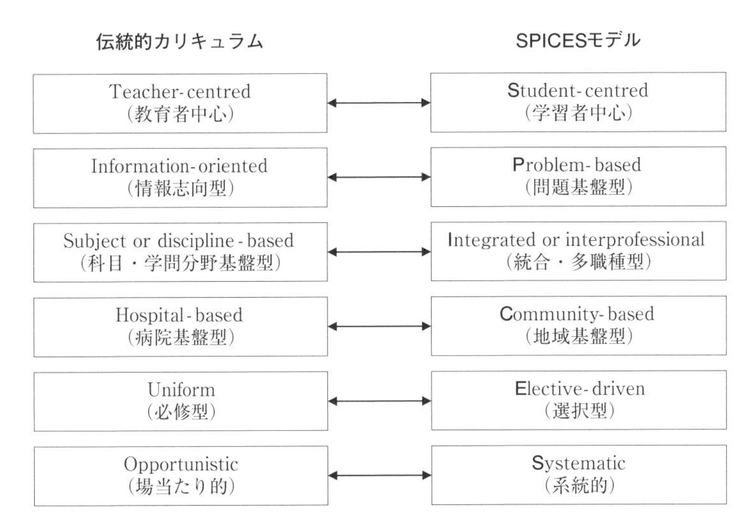

図11－1　医学部の伝統的カリキュラムとSPICESモデルとの対比

型)，どの学問分野を学ばせたか（科目・学問分野基盤型）が重要視され，臨床実習も大学附属病院で主に行われ（病院基盤型)，カリキュラムに柔軟性はありませんでした（必修型)。徒弟的で（指導医の背中を見て学ぶ）場当たり的な（遭遇した症例から学ぶ）学習環境とも指摘されていました（図11－1)。しかし，1980年代から医学の変化に適合した新しいカリキュラムの探索が活発になり，そのモデルの一つとして「SPICESモデル」がつくられました（Quirk & Harden, 2017)。これはStudent-centered（学習者中心：学習者が何を学んだか)，Problem-based（問題基盤型：医療にかかわる問題解決に基づいた学習課題)，Integrated or interprofessional（統合・多職種型：学問分野や職種を横断した学習・協働学習)，Community-based（地域基盤型：地域のさまざまな医療機関での実習)，Elective-driven（選択型：学生が自ら必要と考えることを学ぶ機会を設ける)，Systematic（系統的：コンピテンシー獲得に向けて設計される）の頭文字からなります。このうちProblem-based learning（**問題基盤型学習**。以下，PBL）は自己調整学習力を涵養させる鍵として，世界の多くの医学部で内容や形式を変えながら，カリキュラムに導入されています。

2. 日本の医学部におけるPBLの実状

PBLの基本構造は，①小グループによるシナリオの問題の同定や，単語の意味の確認，②小グループによる学習課題の分析と分類，③自己主導的な情報の検索，④グループ内の知識・情報の共有とシナリオの問題解決への応用，となっています（菊川・西城, 2013）。あらかじめ作成された，現実社会で遭遇し得る症例のシナリオに含まれる「問題」を解決する中で，示された単語や，関連する話題を協働学習と自己学習で学んでいきます。小グループでの協働学習では，議論を促して話題の逸脱を調整する役割として教員が立ち会い，彼らはテューターとよばれます。たとえば，筆者が所属する自治医科大学（以下，自治医大）では，臨床実習前の3学年において，ある症状（例：胸痛）で外来受診した患者のシナリオが用意され，病歴，身体診察所見および検査所見が示されます。前述の①〜④に照合させると，1名のテューターの立ち合いのもと7〜8人の小グループにおいて，①診断を付けるという問題解決をめざし，各自が保有する既存の知識を共有しつつ，シナリオ中に提示される見慣れない所見や，鑑別となる疾患に関する学習課題（病態生理から治療方法まで）を同定し，②グループ内で，課題の分析と分類を行って，自己学習の対象や学習方略を予見します。その後，③自己学習時間で自己観察と学習方略の調整によって情報検索を遂行し，④再びグループで集まり議論を再開させ，自己学習の結果を共有して，シナリオの問題解決と学習課題への深い理解を得ながら，一方で学習の自己省察を行います。

2020年現在，日本には82校に医学部があります。全盛期には74校の医学部でPBL形式の授業が導入されていましたが，ここ数年，PBLの時間縮小や廃止の方向へ動いている医学部が少なくありません（清水, 2020）。大学入学まで「教えてもらう，与えてもらう学び」しか体験してこなかった学生にとって，グループ討議で学生自らが課題の同定や解決すべき問題の定義づけを行うことは困難なようで（Yoshioka ら, 2005），表層的な討論や診断名当ての連想ゲームに陥りやすいようです（小田, 2017）。また，教員もテューターとしての役割に徹することができず，人手や時間をかけたわりに期待するほどの学習効率が実感できない（Matsuo, 2016），という状況です。これは，国家資格試験である医師国家試験が情報志向型のままであることなど，他の因子の強い影響があるからかもしれません。しかし，いずれにせよ欧米の文化や学習環境で育まれた教育方略であるPBLを単純に日本の教育現場に転用しても，それだけで自己調整学習力が涵養されるわけではなさそうです。能動性は外から与えられるものではなく，学習者自身の内部から形成するものである（渡邊ら, 2018），という考え方に沿った取り組みが必要と思われます。

そのような背景から，著者らは日本の文化や学習環境の中で自己調整学習力の高そうな対象を調査して，日本の医学教育の文脈で自己調整学習力を向上させる要素を探索してみてはどうかという考えに至りました。

3. 日本の調査から見出した自己調整学習力を向上させる要素

筆者らが所属する自治医大は，医師不足が著しい地域で総合診療医として働ける医師を養成する大学です。各都道府県から毎年2～3名の入学者を選抜すると，彼らは都道府県から貸与金というかたちで学費の補助を受けて6年間の医学部教育を修了し，代わりに卒後9年間を出身都道府県の過疎地域など，医師不足が顕著な地域で総合診療医として勤務することが義務づけられます。過疎地域でも通信技術の進歩によってインターネットを通じた専門知識へのアクセスは可能です。しかし体系的な研修プログラムに属するわけではないので，臓器や専門科を超えたさまざまな住民の健康問題について，恒常的に自発的な学習を行わなければ診療は行えず，地域住民の信頼を得ることができません。建学から50年が経とうとしていますが，出身都道府県や医療過疎地域の定着率は高く，地域からの信頼は厚く，WHO（世界保健機構）のレポート（World Health Organization, 2010）においても自治医大卒業医師の活躍が記載されています。そこで筆者らは「自治医大卒業医師を中心とした医療過疎地域に長年総合診療医として勤務している医師」（n=10）を日本の医学教育の文脈の中で自己調整学習力の高い対象と仮定し，調査を行いました。比較対象に，先行研究（Matsuyama ら, 2016）で試験後の復習について教員指導に依存的な意思を示した日本人医学生（n=11）を選択しました。各調査対象者には「初めて知った

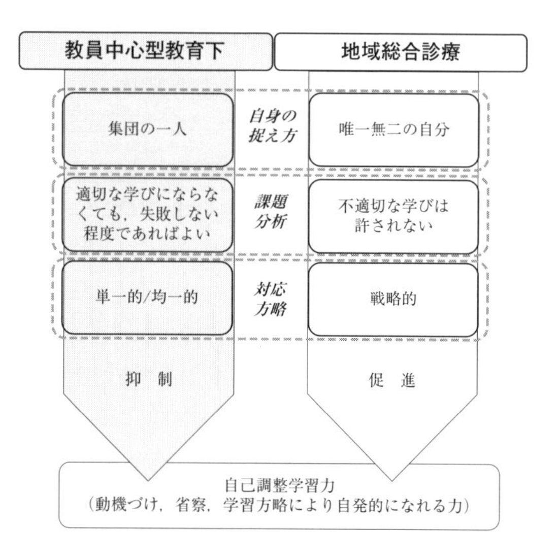

図11－2　地域総合診療と教員中心型教育の自己学習文脈属性の対比
（Matsuyamaら, 2018をもとに作成）

（遭遇した）疾患を自己学習した直近の経験を思い出し，どのように自己を動機づけ，学習を行い，その成果を振り返ったか」をインタビューと学習日誌の中で言語化してもらい，集めたデータをグラウンデッド・セオリーと呼ばれる質的分析法で解析し，各群の学習文脈属性を対比しました（Matsuyamaら, 2018）。

図11－2の右が地域総合診療医，左が日本人医学生（論文では教員中心型教育下と表現）の自己学習における文脈属性です。このコントラストから，自己調整学習を促進させるためには，①唯一無二の自分の職業アイデンティティを認識でき，②不適切な学びは許されないと感じるプロフェッショナルとしての責任を伴う学習課題に，③さまざまな戦略的学習が試みられる必要がある，という構造がみえてきました。すなわち，教員中心型教育下の日本人医学生は，学習集団の一人として自己を認識し，その集団から落ちこぼれなければよいと学習課題を捉え，教員の指導に受動的で他の学生に足並みをそろえた「教えてもらう，与えてもらう学び」のままである一方，地域総合診療医は自分が地域の唯一無二のプロフェッショナルとして，学習課題の遂行に妥協をせず，さまざまな方略を駆使している，ということです。注目すべきは，調査した地域総合

診療医の多くはかつて教員中心型教育下にいた医学生であることです。このことから，前述した①～③の要素に特徴づけられた学習文脈に置かれれば，教員依存的な学習者でも自己調整学習が促進される可能性が示されました。

4. 唯一無二のプロフェッショナルを想像して自ら学習を計画する

それでは医学部教育の中で，前述の要素に特徴づけられた学習文脈に置かれれば，自己調整学習力が抑圧された学生が能動的になるものでしょうか。前述の研究は卒前と卒後での学習者の比較であり，「人間としての成長」といった他の要因による影響は除外できませんでした。そこで2つの研究を実施しました。いずれも先行研究（Matsuyamaら, 2016）で試験後の復習について教員依存的な意思を示した日本人医学生を対象とした研究です。

(1) 講義・試験免除と学生主導型選択学習による自己調整学習の変化

自治医大の最終学年（6学年）のカリキュラムは，情報志向型の医師国家試験対策の目的もあって，そのほとんどを講義と試験とに割り当てます。しかし一定の学力に達した学生に対しては，学生の希望で，7カ月間の講義と試験とが免除され，毎週の活動報告を条件に，自分の学びたい学科を，学びたい施設で，指導を受けたい教員のもとで，自分で計画を立てて自由に学習することが許可されます。また，学生は希望する教員をメンターにつけて学習計画や毎週の学習活動についてアドバイスを受けることができます。この学生主導型選択学習はFree Course Student Doctor制度（以下，FCSD）と名づけられ，2011年の開設以降，1学年約110～120名の学生のうち毎年5～10名が専攻しています。

今回の研究では，2015～2017年の期間で，学力（5学年の総合試験の成績）が同等ながらも，FCSDを専攻した学生（n=13）と，授業・試験で構成される従来型カリキュラムを専攻した学生（n=7）とを募り，グループ討議を実施して，当該の7カ月間における自己学習を，①動機づけ，②学習方略，③自己省察の点で振り返ってもらい，テーマ分析という方法で分析しました（Matsuyamaら, 2019）。

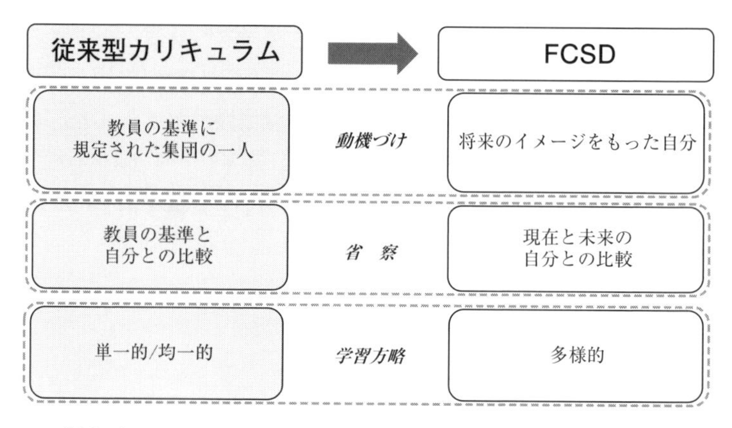

図11－3　従来型カリキュラムとFree Course Student Doctor（FCSD）の自己調整学習の対比
（Matsuyamaら，2019をもとに作成）

結果は図11－3に示したように，従来型カリキュラムを離れてFCSDへ進んだ学生と，従来型カリキュラムに残留した学生とでは7カ月間の自己学習のあり方が異なっているようでした。FCSDに進んだ学生は，教員による指導や評価から離れて，一時，自分の学習の進捗に不安になるようでした。しかし，学習計画に責任をもち，希望するメンターからのアドバイスを受けながら自ら計画したことを学ぶ過程で，将来の医師としての自己像を意識するようになり，現在の自己像と将来のプロフェッショナルとしての自己像とのギャップを埋めるために何をどのように学ぶか，を考えるようになりました。そしてその答えの手がかりを，将来の自己像と重なる**ロールモデル**の中に見出し，彼らの日々の学習方略に目を向けることで，学生が主体的に多様な学習方略を探究するようになっていきました。この変化は従来型カリキュラムに残留した学生の発言と対比することで明瞭となりました。

(2) 職業アイデンティティ形成支援ツールによる自己調整学習力の涵養

自治医大の5学年のカリキュラムには，将来勤務することになる出身都道府県の医療過疎地域の診療所や病院で，自治医大の卒業生医師と2週間ほぼマンツーマンで臨床実習をする期間があります。夏休み明けの8月下旬の2週間にその実習は行われ，地域医療臨床実習（Community-Based Learning: CBL）と名づけられております。1998年から開始されたこのCBLでは，実習前後の質問票への回答の比較で，地域総合診療医になる動機づけや，地域医療に従事する自己効力感などに改善がみられました（岡山・梶井, 2003）。しかし，長年のプログラム評価を行った結果，指導医となる先輩医師との実習前のコミュニケーションや，実習後のレポートに対するフィードバックに改善の余地があることが判明しました。そこで，われわれはこの点に着目し，実習前後に指導医と学生とが双方向的にコミュニケーションできる，Google Formsを用いた記述ツールを開発しました。ロールモデルとなる先輩医師と，医療プロフェッショナルとしての価値観の共有や対話による学習の機会を設け，学生の医療プロフェッショナルになるアイデンティティ形成を支援し，CBLを通じて自己調整学習力を改善させることがねらいです。

医療プロフェッショナルとしてのアイデンティティ形成は，コンピテンシーを基盤とした現在の医学教育において中核をなすべきと強調されており，カナダのMcGill大学のCruessら（2014）を中心にProfessional identity formation（PIF）という用語を通じて啓蒙されています。PIFはこれまでの経験，社会とのかかわり，ロールモデルやメンター，患者とのかかわり，経験学習，明示的・暗黙的な知の獲得などを通じて，医療専門職としての特性，価値観，規範が内在化された自我を獲得することと定義されます。すなわち，医学生が「医師らしく考え，行動し，感じる」ようになり，社会から求められる“よい医師”になるということです（宮田, 2015）。

そこで，われわれは前述のGoogle Formsを活用したCBLを，PIF志向型CBL（PIF-CBL）と命名しました。このPIF-CBLでは前述のGoogle Formsの使用とともに，ロールモデルである卒業生医師へのPIF志向型指導のマニュアル配布が従来型CBLに付加されます。

われわれは従来型CBLの長所である将来の自己像のモデル（卒業生医師）と将来の医療現場で実習するにあたり，①将来の医療専門職としての自己像の言語化，②ロールモデルとのプロフェッショナリズムの価値観の共有と対話，が付加されることで，PIF-CBL後に自己調整学習力がさらに向上しているかを検証してみました（Matsuyamaら, in press）。

CBLの指導医に登録していた自治医大卒業医師と自治医大5年生計41組に

PIF-CBLの実施・参加に同意してもらい，また，同じ性別で前年度の成績順位が最も近い同学年医学生41名とその指導医に従来型CBL前後の調査への参加に同意してもらいました。7月のオリエンテーションから8月末までの実習前の期間に，PIF-CBL群の学生と指導医はGoogle Formsを介して，①学生の将来の医師としての自己像，②現在と将来の自己像のギャップ，③PIFの発達（Keganのステージ）を判定する9つの議題（Kaletら, 2017），④PIF-CBLの実習期間中に学習したいこと，について対話を繰り返してもらいました。実習中には，⑤指導医が医療現場で困難を解決する過程で，どのような自己学習方略を使って困難を乗り越えるかを，学生と協働学習しました。実習後には，⑥前述の①〜③についてGoogle Formsを使って再び学生と指導医との間で対話を行い，PIFを促すことを試みました。PIF-CBLの指導医には5〜7月中に指導マニュアルを読み込み，スケジュールに沿って①〜⑥を完遂するよう指示しました。

学生の自己調整学習力の判定には，Pintrichら（1991）が開発し，医学教育研究分野でも汎用されているMotivated Strategies for Learning Questionnaire（MSLQ）を使用しました。7月初旬（PIF-CBL開始前）と9月中旬（PIF-CBL終了後）に，PIF-CBLと従来型CBLの学生にそれぞれ記入してもらい，15カテゴリーについての前後差を2群で比較しました（表11－2)。また，PIF-CBLの学生に対しては，自己学習方略，動機づけおよび自己省察についての実習後の変化を，質問票と半構造インタビューで尋ね，回答してもらいました。

結果，7月初旬のMSLQでは15カテゴリーのすべてにおいて2群に統計学的な差はありませんでしたが，前後差については，従来型CBLで15カテゴリーの多くが低下を示す一方，PIF-CBLで上昇を示し，特に2群比較で「1. 内的動機づけ」(p=0.005, ε^2=0.096)，「10. 批判的思考」(p=0.041, ε^2=0.051）に有意な改善がみられました。また，質問票と半構造インタビューのデータをテーマ分析した結果，PIF-CBLを通じて，「①. 日常の自己学習の動機づけとしてのプロフェッショナルの責任感」や「②. 医学知識の真正性や応用性の追究のための学習教材の批判的評価」が芽生え，MSLQの結果と一致しました。その他，テーマ分析では「③. 将来のプロフェッショナルの業務過程と学習内容と関連

表11－2　PIF-CBLと従来型CBLのMSLQの変化（後値—前値）

		PIF-CBL (N=41)	従来型CBL (N=41)	p値	ε^2値
1. 内的動機づけ	平均±標準偏差	0.48 ± 1.02	−0.26 ± 1.17	0.005	0.096
	中央値	0.50	−0.25		
2. 外的動機づけ	平均±標準偏差	0.31 ± 1.36	−0.05 ± 1.04	0.200	0.020
	中央値	0.25	0.00		
3. タスク価値	平均±標準偏差	0.12 ± 1.08	−0.02 ± 1.08	0.587	0.004
	中央値	0.00	0.00		
4. 学習信条コントロール	平均±標準偏差	0.04 ± 1.07	0.02 ± 1.16	0.665	0.002
	中央値	0.00	0.25		
5. 自己効力感	平均±標準偏差	0.49 ± 1.20	0.10 ± 0.82	0.210	0.019
	中央値	0.25	0.00		
6. テスト不安	平均±標準偏差	0.30 ± 1.07	−0.11 ± 1.07	0.152	0.025
	中央値	0.20	0		
7. リハーサル	平均±標準偏差	0.23 ± 1.23	−0.02 ± 1.14	0.500	0.006
	中央値	0.25	0.00		
8. 精緻化	平均±標準偏差	0.30 ± 1.23	0.13 ± 1.03	0.083	0.037
	中央値	0.50	0.00		
9. 体制化	平均±標準偏差	0.08 ± 1.48	−0.04 ± 1.08	0.915	<0.001
	中央値	0.00	0.00		
10. 批判的思考	平均±標準偏差	0.48 ± 1.08	−0.06 ± 1.21	0.041	0.051
	中央値	0.60	0.00		
11. メタ認知的調整	平均±標準偏差	0.31 ± 0.80	−0.07 ± 0.69	0.060	0.043
	中央値	0.16	0.00		
12. 時間と学習環境調整	平均±標準偏差	0.02 ± 1.28	0.02 ± 1.03	0.700	0.002
	中央値	0.00	0.00		
13. 努力調整	平均±標準偏差	0.41 ± 0.89	0.10 ± 0.85	0.092	0.035
	中央値	0.25	0.00		
14. 協働学習	平均±標準偏差	0.03 ± 1.28	0.03 ± 1.03	0.978	<0.001
	中央値	0.00	0.00		
15. 援助要請	平均±標準偏差	0.04 ± 1.27	0.04 ± 0.84	0.819	<0.001
	中央値	0.00	−0.25		

づける精緻化」も見出されました。少ない調査人数と限界のある研究デザインですが，医学部におけるPIF志向型学習の介入が自己調整学習を改善する可能性を示す論文です（Matsuyamaら, in press）。

5．プロフェッショナル・アイデンティティ形成と自己調整学習

「臨床」という構造化されていない教育の場で，多様で複雑な健康問題に対応できる知識・技能・態度を磨き続けるには，学習者自らが課題を掲げ，課題に適合する学習方略を遂行し，そのアウトカムを省察する，というサイクルを回し続ける必要があります。自己調整学習力は昨今の医学教育で強調される「省察的実践家」になるための原動力といえます（Schon, 1975; Sandars & Cleary, 2011）。

これまでに，構造化されていない「臨床」という教育現場での自己調整学習のパターンの違い（Sagasserら, 2012; Berkhoutら, 2017）や，自己調整への影響因子を分析する研究（van Houten-Schatら, 2018）が行われてきました。また，特定の臨床手技における学習のプロセスを分析して，自己調整学習理論に基づく教育介入の可能性を示した研究が報告されています（Cleary & Sandars, 2011; van Houten-Schatら, 2018）。そのような中，本章ではPIFに着目した教育介入による自己調整学習力向上の可能性を伝えてきました。これは日本で行われた研究結果に基づくため，わが国の医学教育への適応が高く期待できるのではないでしょうか。

この章の締めくくりに，自己調整学習向上をめざしたPIF志向型教育の基本骨格を，これまで示した研究結果を統合して提案したいと思います。

(1) 教員による過度の評価から離れ，将来，唯一無二の医療プロフェッショナルとなる自己を認識できる機会を与える。
(2) 将来の自己のプロフェッショナル・アイデンティティと重なるロールモデルとの省察と対話とを支援する。
(3) 将来の業務の過程に沿いながら，ロールモデルが示す多様な学習方略を観察させ，体験させる。

従来の医学教育も知識，技術のみならずHippocratesの誓いなど医療人で

ある先人の教義に基づいたプロフェッショナリズム教育は行われてきました。今後は医療という枠組みを超え，Piaget，Kohlberg，Erikson，Keganらが構築したアイデンティティに関する発達心理学的理論と，自らが医師であるCruessらが臨床医学教育者としての経験を踏まえて提唱したPIFと，さらには本著のテーマである「自己調整学習」とが有機的に結びついた，新しいプロフェッショナリズム教育が展開されていくことを期待します。

キーワード

コンピテンシー，問題基盤型学習，プロフェッショナル・アイデンティティ形成（professional identity formation），ロールモデル

本章のポイント

- プロフェッショナル教育において，知識や技能の継承はその目的の一部であり，職務における態度や価値観などを含めた総合的能力「コンピテンシー」の獲得が重要となっている。
- 欧米で汎用されている問題基盤型学習は自己調整学習のプロセスにも適合した教育方略であるが，日本の文化や学習者の特性を踏まえると，単純に日本の卒前教育に転用するだけでは不十分である。
- 卒前教育の教員中心的教育から離れ，唯一無二の職業アイデンティティを認識できる機会を学生に与えることが望ましい。
- プロフェッショナル・アイデンティティ形成は自己調整学習力を向上させるうえで重要な要素となる。
- 学習者が，ロールモデルとともに自身の学習を振り返ることができ，プロフェッショナルの業務過程で，ロールモデルの多様な学習方略を実体験できる学習環境が自己調整学習を促進し得る。

ブックガイド

- 『医学教育を学び始める人のために』Harden, R. M. & Laidlaw, J. M.（著），大西弘高（監訳）（篠原出版新社，2013）．
  ――近年の医学教育学で注目されている概念を包括的に学ぶことができる。本章の「コンピテンシー」や「問題基盤型学習」についても詳述されている。
- 『実践PBLテュートリアルガイド』吉田一郎・大西弘高（編著）（南山堂，2004）．
  ――少し古い書籍ではあるが，医学部におけるPBLの具体的な実施内容が書かれている。またその背景となる教育理論についても詳しく書かれている。
- 『医学部教育における自己調整学習力の育成：専門職アイデンティティ形成からの視座』松山　泰（著）（福村出版，2021）．
  ――本章の内容が詳述されている。医学部のカリキュラムで，プロフェッショナル・アイデンティティ形成志向型教育が，どのように自己調整学習を涵養させるかを詳しく解説している。

引用文献

Berkhout, J. J., Teunissen, P. W., Helmich, E., van Exel, J., van der Vleuten, C. P., & Jaarsma, D. A. (2017). Patterns in clinical students' self-regulated learning behavior: A Q-methodology study. *Advances in Health Sciences Education*, 22, 105-121.

Cleary, T. J., & Sandars J. (2011). Assessing self-regulatory processes during clinical skill performance: A pilot study. *Medical Teacher*, 33, e368-e374.

Cruess, R. L., Cruess, S. R., Boudreau, J. D., Snell, L., & Steinert, Y. (2014). Reframing medical education to support the development of a professional identity. *Academic Medicine*, 89, 1446-1451.

石原賢一（2015）．医学部入試の変遷と今後の方向　日本内科学会雑誌，104，2490-2497.

Kalet, A., Buckvar-Keltz, L., Harnik, V., Monson, V., Hubbard, S., Crowe, R., Hyuksoon, S. S., & Yingling, S. (2017). Measuring professional identity formation early in medical school. *Medical Teacher*, 39, 255-261.

菊川　誠・西城卓也（2013）．医学教育における効果的な教授法と意義ある学習方法②　医学教育，44，243-252.

Matsuo, O. (2016). Management of problem-based learning curriculum in medical education: Experiences and perspectives in Japan. *Journal of Medical Education*, 20, 1-8.

Matsuyama, Y., Muijtjens, A. M., Kikukawa, M., Stalmeijer, R., Murakami, R., Ishikawa, S., & Okazaki, H. (2016). A first report of East Asian students' perception of progress testing: A focus group study. *BMC Medical Education,* 16, 245.

Matsuyama, Y., Nakaya. M., Okazaki, H., Leppink, J., & van der Vleuten, C. (2018). Contextual attributes promote or hinder self-regulated learning: A qualitative study contrasting rural physicians with undergraduate learners in Japan. *Medical Teacher*, 40, 285-295.

Matsuyama, Y., Nakaya, M., Okazaki, H., Lebowitz, A. J., Leppink, J., & van der Vleuten, C. (2019). Does changing from a teacher-centered to a learner-centered context promote self-regulated learning?: A qualitative study in a Japanese undergraduate setting. *BMC Medical Education*, 19, 152.

Matsuyama, Y., Okazaki, H., Kotani, K., Asada, Y., Ishikawa, S., Lebowitz, A. J., Leppink, J., & van der Vleuten, C. (in press). Professional identity formation-oriented mentoring technique as a method to improve self-regulated learning: A mixed-method study. *The Asia Pacific Scholar*.

宮田靖志（2015）．プロフェッショナリズム教育の10の視点　医学教育，46，126-132.

文部科学省（2017）．医学教育モデル・コア・カリキュラム 平成28年度改訂版.

小田康友（2017）．卒前教育におけるPBLの現状と課題：問題解決能力養成における臨床実習前教育と臨床実習との架け橋となり得るか　日本内科学会雑誌，106，2523-2528.

岡山雅信・梶井英治（2003）．大学外卒前医学教育の場としての地域医療実習　医学教育，34，171-176.

Pintrich, P. R., Smith, D., Garcia, T., & McKeachie, W. J. (1991). A manual for the use of the Motivated Strategies for Learning Questionnaire (Technical Report 91-B-004). *The Regents of the University of Michigan*.

Quirk, M. E., & Harden, R. M. (2017). Curriculum planning and development. In J. A. Dent, R. M. Harden, & D. Hunt (Eds.), *A practice guide for medical teachers* (5th ed., pp. 4-12). Elsevier Health Sciences.

Sagasser, M. H., Kramer, A. W., & van der Vleuten, C. P. (2012). How do postgraduate GP trainees regulate their learning and what helps and hinders them? A qualitative study. *BMC Medical Education*, 12, 67.

Sandars, J., & Cleary, T. J. (2011). Self-regulation theory: application to medical education: AMEE Guide No 58. *Medical Teacher*, 33, 875-886.

Schon, D. A. (1975). *Educating the reflective practitioner: Towards a new design for teaching and learning in the professions*. Jossey-Bass.

清水郁夫（2020）．Problem-based learning：美しい理論がなぜ実践で破綻したのか？　錦織宏・三好沙耶佳（編）　指導医のための医学教育学：実践と科学の往復（pp. 105-114）　京都大学学術出版会．

van Houten-Schat, M. A., Berkhout, J. J., van Dijk, N., Endedijk, M. D., Jaarsma, A. D. C., & Diemers A. D. (2018). Self-regulated learning in the clinical context: A systematic review. *Medical Education*, 52, 1008-1015.

王　敏東（2013）．戦後日本の医療映画・ドラマに見られる医者像の概観　日本医史学雑誌，59，57-73．

渡邊洋子・藤本眞一・柴原真知子・大滝純司（2018）．医学生のための自己主導型学習：医学部入試と初年次教育を架橋するために　奈良医学雑誌，69，27-42．

World Health Organization. (2010). *Increasing access to health workers in remote and rural areas through improved retention: Global policy recommendations*.

Yoshioka, T., Suganuma, T., Tang, A. C., Matsushita, S., Manno, S., & Kozu, T. (2015). Facilitation of problem finding among first year medical school students undergoing problem-based learning. *Teaching and Learning in Medicine*, 17, 136-141.

おわりに

自己調整学習の広がりとこれから

岡田　涼（香川大学）

本書では，自己調整学習の考え方を身近に感じてもらえるように，さまざまな場面での研究や実践の例を紹介してきました。第Ⅰ部と第Ⅱ部をとおして多方面での話題があったため，自分自身との関連を感じられるものがあったのではないかと思います。一方で，話題が多様な方向に広がりすぎて，まとまりを見出しにくいと感じられた部分もあったかもしれません。最後に，本書の内容を振り返りながら，自己調整学習の広がりとこれからについて少し考えてみたいと思います。

1. 自己調整学習に関する研究と実践の広がり

本書では，さまざまな場面で自己調整学習の研究と実践が展開されていることをみてきました。自己調整学習の重要性が指摘されてからしばらく経ちましたが，現在でもその研究と実践は広がっています。ここでは，そうした広がりを3つの方向性として整理してみます。

方向性の1つ目は，学校段階や発達段階の広がりです。自己調整学習を支えるというと，小学生や中学生あるいは高校生に対する学習指導を思い浮かべるかもしれません。実際，第1章では，小・中学生の学習習慣を支えるための指導のあり方が紹介されていましたし，第2章では，小・中学校での理科などの教科学習を踏まえた研究と実践が紹介されていました。また，第3章でみた協同的な学習の指導や第4章でみた教材も，主に小学校や中学校，高校での学習を対象としたものでした。一方で，第Ⅱ部では，大学生を対象とした研究や実践も紹介されています。第7章では，大学教育の中で必要とされる自己調整のためのスキルを学生に身につけさせるための実践が紹介されていました。また，第11章では，大学での医学教育において，職業アイデンティティとの関連から自己調整学習の力を高めていく実践についてみました。自己調整学習には，ある程度の認知的な能力が求められます。幼児が自分からメタ認知を働かせたり，原因帰属をしたりすることはあまり期待できません。一般的には，メタ認知の力は10～12歳頃から身についてくるといわれています（Veenmanら，2005）。ただ，その後も学校段階や発達段階に応じて，自己調整的に学習を進めていくために必要な力やサポートのあり方は異なるでしょう。学校段階や発達段階の特徴を踏まえながら，自己調整学習を支える研究や実践が展開されています。

2つ目は，学習内容や学習環境の広がりです。自己調整学習は，特定の内容だけに当てはまる理論ではなく，学習全般に共通する枠組みとして提唱されました。個別の学習内容や学習環境を超えて，幅広く「自律的に学ぶとはどういうことか」を描いたのが自己調整学習の理論だといってもよいかもしれません。ただ，そういった汎用的な枠組みを実践の場に当てはめるときには，それぞれの学習内容や学習環境に固有の特徴を考えることが必要になります。第1章で紹介されている国語や，第2章で紹介されている理科のように，多くの人になじみのある教科での学習について，自己調整学習の視点から学習を支えようとする研究や実践が行われています。一方で，第8章で紹介された第二言語の学習や，第9章で紹介されたスポーツ，第10章で紹介されているeラーニング（electronic learning）を対象とした研究や実践も展開されています。当然ながらそれぞれの学習内容や学習環境には特徴があります。理科だからこそ求められることがありますし，eラーニングには独自の状況があるでしょう。そういった学習内容や学習環境の特徴を踏まえながら，自己調整学習の理論をもとに学習者を支えようとするのが実践の大きな方向性となっています。

3つ目は，支援の対象となる学習者の広がりです。先ほど述べたように，小学生から大学生まで，学校段階が異なる多くの学習者を支える実践が行われています。それだけでなく，特別なニーズをもつ学習者に対するサポートを自己調整学習の視点から行う実践もみられます。第5章では，特別支援教育の中で，自己調整学習を意識しながら自閉症スペクトラム障害のある児童を支える実践が紹介されました。また，第6章でも，ICT（情報通信技術）を用いて学習に特有の困難をかかえる児童・生徒を支える実践が紹介されています。あるいは，

第10章で紹介されたオンライン大学で学ぶ学生や，第11章でみてきた医学教育を受ける学生も，それぞれに特有のニーズを有しているでしょう。一人ひとりの学習者が必要としていることに目を向け，自律的に学習を進められるようにサポートをしていこうという方向性があります。

2. 自己調整学習のこれから

自己調整学習の研究と実践は，本書で紹介されているようにさまざまな広がりをみせています。そうした広がりの中で，自己調整学習の理論は今後どのような役割を担っていくのでしょうか。

一つには，学校教育を支える枠組みとしての役割が大きくなっていくことが予想されます。現在の教育政策の動向についてみてみると，自己調整ということばを目にすることが多くなりました。たとえば，OECD (2019) は，今後の教育の方向性を示した「OECD Education 2030」の中で，「学びの羅針盤 (Learning Compass)」を示しています。学びの羅針盤は，これからの社会の中で子どもにとって必要となる学びの方向性を示す枠組みで，その中では自己調整が学びの基礎として位置づけられています。また，日本においても，学習指導要領の改訂に伴い，「主体的に学習に取り組む態度」の評価の視点として，「自らの学習を調整しながら学ぼうとしているか」という自己調整の側面があげられています。

こうした大きな教育政策の動向に相まって，普段の授業も少しずつ変わっていくことが求められています。小学校や中学校の教師も，児童や生徒が自己調整的な学びができるようになることを意識して，学習の指導や支援を考えるようになるでしょう。そうした中で，授業計画や学習活動の設定を考える際に，自己調整学習の研究知見や実践例がより注目されるようになるのではないかと思います。本書の第Ⅰ部で紹介された実践は，先駆的な実践例として大きな意味をもつものになるでしょう。

もう一つの役割として，より多様な学習の支援を考えるための基盤となることが期待できます。特に，高等教育や専門職養成の場に自己調整学習の考え方が広まり，応用的で実践的な研究や実践がさらに増えていくでしょう。本書の第Ⅱ部では，主に大学生や成人の学習を支える試みを紹介しました。大学教育や高等教育にかかわるものとしては，他にもリメディアル教育（牧野, 2014; Moylan, 2013）や看護教育（岩屋・戸ヶ里, 2017; 伊山・前田, 2018）に関する研究や実践が報告されています。また，大学におけるプログラミング教育（國宗・仲林, 2019）や音楽教育（McPherson & Renwick, 2011）についての実践もあります。自己調整学習の理論は，幅広く学習を支える立場にある教育者や指導者から注目され，多様な実践を支える実践的基盤としての役割を担うことになるでしょう。

ただ，自己調整学習が実践を支えるという方向だけにとどまるのは望ましくありません。今後の応用的な研究や実践の積み重ねによって，自己調整学習の理論自体も変わっていく必要があります。これまでは，基礎研究をもとに自己調整学習の理論がつくられ，その理論が実践の場に応用されるという方向性が強かったかもしれません。しかし，理論と実践は一方向的なものではなく，お互いに行き来するものです。「自己調整学習の理論からみると，このような指導が望ましい」ということがあると当時に，「実践に指導している者の感覚からすると，理論のこの部分はもう少し細かく考えたほうがよいのではないか」といったこともあるはずです。今後は，そういった実践の場からの声に耳を傾けながら，自己調整学習の理論自体がよりよいものに洗練されていくことが期待されます。主に理論や研究に携わる者と，主に実践に携わる者が，お互いに関心をもち，協働的に学習者を支えるという仕事に向き合うことが必要なのです。

引用文献

岩屋裕美・戸ヶ里泰典（2017）．看護技術の習得における自己調整学習方略と学習成果との関連：首都圏の看護短期大学および看護専門学校の学生を対象とした調査より　日本看護研究学会雑誌, 40, 849-858.

伊山聡子・前田ひとみ（2018）．看護学臨地実習における看護大学生の自己調整学習に関する研究　日本看護研究学会雑誌, 41, 833-840.

國宗永佳・仲林　清（2019）．プログラミング導入演習に対して学習支援システムと自己調整学習が与える影響の分析　通信ソサイエティマガジン，13，100-109.

牧野眞貴（2014）．英語リメディアル教育における自己調整学習の試み　リメディアル教育研究，9，202-208.

McPherson, G. E., & Renwick, J. M. (2011). Self-regulation and mastery of musical skills. In B. J. Zimmerman & D. H. Schunk (Eds.), *Handbook of self-regulation of learning and performance* (pp. 234-248). Routledge.

Moylan, A. (2013). Cyclical feedback approaches for enhancing academic self-regulation in postsecondary mathematics classrooms. In H. Bembenutty, T. J. Cleary, & A. Kitsantas (Eds.), *Applications of self-regulated learning across diverse disciplines: A tribute to Barry J. Zimmerman* (pp. 125-152). Information Age Publishing.

OECD (2019). OECD future of education and skills 2030: OECD learning compass 2030. https://www.oecd.org/education/2030-project/contact/OECD_Learning_Compass_2030_Concept_Note_Series.pdf（2021年5月18日閲覧）

Veenman, M. V. J., Kok, R., & Bloete, A. W. (2005). The relation between intellectual and metacognitive skills in early adolescence. *Instructional Science*, 33, 193-211.

■編者紹介

中谷素之（なかや もとゆき）　執筆：はじめに
名古屋大学大学院 教育発達科学研究科
1998年名古屋大学大学院教育学研究科博士課程中退。2002年三重大学教育学部助教授，2005年大阪大学大学院人間科学研究科准教授を経て，2010年名古屋大学大学院教育発達科学研究科准教授，2013年より同教授。博士（心理学）。専門は教育心理学・動機づけ研究。
［主な著書］『ピア・ラーニング：学びあいの心理学』（共編著，金子書房，2013），『モチベーションをまなぶ12の理論：ゼロからわかる「やる気の心理学」入門！』（共著，金剛出版，2012），『学ぶ意欲を育てる人間関係づくり：動機づけの教育心理学』（編著，金子書房，2007）

岡田　涼（おかだ りょう）　執筆：第3章，おわりに
香川大学 教育学部
2008年名古屋大学大学院教育発達科学研究科博士後期課程修了，2011年香川大学教育学部講師として着任，2013年より同准教授。専門は教育心理学，特に動機づけの心理学。
［主な著書］『地域と協働する学校：中学校の実践から読み解く思春期の子どもと地域の大人のかかわり』（共編著，福村出版，2021），『学校に還す心理学：研究知見からともに考える教師の仕事』（共編，ナカニシヤ出版，2020），『実践的メタ分析入門：戦略的・包括的理解のために』（共編，ナカニシヤ出版，2018）

犬塚美輪（いぬづか みわ）　執筆：第1章
東京学芸大学 教育心理学講座
2004年東京大学大学院教育学研究科博士課程単位満了退学。2010年大正大学人間学部専任講師，2015年同准教授を経て，2017年東京学芸大学教育心理学講座准教授。博士（教育学）。専門は教育心理学，文章理解研究。
［主な著書］『14歳からの読解力教室：生きる力を身につける』（単著，笠間書院，2020），『認知心理学の視点：頭の働きの科学（心について考えるための心理学ライブラリ）』（単著，サイエンス社，2018），『論理的読み書きの理論と実践：知識基盤社会を生きる力の育成に向けて』（共著，北大路書房，2014）

■執筆者紹介（50音順）

石川奈保子（いしかわ なおこ）　執筆：第10章
北海道大学 高等教育推進機構
専門は教育工学，インストラクショナルデザイン。オンライン学習者の自己調整学習と学習支援に関する研究，科学・ICT教育研究に取り組んでいる。

伊藤崇達（いとう たかみち）　執筆：第7章
九州大学大学院 人間環境学研究院
専門は教育心理学，教授・学習心理学。多様な教育文脈における自己調整学習や，高等教育における主体的な学びあいと社会へのトランジッションの関係に焦点を当てて研究に取り組んでいる。

佐藤礼子（さとう れいこ）　執筆：第8章
東京工業大学 リベラルアーツ研究教育院
専門は日本語教育学，第二言語習得。留学生のアカデミック・ジャパニーズ，内容言語統合型学習（CLIL），異文化適応支援としての日本語学習などの研究に取り組んでいる。

髙橋麻衣子（たかはし まいこ）　執筆：第6章
東京大学 先端科学技術研究センター
専門は教育心理学，認知科学。学習者がそれぞれに最適な学習スタイルを習得する支援のあり方について，心理実験，調査，教育実践等のさまざまなアプローチで研究を推進している。

丹治敬之（たんじ たかゆき）　執筆：第5章
岡山大学 学術研究院教育学域（特別支援教育）
専門は特別支援教育，障害児心理学，応用行動分析学。主に子どもの読み発達に関する縦断研究，読み書き困難の子どもの介入研究，ICT活用や自己調整学習の実践研究に取り組んでいる。

久坂哲也（ひささか てつや）　執筆：第2章
岩手大学 教育学部
専門は理科教育学，教育心理学。メタ認知を中心に，教育心理学の理論的知見と理科教育学の実践的知見の視点から，小・中学校理科の教育研究に取り組んでいる。

藤田　勉（ふじた つとむ）　　執筆：第9章

鹿児島大学学術研究院 法文教育学域教育学系

専門はスポーツ心理学。動機づけや自己調整学習に関心があり，スポーツを継続する方略，スポーツと他の活動（学業，趣味等）を同時遂行する方略の研究をしている。

細矢智寛（ほそや ともひろ）　　執筆：第4章

女子美術大学 短期大学部

専門は教育方法学。特に欧米の自己調整学習の教育法や教材を対象にして，その理論が実践にどのように反映されているのかを分析している。

松山　泰（まつやま やすし）　　執筆：第11章

自治医科大学 医学教育センター

専門は医学教育学，臨床医学。専門職アイデンティティ形成を基盤とした自己調整学習の研究と，動画・音声素材を活用した臨床能力評価試験の開発に取り組んでいる。

子どもと大人の主体的・自律的な学びを支える実践
——教師・指導者のための自己調整学習

2021年9月5日　初版第1刷発行
2023年2月25日　　　第2刷発行

編著者　中谷素之・岡田　涼・犬塚美輪

発行者　宮下基幸

発行所　福村出版株式会社
〒113-0034　東京都文京区湯島 2-14-11
電 話　03（5812）9702
FAX　03（5812）9705
https://www.fukumura.co.jp

印　刷　株式会社文化カラー印刷

製　本　協栄製本株式会社

Printed in Japan　ISBN978-4-571-22060-9 C3011
定価はカバーに表示してあります。
乱丁本・落丁本はお取り替えいたします。